«In diesem neuen Werk schwärme ich nun nicht aus in schwindelerregende Alpenhöhen, an die steilen Grate der Sächsischen Schweiz, in die Einsamkeit der Nordseedünen, in unwegsame Moore, lasse mir nicht das Wasser der Sümpfe in die Stiefel rinnen oder verlaufe mich im dunklen Wald. Ich hole Sie diesmal in den großen Metropolen des Landes ab und schwärme trotzdem – dort, wo Sie wohnen, arbeiten, einkaufen, lustwandeln, flanieren. Städte sind aber nicht nur bestimmt durch Autos, Kultur, Luxus, durch Lärm, Dreck, Verkehr und herumhastende Menschen. Ganz im Gegenteil, Städte bieten oft Überraschendes. Plötzlich zeigt sich der blühende Huflattich in der Asphaltritze, das Liebesgras in der Gosse, der Vogelknöterich im Plattenbelag, die Kleine Braunelle im Rasen, der Hohe Steinklee im Uferröhricht. Florale Partisanen sind nämlich mitten unter uns, Stadtbesetzer, ausgesprochene Stur- und Trotzköpfe, wahre Improvisationstalente, Vagabunden mit Kämpferherzen – klein bis groß, dürftig bis üppig, bunt bis uniform, platt wie eine Briefmarke und dann wieder drei bis vier Meter hoch.»

Jürgen Feder, 1960 in Flensburg geboren, ist Dipl.-Ing. für Landespflege, Flora und Vegetationskunde und zählt zu den bekanntesten Experten für Botanik in Deutschland. Nach dem Abitur absolvierte er eine Ausbildung zum Landschaftsgärtner, bevor er sich dem Studium der Landespflege in Hannover widmete. Lange Zeit war er als selbständiger Landespfleger und Chef-Pflanzenkartierer tätig. Heute lebt er in Bremen.

Inhalt

Vorwort
Seite 7

Frankfurt
Im alten und neuen
Westhafen am
Gutleutviertel
Seite 10

Hamburg
Auf, neben und
unter dem
Altonaer Balkon
Seite 36

München
Im Englischen
Garten vom
Eisbach zum
Monopteros
Seite 60

Düsseldorf
Völlig verregnet
zu beiden Seiten
der Königsallee
Seite 84

Bremen
Längs der Weser
zwischen City
und Weserstadion
Seite 103

Leipzig
Kreuz und quer
auf dem großen
Güterbahnhof
Seite 123

Stuttgart
Botanischer
Höhenflug
im Höhenpark
Killesberg
Seite 148

Essen
Auf dem Gelände
des Welterbes
«Zeche Zollverein»
Seite 176

Dresden
An der Elbe
zwischen
Marien- und
Augustusbrücke
Seite 198

Berlin
Im östlichen Tier-
garten zwischen
Holocaust-Mahnmal
und Venusbassin
Seite 222

Dank
Seite 247

Pflanzenregister
Seite 248

Literatur
Seite 254

Jeder, der sich die Fähigkeit erhält, Schönes zu erkennen, wird nie alt werden.
FRANZ KAFKA

Vorwort

Mein erstes Buch, *Feders fabelhafte Pflanzenwelt*, war das nun ein Erfolg? Für mich ja, so etwas schreibt man ja auch für sich selbst. Mit seinen biografischen Zügen war es zudem eine Art Zeitreise in die Kindheit und dann wieder zurück in die Gegenwart. Ich erhielt dafür viel Lob, und für ein Buch ausschließlich über Pflanzen erzielte es ungeahnte Aufmerksamkeit – wofür ich mich bei allen Leserinnen und Lesern herzlich bedanke.

Natürlich kann man ständig etwas verbessern – Kritik gab es beispielsweise an den Fotos, und das zu Recht. Manche fanden dann draußen in der Natur «meine» geliebten Gewächse nicht an den von ihnen besuchten Biotopen. Das war aber nie die Intention gewesen, das Buch sollte vielmehr Lust machen auf Wildpflanzen an sich. Die Arten wachsen schließlich nicht alle über-, sondern noch immer nebeneinander, und jede Pflanze beansprucht ihren Platz. In einem Dorfpark gedeihen sicher einige der beschriebenen Arten, klappert man zehn Dörfer ab, kommen schon erheblich mehr der «grünen Gestalten» zusammen. Die 333 im Buch aufgeführten Arten sollten stellvertretend für die bunte Bandbreite aller deutschen Gewächse stehen – für wunderbare Landschaften, für Eigenarten und die Schönheit der gesamten Republik.

In diesem neuen Werk schwärme ich nun nicht aus in schwindelerregende Alpenhöhen, an die steilen Grate der Sächsischen Schweiz, in die Einsamkeit der Nordseedünen, in unwegsame Moore, lasse mir nicht das Wasser der Sümpfe in die Stiefel rinnen oder verlaufe mich im dunklen Wald. Ich hole Sie diesmal in den großen Metropolen des Landes ab und schwärme trotzdem – dort, wo Sie wohnen, arbeiten, einkaufen, lustwandeln, flanieren. Städte sind aber nicht nur bestimmt durch Autos, Klamotten, Kultur, Luxus, auch nicht bloß durch Unwirtlichkeit, durch Lärm, Staub, Dreck, Verkehr und herumhastende Menschen. Irrtum, ganz im Gegenteil, den Zahn ziehe ich Ihnen hiermit. Städte bieten oft Überraschendes. Plötzlich zeigt sich der blühende Huflattich in der Asphaltritze, das Liebesgras in der Gosse, der Vogelknöterich im Plattenbelag, die Mäuse-Gerste auf der Baumscheibe, die Kleine Braunelle im Rasen, der Hohe Steinklee im Uferröhricht. Florale Partisanen sind nämlich mitten unter uns, Stadtbesetzer, ausgesprochene Stur- und Trotzköpfe, wahre Improvisationstalente, Vagabunden mit Kämpferherzen – klein bis groß, dürftig bis üppig, bunt bis uniform, platt wie eine Briefmarke und dann wieder drei bis vier Meter hoch.

Auf kleinem bis kleinstem Raum können Sie selbst ohne viel Aufwand jederzeit von April bis Oktober bequem auf Pflanzenjagd gehen. In Bremen und Hamburg im Norden, in Düsseldorf und Essen im Westen, in Berlin, Leipzig und Dresden im Osten, in Frankfurt, Stuttgart und München im Süden war ich für mein neues Buch unterwegs. An wohlbekannten Orten, mal in Parks, mal an Flüssen, im Hafen, längs einer prächtigen Einkaufsstraße, auf altem Industriegelände, und ein berühmter Bahnhof durfte auch nicht fehlen. Die Metropolen stehen natürlich stellvertretend für alle anderen Städte (und Dörfer) in Deutschland, alle erwähnten Gewächse kommen noch an vielen anderen Stellen vor, nicht nur dort, wo ich sie gefunden habe.

Die «Stadtpflanze» gibt es übrigens nur in wenigen Fällen, jede Art ist bestrebt, ihr Areal dauernd auszuweiten. Zum Glück, denn gerade diese ständige Ausbreitungsdynamik ist einer der spannendsten Aspekte der Botanik. Wie oft wurde selbst ich überrascht, als ich 2015 meine Städtetour vom Frühjahr bis in den Herbst hinein unternahm! Keinen Pfifferling hätte ich gewettet auf das Alpen-Hexenkraut und den Ruprechtsfarn mitten in Stuttgart, auf Gummikraut in Leipzig,

Hirschsprung in Dresden, Ackerröte und Klebrigen Alant in Essen oder Bär-Lauch und Wilde Tulpe in Hamburg! Die (Groß-)Städte zählen schon lange zu den artenreichsten Gegenden Deutschlands überhaupt. Hier finden sich häufig mehr Pflanzenarten als in der umgebenden, oft schon stark ausgeräumten Landschaft. Wundertüten gleich, wird man hier überall in kurzer Zeit fündig, es herrscht ein ständiges Kommen und Gehen. Der bunte Blumenstrauß für jede der zehn Metropolen war ruck, zuck beisammen, wie immer hätten es noch viel mehr Städte und noch viel mehr Pflanzen sein können ... In der Begrenzung steckt ja eine Stärke – etwas, was mir zugegebenermaßen schwerfällt.

Nun hoffe ich, dass in diesem Füllhorn für jeden Naturfreund einiges dabei ist, dass die Wahrnehmung geschärft wird, dabei auch mal ein Blumensträußchen abfällt, auf jeden Fall für Spaß, neue Eindrücke und veränderte Sichtweisen gesorgt wird. Denn das ist ganz klar mein oberstes Ziel: die Achtung vor der (Stadt-)Natur, gerade in urbanen Zentren, wo sie doch am unverzichtbarsten und am allermeisten gefährdet ist.

Ärgerlich finde ich – und das nur mal so nebenbei – in diesem Zusammenhang sehr irreführende, nur vorgeblich moderne Wortkombinationen wie «Industriepark», «Erlebnispark» oder «Badeoase», die Krönung ist für mich der Ausdruck «Güllelagune». Das alles hat rein gar nichts mit Naturerleben zu tun, reine Zweckentfremdung ist das und Augenwischerei. Kreiert von Naturbanausen, die den Begriff «Natur» zwar schon mal gehört haben, davon aber keinen blassen Schimmer in sich tragen.

Sie sind da ganz anders, das weiß ich. Sie sind wirklich neugierig.

Deshalb wünsche ich Ihnen viel Freude bei Ihren persönlichen Erkundungen in der so vielfältigen Stadtnatur.

Ihr/Euer Jürgen Feder

Frankfurt

1

Frankfurt

Im alten und neuen Westhafen am Gutleutviertel

Haben Sie sich schon mal im Main die Haare gewaschen? Heute Morgen um sechs Uhr dreißig habe ich genau das getan – Premiere, aber nur im Main! Nachdem ich vorher – mal wieder mehr schlecht als recht – in meinem Škoda Fabia am Stadion von Eintracht Frankfurt übernachtet hatte. Hier also ist, dachte ich mir als Bremer, die neue Heimat von Werder Bremens langjährigem Erfolgstrainer Thomas Schaaf (wobei man jetzt schon wieder «war» sagen muss). Nicht nur meine Haare, auch meine Hände sind fein säuberlich gewaschen, damit ich meinen ersten Stadtspaziergang in «Mainhattan» starten kann. Endlich. Durch das bisher kalte Wetter hinkt der Frühling mindestens zwei Wochen hinterher. Das mag ich aber lieber, als wenn man den (botanischen) Sommer schon im Frühling (erledigt) hat. Doch an diesem Tag, es ist der 20. April, knallt die Sonne von einem so was von wolkenlosen Himmel. Der Pullover wird früh schon ausgezogen, alles nur überflüssiges Zeug. Es ist fast Badewetter, auf jeden Fall aber ideales Pflanzenwetter!

Ich hatte mir den Frankfurter Hauptbahnhof und umliegende Straßenzüge als städtisches Zentrum ausgeguckt, einschließlich des berühmt-berüchtigten Rotlichtmilieus. Ganz viele Banker, Pendler und Reisende eilen hier durch, da könnte es für den einen oder anderen Gestressten erholsam sein, kurz mal innezuhalten und manch hübsche Wildblume am Straßenrand zu bestaunen. Aber obwohl ich die Augen wie Argus aufsperre, hier gedeiht so gut wie nichts! Beim besten Willen nicht. Auf dem Gelände des Hauptbahnhofs ja, üppig sprießt es da sogar, aber zwischen die Gleise kann ich doch keinen locken. Lebensgefahr! Drum herum ist es botanisch jedoch eine Katastrophe. Besonders der Bahnhofsvorplatz. Total öde. Ein paar plattgetretene Löwenzähne und einige lausige Gräser. Dafür Hundekacke, Splitter von zerbrochenen Bierflaschen, die üblichen Fastfood-Überbleibsel. Wahrscheinlich haben auch die Pflanzen die Schnauze voll von den Drogenhändlern in dieser Gegend und ihren Revierkämpfen, und sicher hat man ihretwegen jede kleinste Ecke zubetoniert. Niemand soll auf die Idee kommen, dort etwas Halluzinierendes zu verstecken. Also: Dreck, Dreck; Platte, Platte; Staub, Staub. Dazu habe ich nicht die geringste Lust, schon gar nicht an so einem Wonnetag. Ich muss mir schnell etwas anderes suchen. Ich will nämlich schwelgen, voll aus dem Bunten und Grünen schöpfen, begeistern und begeistert sein!

Was tun? So hieß ja eine berühmte Schrift von Wladimir Iljitsch Uljanow, den alle eher unter dem Namen Lenin kennen. Schon 1902 machte der sich Gedanken über die Zusammenarbeit von Arbeitern und Bildungsbürgern und begründete eine Theorie, nämlich die von der «Avantgarde des Proletariats». Passt perfekt. Auch ich will den «Proletariern» unter den Pflanzen nachgehen, den Gewächsen in den Städten, diesen widerstandsfähigen Spontis, die niemand in Grünanlagen oder raumgreifenden Betonkübeln anpflanzt, die nicht zu den «bürgerlichen» Kulturpflanzen zählen. Sie sollen bloß nicht mit Geranien, Spiersträuchern, Zierrosen, Narzissen und Tulpen eine Gemeinschaft bilden. Lieber autark sollen sie bleiben, die kleinen grünen Wunder unter Abfallkübeln und Plakatwänden, um Ampeln, Laternen, Pfosten oder Straßenschilder. Die, die sich aus dem Pflastersand hervorwagen und die jede Parkbank zum Eigenheim deklarieren.

Was also tun? Ich erinnere mich an Matthias, einen früheren Studienkollegen, den ich tags zuvor in der Nähe von Gelnhausen besucht hatte. Folgenden Tipp hatte er auf Lager: «Vergiss den Bahnhof. Geh zum Westhafen, ins alte Gutleutviertel. Es liegt am Nordufer des Mains und ist zu Fuß höchstens fünfzehn Minuten vom Bahnhof entfernt. Modernstes urbanes Frankfurt, Topadresse, nach dem Motto: ‹Wohnen am Wasser – Party am Wasser›. Fast so wie die Docks in London.» Klang etwas übertrieben, doch nun denke ich, dass die Worte «Westhafen» und «Gutleutviertel» eine spannende Mischung aus Elitärem und Wildnis sein könnten. Da besteht Hoffnung auf nicht zu viel Durchgestyltes und dennoch Raum für pflanzliche Rebellen.

Vorbei geht es an der schmalsten Kirche Deutschlands, die Gutleutkirche an der Gutleutstraße ist kaum zwei Meter breit. Von hier erreiche ich den Punkt, den mir mein früherer Kollege genannt hatte – den runden Glasturm am Westhafenplatz! Auch erkenne ich in einer Entfernung von ungefähr einem Kilometer mein erklärtes Ziel: die alte Eisenbahnbrücke über den Main, die Rhein-Neckar-Brücke, auf der sich gerade zwei ICE-Züge begegnen, der eine will nach Frankfurt, der andere verlässt die Stadt. Die Promenade verläuft annähernd schnurgerade, links das Wasser, rechts moderne Bauten mit mehr oder weniger Glas, Wohnungen und Firmengebäude. Dazwischen neu gepflanzte Bäume, Bänke zum Ausruhen, Papierkörbe. Und ganz wichtig: alte Pflastersteine, damit der Charme der Gegend erhalten bleibt. In ihnen können sich Pflanzen einwurzeln, zwar keine Riesenstauden, aber niedere Pflanzen allemal. Spaziergänger können ruhig darauf treten, die ducken sich und kommen dann wieder hoch. Die alte Kaimauer sieht ebenfalls vielversprechend aus. Gespritzt wird anscheinend nicht, denn überall wuchert es. Außerdem: Man kann weit gucken, nach vorn und nicht nur nach oben, das ist eher ungewöhnlich für die Trabantenstadt Frankfurt. Die Gebäude mit dreißig, vierzig Stockwerken liegen am Horizont.

Diese Gegend ist ideal für meine erste urbane Flaniermeile. Der einstige Hafenbereich ist zudem ein altes Bahnhofsgelände, auf dem früher per Schiff angekommene Waren in Güterwaggons verladen wurden, später werde ich das an nicht mehr benutzten Schienen sehen. Zuerst aber springt mir nahe der Westhafenbrücke, an der alten Kaimauer aus Sandstein, das **Mauer-Zimbelkraut** (*Cymbalaria muralis*) ins Auge. Gleich zu Anfang eine meiner Lieblingspflanzen! So was von hübsch sind die hellvioletten Blüten! Die Art ist heimisch in Südosteuropa und wurde vor ungefähr 200 Jahren bei uns als Steingewächs eingeführt. Der Dichter Ludwig Bechstein schrieb über das Zimbelkraut im 19. Jahrhundert: «Niedliche Pflanze, du kleidest der alten Ruine Gemäuer, rankend hinab und hinauf blühest du einsam für dich. Sey der Erinnerung Bild, die, der Einsamkeit traute Genossin, oft des vergangenen Glücks sinkendes Luftschloss, umgrünt.» Für mich klingt das arg schwülstig, aber klar ist: Bei so viel Romantik musste man sie haben, sie sollte die deutsche Flora richtig aufmöbeln. Als wenn wir selbst nur pflanzlichen Mist gehabt hätten und diese Art nun alles überstrahlen würde. Die Spaltpflanze breitete sich dann mit ungeahntem Erfolg aus, was bei dieser Säuselei auch kein Wunder war. In Ritzen kommt sie praktisch mit Luft und Liebe aus, gibt sich aber mit ihren zart hellvioletten Blüten – ein bisschen Weiß und Gelb sind noch dabei – letztlich einen edlen Anstrich. Die Pflanze hat eine weitere Besonderheit: Sie ist negativ phototrop, das heißt, wenn es ihr zu hell wird, schlägt jeder vorwitzige Trieb eine Kurve und kehrt wieder nach innen: Marsch, marsch zurück ins Mäuerchen. Ständig sucht sie nach neuen Fugen, deshalb hat sie oberirdische Ausläufer. Sie kann von Ende März bis in den Oktober hinein blühen. Nun sehe ich Tausende Blüten größerer Flatschen in gleißender Sonne oberhalb des Wassers – das Zimbelkraut ist umwerfend.

Diese wunderbar löchrige Kalkmauer – aus diesem Grund bin

ich auch so gern in Städten, weil in ihnen verschiedenste Materialien verwendet werden: Sand, Stein, Lehm, Ton oder das Sedimentgestein Mergel. Und das wiederum zieht alle möglichen Pflanzenarten an. Landflucht ist also auch bei Pflanzen ein Thema. Bei den neu erbauten Häusern wird, wenn es regnet, viel Kalk abgespült. Ist er trocken, staubt es durch vorbeifahrende Autos, und schon werden Nährstoffe verbreitetet. Der Sandstein der Kaimauer stammt mit Sicherheit aus dem Taunus, ein bodensaurer Stein mit viel Basalt, der mit Zement bearbeitet wurde (und dieser ist ebenso sehr kalkhaltig). Derartige Standortmöglichkeiten zu erkennen, finde ich immer spannend, um zu wissen, wieso sich plötzlich an dieser oder jener Stelle Pflanzen eine Heimat suchen.

Und warum wächst entlang der Promenade unter den angepflanzten Bäumen so viel? Auch wenn die Antwort nicht so appetitlich ausfällt: weil hier die Hunde pissen und kacken. Als Hundebesitzer müssen Sie jetzt mal nicht verschämt wegsehen, Ihre Tiere tun der wilden Natur etwas Gutes. Dennoch würde man hier das Zimbelkraut vergeblich suchen, ihm würden die trittfesten Vierbeiner auf die Nerven gehen, deshalb wächst es in der Ufermauer und ist da ungestört. Und bedenken Sie: Jeder Papierkorb ist wichtig, jedes Schild, denn da heben Hunde ihr Bein – und Pflanzen haben ihr natürliches Substral. So können sich die Arten sammeln und zeigen, wie gut sie im städtischen Milieu überleben. Hier wird auch höchstens einmal im Jahr mit einem Freischneider gearbeitet.

Puh, die Sonne steigt höher und höher, es wird richtig heiß. Die gelbe Sonne passt gut zu dem gelb leuchtenden **Gewöhnlichen Löwenzahn** (*Taraxacum* sect. *Ruderalia*). Ihn kennt jeder, er wächst hier in Massen unter einem Rettungsring, als würde er sagen: «Hilfeleistender, guck dich erst einmal um und atme tief durch, ehe du ins Wasser springst.» Was kaum einer weiß: In Deutschland wachsen rund tausend Löwenzahn-Arten, keiner kann sie alle kennen. Es wird auch nie jemanden geben, der sie komplett gesehen hat, dafür müsste man sein ganzes Leben den Löwenzähnen widmen und damit schon mit fünf Jahren anfangen. Löwenzähne mögen Nährstoffe, Tritt, Abmähen, Sonne wie auch Schatten. Sobald ein Weg vorhanden ist (selbst im Moor), drängt sich der Löwenzahn auf. Eigentlich müsste er Wegerich heißen, aber dieser Name ist schon vergeben. Wenn Wiesen weithin gelb leuchten und die Menschen hocherfreut ausrufen: «O wie toll, alles voll von Löwenzahn!», haben wir es keineswegs mit tollen Wiesen zu tun, sondern mit den schlimmsten. Restlos überdüngt. Hier regiert der Löwenzahn, andere Pflanzen werden durch dessen kräftige Bodenrosette jedoch verdrängt, beschattet, ja buchstäblich platt gemacht! Abmähen hilft nicht, der Löwenzahn hat einen bestimmten Impuls: «Ich schieß noch mal nach oben, so schnell lass ich mich nicht unterkriegen, denen zeig ich's.» Und so kann er lustig von März bis Oktober blühen.

Was ich beim Löwenzahn toll finde, das ist die Pusteblume. Ein Kunstwerk für sich. Sie besitzt diesen kugeligen Fruchtstand, die Samen müssen erst reifen, doch nach ein, zwei Wochen will sie diese loswerden. Vorher kann man ewig pusten, da passiert nichts. Erst wenn die mehr als federleichten Schirmchenflieger bereit sind loszudüsen, sichern sie die Vorherrschaft der Löwenzähne in unserer Pflanzenwelt. Ein Rechenbeispiel: Hat man zehn Blüten mit jeweils bis zu 200 Samen, sind bereits 2000 Mini-Fallschirme in der Luft. Nur drei sind notwendig, um eine neue Rosette zu bilden. Also, ganz ehrlich, ich finde Löwenzähne trotzdem ziemlich langweilig. Alle sind gelb, es gibt keine roten oder weißen Löwenzähne, alle haben Zahnblätter, alle Milchsaft.

In seiner Nähe wächst etwas Interessanteres, das **Quendelblättrige Sandkraut** (*Arenaria serpyllifolia*). «Quendel» war eine alte

Bezeichnung für den Thymian, und weil die Blätter eine gewisse Ähnlichkeit aufweisen, ward dieser Name geboren. Quendelblättriges Sandkraut und Löwenzahn schließen sich normalerweise aus, weil die eine Pflanze (Quendelkraut) Dünger meidet und die andere (Löwenzahn) nicht genug davon bekommen kann. In der Stadt vermischen und verwischen sich aber diese Grenzen, hier werden neue Gemeinschaften gebildet – Multikulti auf floraler Ebene.

Ah, was haben wir denn da? Ein Vergissmeinnicht, aber nicht das bekannte Acker-Vergissmeinnicht, sondern das zierliche **Hügel-** oder **Raue Vergissmeinnicht** (*Myosotis ramosissima*). Es ist kleiner im Wuchs, hat zudem winzige azurblaue Blüten und fällt durch enormen Blütenreichtum auf. Kleine Blüten sind immer eine Anpassung an Hitze, und deshalb erstaunt es mich keineswegs, genau diese Vergissmeinnicht-Art an diesem überaus sonnigen Platz zu finden. Glaubt man dem Sprachwissenschaftler Friedrich Kluge, bekam die Pflanze ihren deutschen Namen, weil die kleinen blauen Blüten an die Augen von Liebenden erinnern, selbstverständlich jung Verliebten. Dem Geliebten überreichte man als Treuebeweis ein Vergissmeinnicht. Und weil sie es wohl nötiger hatten als die Frauen, taten dies meist die Männer. Der Blütenstand wird Wickel genannt, Blüte für Blüte wird hier ausgewickelt. Das passt für mich viel besser zur Liebe: die Liebe als Geschenk, die aus Geschenkpapier ausgepackt wird. Irgendwann hat es sich dann aber ausgepackt. Das Vergissmeinnicht ist nämlich bereits im Juli fertig mit der Welt, vertrocknet und ganz kläglich liegt es dann am Boden. So wie auch die

Liebe einmal zu Ende gehen kann. Und noch ein profaner Hinweis: Das, was man sich in der Gärtnerei kaufen kann, ist das auffallendere Wald-Vergissmeinnicht.

Und jetzt tritt auf den Plan, das war auch zu erwarten, das **Einjährige Rispengras** (Poa annua), die häufigste und am weitesten verbreitete Pflanze Deutschlands, man findet sie von nur 500 Meter unterhalb der Zugspitze bis zur Salzwiese auf Sylt. Das einjährige Süßgras hat bestimmt schon jeder gesehen! Fast alle Biotope, die es gibt, besetzt diese Pflanze, sogar in Mooren ist sie zu finden. Keineswegs ist sie wählerisch. Ich bewundere diesen Zwerg, denn er kann zwölf Monate im Jahr blühen, er treibt es sogar unter der schützenden Schneedecke und fruchtet bei jeder Gelegenheit. Ein Dauerbrenner! Großartig hübsch ist er nicht, selbst Kühe lassen ihn stehen, wenn es höheres und saftigeres Gras gibt (nur in Notzeiten wird er gefressen). Dieses Gras ist ein Kosmopolit, ein Stadtspaziergänger, aber es hat auch bei Viehtränken oder Melkstellen sein Zuhause. Oder auf Fußballplätzen am Mittelkreis und dort, wo der Torwart steht und der Boden von den Stollen der Fußballschuhe aufgerissen ist und lückig wird. Hier kann es aussamen. Eine Eigenart des hellgrünen Rispengrases ist es nämlich, dass es ein Lückenbüßer ist. Wo nichts anderes mehr wachsen will, ist es sich nicht zu fein, sich dort anzusiedeln. Es gibt übrigens drei Sorten von Gräsern: Ähren-, Rispen- und die wenigen Fingergräser. Mit Sicherheit werden wir allen auf den nächsten Städtetouren begegnen.

Neben dem Rispengras behauptet sich das **Knäuel-Hornkraut** (Cerastium glomeratum), eine einjährige Art. Eine unscheinbare Pflanze, fast schon dürftig! Sie ist durch zahlreiche Samen und eine gewisse Scheinheiligkeit gewappnet, sollte der Gärtner mit dem Freischneider oder der Gartenfreund mit der Hacke kommen. Was in der Stadt jederzeit zu erwarten ist. Und sie ist so erfolgreich damit, dass sie überall mitmischt. Aus der Nähe betrachtet hat das Hornkraut niedliche weiße, fünfblättrige Blüten. Unbedingt will ich es fotografieren. Dazu setze ich mich auf den Boden, und prompt habe ich doch ein Kaugummi an meinem Hosenbein kleben! Sauerei! Kann ich überhaupt nicht ab. Im Main die Haare waschen … na klar! Aber ein ekliges Kaugummi an der Hose, nee! Bei einem Herbert-Grönemeyer-Konzert im Bremer Weserstadion pflanzte ich mich vorher mal – mit einem gepflegten Bierchen in der Hand zur Einstimmung – am nahen Osterdeich auf ein frisch ausgespucktes Kaugummi. Zehn Jahre ist das her. Verschämt hatte ich dann (am Deich bestens einsehbar) beide Hände damit zu tun, die klebrige Masse wieder abzustreifen. Mit Tempo-Taschentüchern in einer diesmal glücklicherweise löcherfreien Unterhose (was meinen Sie wohl, was ich an einsamen Kartiertagen unter meiner Jeans anziehe, 1990er-Modelle trage ich gern auf!). Wieso muss ich mich immer in dieses Zeug setzen (auch ständig in Hundekot treten)? Klar, weil ich häufig auf dem Boden sitze. Aber warum habe ich vorher nicht geguckt? Und wieso liegt es ausgerechnet an dieser Stelle? Bestimmt nicht, weil der Spuckspecht so begeistert vom zierlichen Hornkraut war wie ich. Aller Wahrscheinlichkeit nach wird er es nicht einmal bemerkt haben. Nicht die oberen, gelblich-grünen Pflanzenteile, nicht die gegenständigen, eirunden Blättchen. Ignorant! Und das, was so silbrig-hell glänzt, das ist bereits der Fruchtstand. Schaut man genau hin, sieht man, wie die Samen herauskullern. Vielleicht kennen Sie Bart-Nelke, Heide-Nelke, Pracht-Nelke oder die leuchtend rot blühende Kartäuser-Nelke, doch auch dieses Knäuel-Hornkraut zählt zu den sonst so imposanten Nelkengewächsen. Sobald die Temperatur über null Grad Celsius steigt, fängt es an, zu blühen und zu fruchten. Viele Arten brauchen eine gewisse Wärme zum Fruchten, das Knäuel-Hornkraut pfeift einfach drauf. Es ist der Spatz unter unseren Wildblumen.

Während ich auf der Erde sitze und fotografiere, kommt ein Paketpostbote zielstrebig auf mich zu. Er klopft mir mit südländischer Begeisterung auf die Schulter und ruft laut: «Ey, klasse, was du machst, mach weiter so, Kumpel.» Scheint ein Türke zu sein, der mich im Fernsehen gesehen hat. Ich kann nur verblüfft erwidern: «Ist auch klasse, was du machst.» Pflanzenliebhaber gibt es überall auf der Welt, sogar unter den Paketpostboten.

Nachdem ich das schlichte Hornkraut fotografisch verewigt habe, gehe ich nur einige Schritte weiter, und unter einem Papierkorb haust die **Acker-Schmalwand** (*Arabidopsis thaliana*). Diese einjährige Art blüht ganz fleißig, und zwar bis September, Oktober. Das muss sie auch, will sie ihren Wuchsplatz verteidigen. Oft sieht sie aus, als wäre ihr Zyklus schon abgeschlossen, aber die Pflanze streckt sich dann noch einmal, als wolle sie die Größte werden. Bis auf die zierlichen, nur Millimeter groß werdenden weißen Blüten ist sie ziemlich kahl. Die Stängel sind bereift und abwischbar. Fahren Sie mal, wenn Sie einer Acker-Schmalwand begegnen, mit den Fingern am Stängel entlang: Das Graugrüne haben Sie dann am Finger. Das ist eine äußerst dünne Wachsschicht, ein Hitzeschutz, damit die Wärme nicht komplett eindringt. Viele Pflanzen haben eine andere Taktik gewählt, um sich gegen zu starke Sonneneinstrahlung zu wehren, sie machen es mit polsterartigem Wuchs, mit Behaarung, Öldrüsen, sehr schmalen Blättern oder nach Kakteenart mit Sukkulenz. Die Acker-Schmalwand sagt sich aber: «Quatsch, so 'ne Behaarung, ich bevorzuge Wachs!» Ich kann nicht behaupten, dass ich diese Art besonders mag, sie sieht ein wenig straßenkötermäßig aus. Ihr Name klingt ebenfalls etwas verächtlich: Acker-Schmalwand. Hat was leicht Schmalbrüstiges an sich. Doch sie hat große Ähnlichkeit mit meiner Statur … Aber alles an ihr ist essbar, ganz im Gegensatz zu mir! Ich probiere sie, scharf schmeckt sie nicht, eher milde, doch ist sie nur wenig saftig.

Mit der Sonne um die Wette strahlt heute auch die **Rote Schuppenmiere** (*Spergularia rubra*), eine Niedlichkeit in Person. Platt wie ein Seestern liegen die graugrünen Sprosse mit den nadelförmigen Blättchen am Boden. Ach was, Boden wäre wirklich zu viel gesagt, mit jeder engsten Pflaster- oder Plattenritze nimmt dieses Nelkengewächs vorlieb. Die rosafarbenen Blüten glänzen wie die Äuglein von Mäusen, und man muss sich anstrengen, um dieses Gewächs zu Gesicht zu bekommen. Wer da eine Lupe bei sich hat, ist im Vorteil. Scheint die Sonne aber nicht oder es regnet gar, sind die Blüten der Roten Schuppenmiere geschlossen, fischgrätartige Verzweigungen verraten sie jedoch allemal.

Von einem Zwerg zum nächsten – ist ja auch irgendwie klar: So früh im Jahr ist mit pflanzlichen Monstern (noch) nicht zu rechnen. Und das nur bis fünfzehn Zentimeter hohe **Frühlings-Hungerblümchen** (*Erophila verna*) mit seinen schneeweißen Blüten macht da keine Ausnahme. Es ist sogar mit am frühesten von allen dran. Trotzdem braucht es Kälte, das ist kein

Anachronismus, es ist nämlich ein Kältekeimer. Bereits im November finden sich die dunkelgrünen bis grauen Rosettchen an Straßen und Wegen, in Beeten und auf Friedhöfen, sogar auf Mauern. Auf nährstoffarmen Böden verhungert es nicht, kommt hier sogar bestens zurecht. Ein Opportunist, ein Lückenbüßer im wahrsten Sinne des Wortes. Und wenn es ab April seine schokoladenförmigen Schötchen zum Himmel streckt, sieht es richtig gefährlich aus – jedenfalls von nahem. Im Juni ist es dann aber schon gänzlich verschwunden.

Allmählich nähere ich mich dem Flusskrebssteg, dort wächst im Pflasterstein viel **Strahlenlose Kamille** (*Matricaria discoidea*). Diese verwegene Art ist eine wahre Pissnelke, denn sie ist salzertragend. Hundeurin ist da stets willkommen. Erstmals wurde sie um 1800 in der deutschen Flora entdeckt, man fand sie in einem Berliner Botanischen Garten. Direkt daneben errichtete man später einen Bahnhof, von dem aus sie ihre Reise durch ganz Deutschland und Europa antrat. «Strahlenlos» wird diese Kamille genannt, weil sie keine Blütenblätter hat. Aus ihr kann man keinen heilenden Tee machen wie aus der Echten Kamille, die einen weißen Blütenkranz vorweist. Die Strahlenlose riecht sehr schön «kamillig», aber sie ist tatsächlich zu nichts zu gebrauchen. Die Echte Kamille erkennt man daran, dass die Blütenblätter irgendwann nach unten gehen. Ich mag die Strahlenlose Kamille mit ihrer Glatze dennoch, sie hat einen diskusförmigen, dicken gelbgrünen Kopf von April bis Oktober. Als Dickkopf hat sie natürlich Durchsetzungsvermögen, sie produziert viele Blüten und damit viele Samen. Standardregel ist: Wer viele Samen macht, kann sich weit ausbreiten. Manchen Leuten passt das nicht, sie sagen: «Die Art müssen wir bekämpfen, die durchdringt alles und macht unsere heimische Flora kaputt!» Wie soll das bloß bei einer Wuchshöhe von fünf bis 35 Zentimeter funktionieren? Das ist genauso ausländerfeindlich, wie es unter Menschen vorkommt. Diese niedlichen Gewächse sind in meinen Augen nur Blitzableiter für andere beklagenswerte Zustände um uns herum. Heißt sie lieber alle willkommen!

Selbst wenn einige Arten sich dominant, fast aggressiv verbreiten, so ist zu bedenken, dass es nie für die Ewigkeit ist. Die Arten, die heute stark sind, sind es in zwanzig, dreißig Jahren vielleicht nicht mehr. Die Evolution erfolgte über Millionen von Jahren, und wir erlauben uns schon nach kürzester Zeit ein Urteil. Wir sollten mehr Geduld haben und abwarten, womöglich treten bald die natürlichen Gegenspieler in Erscheinung – und schon verändert sich das Gesamtbild. Keine einzige Pflanze ist wirklich bedrohlich. Eigentlich ist nur der Mensch gefährlich, oft projiziert er etwas in die Natur hinein, was seiner eigenen Spezies gilt. Auch der britische Physiker Stephen Hawking erklärte in einem Interview, dass die Aggression des Menschen die größte Gefahr sei.

Ich habe mittlerweile die Stichlingstraße erreicht, und nun heißt es festhalten: Unter einer Baumreihe – erstaunlicherweise Birnenbäume – wächst die nicht übermäßig häufig vorkommende **Pfeilkresse** (*Cardaria draba*). Ihre ursprüngliche Heimat befindet sich in Südosteuropa und Asien. «Pfeilkresse» heißt sie, weil die Blätter pfeilförmig um den Stängel liegen. Und «Kresse», weil sie ein Kohlgewächs ist und damit mal wieder essbar. Sie schmeckt nach Kohlrabi, richtig klasse – und aufgrund ihrer weißen Blüten in großen Mengen ist sie bezaubernd. In zwei Wochen wird sie so richtig zur Geltung kommen, Flaneure werden denken, hier liegt noch Schnee. Ich plädiere an dieser Stelle: Die Kokser von Frankfurt sollten sich lieber mal «Kresseschnee» reinziehen. Ist auch viel gesünder.

Nebenan befindet sich weitläufiges Brachland, das wird sicher nicht mehr lange so bleiben. Bald wird ein weiteres Gebäude darauf stehen, und für die meisten Arten, die auf dem Gelände gedeihen, ist dann Schluss mit lustig. Aber ein Gewächs wird noch in einem Jahr zu finden sein, da ich es auch zuvor schon sah: die **Stängelumfassende Taubnessel** (*Lamium amplexicaule*). Hierzulande gibt es etwa zwölf Taubnessel-Arten, aber diese ist die einzige, bei der jeweils zwei gegenüberliegende Blätter am Stängel verwachsen und darauf die etwa 1,5 Zentimeter langen Blüten ansetzen. Auf jedem Quirl können sich bis zu zwanzig violette Blüten inszenieren. Eine wahre Freude ist es, sie schon so weit in der Blüte zu sehen. Bis dreißig Zentimeter wird sie hoch, mit vielen Verzweigungen. Ein einjähriger Energieprotz, doch irgendwann macht auch er schlapp und legt sich zur Seite.

Neben ihr hält sich etwas besonders Tolles: der **Persische Ehrenpreis** (*Veronica persica*). Ehrenpreise sind wahre Hochgenüsse, und dies bei nur wenigen Zentimetern Wuchshöhe. In meinem ersten Buch, *Feders fabelhafte Pflanzenwelt*, hatte ich schon drei drin, mehr ging nicht. Doch jetzt kann ich wieder zuschlagen. Dieser Blütenkontrast ist hinreißend, mal weiß, mal hell- und dunkelblau gestreift. Dazu zwei sensationelle Staubgefäße, die wie die rundbäuchigen Teletubbies aussehen, jene Figuren aus der gleichnamigen Kleinkinderfernsehserie, mit Antennen obendrauf. Die blauen Bommel scheinen auch entzückend zu wackeln. «Persisch» wird der

Ehrenpreis genannt, obwohl er aus dem Kaukasus stammt, und dieses Gebirge zieht sich nicht bis nach Persien hinein. Was soll man dazu sagen? Viel unglücklicher würde ich es aber finden, würde man ihn deshalb in «Kaukasischen Ehrenpreis» umbenennen. In der Botanik wird nämlich häufig umgetauft, eine überaus nervige Angelegenheit, ausgelöst von Schreibtischtätern und Papierwühlern, die sich ein Denkmal setzen wollen. Das ist ein Unding, und das sage nicht nur ich, der eine große Klappe hat. Menschen, die das tun, bezeichnen sich als Revisoren. Sie zerlegen unsere schöne Wissenschaft in unverständliche Bruchstücke. Und die, die wieder zu den Pflanzen finden sollen, werden dadurch nur weiter abgeschreckt.

Na, wen höre ich denn dort auf der Brache? So ein schmirgelndes Geräusch, «krrkrrkrrr», das kenne ich doch. Erstaunlicherweise hatte ich dieses Gekrächze vor knapp einem Jahr sogar in den Alpen vernommen, da lag dort noch Schnee. Es stammt von einem Hausrotschwanz, der dort sogar oberhalb der Baumgrenze brütet, ein Höhlenbrüter, etwas kleiner als ein Spatz, mit dunklem Gefieder und einem Schwanz in Braunorange. Sie wippen so entzückend. Ich liebe diesen Vogel. In Städten hat er sich schon seit langem eine neue Heimat in Schlachthof- und Bahnhofsvierteln, an Gefängnismauern und alten Fabriken gesucht. Viele Vogelarten flüchteten in die Stadt, weil sie Not in der Landschaft hatten. Doch werden auch in den Städten die Brachlandschaften mehr und mehr verbaut. In Niedersachsen ist auf diese Weise die Haubenlerche schon verschwunden.

Mitten im Hafenbecken, gleich gegenüber der Brache, liegt eine verwunschene, verlassene Halbinsel. Auf dicken Anschlägen ist zu lesen, dass auf ihr ein mondänes, maritimes Vergnügungszentrum entstehen soll. Für die Pflanzen (und Tiere) ein Desaster. Auf dieser Halbinsel leben bestimmt hundert verschiedene Arten. Wird da erst Zierrasen angelegt, wird man sie an einer Hand abzählen können. Ärgerlich, obwohl es doch heißt, dass man Naturschutz auch in der Stadt will. Meinen Exkollegen, er arbeitet in der Frankfurter Umweltbehörde, hatte ich bei meinem Besuch gefragt: «Was hast du in den letzten fünfundzwanzig Jahren beim Flächennaturschutz erreicht?» Seine Antwort: «Nichts. Deshalb habe ich mich versetzen lassen, jetzt mache ich Lärmschutz. Bei Lärmschutzwänden schlafen die Leute wenigstens besser.» Er erklärte mir noch, dass er zwar die eine oder andere Art in Frankfurt gerettet hätte, aber nie von Bestand. Zwar wurde an der einen oder anderen Stelle mit Super-Arten jahrelang nicht gebaut, irgendwann erhielt dann aber doch jemand die Erlaubnis. Immer mit den gleichen Argumenten: Arbeitsplätze und Wohnungsnot. Ich konnte nachempfinden, wie frustrierend das für meinen Gastgeber gewesen sein musste. Aber fast überall im Naturschutz ist das so. Die Wirtschaft muss boomen, viele Lebewesen, Menschen nicht minder, bleiben auf der Strecke!

«Darf ich fragen, was Sie hier machen?» Eine junge Frau mit dunklen Haaren und in einem hellen Sommerhosenanzug spricht mich an.

«Ich schaue mir die Pflanzen auf dieser Brache an», erkläre ich.

«Da wachsen ganz schön viele», meint sie und fügt noch hinzu, dass sie zu einem Architektenteam gehört, das gerade einen Bebauungsplan für die Brache ausarbeitet.

Ich muss ihr leider widersprechen: «Diese Fläche ist derzeit nicht besonders wertvoll. Man könnte sie wertvoll machen, indem man den Boden aufreißt. Aber wer macht das? Viele Pflanzenarten in der Stadt brauchen den Menschen, um zu überleben, deshalb ist städtischer Artenschutz auch so schwer. Ohne sie vergrast alles, die Quecke wächst hier, Huflattich, Wolliges Honiggras und Land-Reitgras, die werden von vielen nicht gemocht. Der Löwenzahn macht auch alles dicht. Noch wachsen hier mehrere Arten, aber in ein, zwei Jahren werden viele verschwunden sein, verdrängt von den stärkeren. Man könnte denken, eine solche Fläche wäre für Pflanzen das Paradies auf Erden, aber das stimmt nicht. Es könnte ein Garten Eden sein, ja! Aber für eine regelmäßige Störung sollten solche Flächen nicht umzäunt sein, sie müssten für Mensch und Tier geöffnet werden.»

Die Architektin schweigt, ihr Blick schweift über die Brache, schließlich schaut sie mich an. «Interessant, wenn man ein Grundstück mal mit anderen Augen sieht. Tausend Dank.» Sie zieht weiter, und ich rufe ihr hinterher: «Bei vielen Tieren sind wir Menschen die größten Fans, bei den Pflanzen ist es sehr viel schwieriger, die bewegen sich nämlich nicht.» Trotzdem sind sie genauso faszinierend, denke ich im Stillen.

Im Westhafengebiet machen sich Nilgänse lauthals bemerkbar. Deutschland wird gerade von diesen Nervensägen überschwemmt. Der Entenvogel mit dem rotbraunen Gefieder und dem dunklen Augenfleck – als würde das Tier eine Sonnenbrille tragen – ist dominant, frech und kann äußerst aggressiv werden. Bei einer Exkursion am Fühlinger See in der Nähe von Köln wollten sie mir an die Hosenbeine. Aber dann ließen sie ab, ich kann nämlich auch nerven.

Lieber wende ich mich dem **Huflattich** (*Tussilago farfara*) zu, der mir an der Kaimauer ins Auge springt. Lateinisch *tussis* bedeutet «Husten», und der Huflattich ist eines der ältesten Hustenmittel, die wir kennen (Hustentee). Er breitet sich gern aus, mag Feuchtigkeit, ist aber auch gegen Trockenheit relativ resistent. Die schuppenartigen Hochblätter schützen ihn vor Sonneneinstrahlung. Wird es ihm zu heiß, dreht er die filzige Unterseite nach oben.

Er blüht mit seinen gelben, korbförmigen Blüten hauptsächlich im März und April, hier sind gerade noch ein paar Nachzügler zu sehen. Wie der Löwenzahn bildet er eine Pusteblume, nur ist die doch kleiner, kürzer und dichter, nicht so filigran. Beim Huf-

lattich gilt das Recht des zuerst Dagewesenen. Wo er ist, kommt so schnell keine andere Art hinzu. Selbst der so starke Löwenzahn kann bei ihm einpacken.

In gebührendem Abstand hält sich im Schotterbereich die filigrane und einjährige **Dach-Trespe** (*Bromus tectorum*). Sie heißt deshalb so, weil die Pflanze bei seitlicher Betrachtung ein herüberhängendes, eindimensionales Dach (lateinisch: *tectum*) bildet. Das Gras ist wunderschön silbrig, aber ich bin ja überhaupt ein großer Gräser-Fan. Seine graue Behaarung ist wieder eine Anpassung gegen zu große Hitze. Die Dach-Trespe ist ein typischer Bahnhofsvertreter, und als ich mich umblicke, erkenne ich die alten Gleisanlagen für die Güterzüge. Herrlich, wie sich die Rispen elegant im sanften Wind hin und her bewegen. Bei dieser Pflanze kann man genau erkennen, aus welcher Richtung er weht.

In unmittelbarer Nähe reckt sich das weiß blühende **Behaarte Schaumkraut** (*Cardamine hirsuta*). Tatsächlich ist es eine der wenigen Pflanzenarten, die man im Garten zu fürchten hat. Fasst man da im Mai und Juni ins reife Kraut, springen einem die Samen ins Gesicht. Gartenfreunde sagen deshalb «Springkraut» dazu. Es ist eine Art mit klarem Vorwärtsdrang! Ein richtiges Unkraut, ein Massenunkraut. Ansonsten bin ich sehr vorsichtig mit dem Wort «Unkraut», in diesem Fall passt es. Die Pflanze produziert geradezu unheimlich viele Blüten und deshalb auch unheimlich viele Schoten und Samen. Am besten bekämpft man sie, indem man die dunkelgrünen Rosetten entfernt, und das schon im Februar! Im April

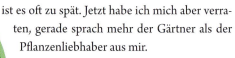

ist es oft zu spät. Jetzt habe ich mich aber verraten, gerade sprach mehr der Gärtner als der Pflanzenliebhaber aus mir.

Die gesellige Runde südwestlich des Flusskrebsstegs schließt der **Schneckenklee** (*Medicago lupulina*) ab. Er heißt so, weil sich die Hülsen im Gegensatz zum echten Klee zu einem schneckenförmigen, am Ende schwarzen Gebilde einrollen. Recht dekorativ sieht das aus. Die gelben Blüten sind verhältnismäßig klein, aber der Schneckenklee hat etwas, was andere Kleearten nicht haben: Am fein gekerbten Blattrand guckt oben immer eine Spitze heraus, wie eine kleine Pickelhaube.

Aufsehenerregend gelb blüht etwas weiter das **Frühlings-Greiskraut** (*Senecio vernalis*). Als Schnellsprecher verstehen die Leute bei Führungen häufig erst «Kreiskraut», das passt aber auch, denn ich finde es super, von dieser schmucken Art eingekreist zu sein. Aber im Ernst: Greiskraut heißt es wegen der weißen Fruchtstände, die an Silberlöckchen von Rentnern erinnern. Es ist eine giftige Pflanze, die im vorletzten Jahrhundert aus polnisch-russischen Gefilden von Ost nach West über die Bahnlinien reiste. Ab Mai sind die Blüten besonders prachtvoll, da ist bei ihr Hauptsaison. Schon die wenigen Pflanzen hier in den Hafen-Pflasterritzen machen so richtig was her.

Ha, und da ist *die* Pflanze, die mich zur Botanik gebracht hat, direkt längs der Kaioberkante: der einjährige **Dreifinger-Steinbrech** (*Saxifraga tridactylites*). «Dreifinger» deshalb, weil er dreiteilige (oft aber auch fünfteilige) Blätter hat. Beginnt der Steinbrech Ende März zu blühen, erblühe auch ich! Meine Diplomarbeit habe ich über dieses zarte Nervenbündel geschrieben. In Niedersachsen war es vor rund 30 Jahren fast vom Aussterben bedroht, dann machte es sich urplötzlich ebenfalls entlang der Bahnlinien auf die Reise. Im Großraum Hannover war die Pflanze, wie ich bis 1990 feststellen konnte, auf fünfunddreißig von siebenundsechzig Bahnhöfen zu Hause. Heute lauert dieser Winzling auf Pflasterflächen, auf Treppen zu Sparkassen, in Hauseinfahrten. Es war «meine» Pflanze, weil sie erstens so selten war, zweitens so exponiert wuchs (wer guckt schon zwischen den Schienen?), und drittens begeisterten mich ihre roten Teppiche, auf denen Anfang Mai zu Zehntausenden kleine weiße Blüten wachsen. Daran konnte ich mich nicht sattsehen, im Grunde bis heute nicht. Und wenn man sie erst von nahem betrachtet, am besten mit einer Lupe, erkennt man millimetergroße Öltropfen (Öldrüsen), die dafür sorgen, dass die Sonne nicht direkt die Oberfläche des Stängels trifft. Hält man den Steinbrech gegen das Licht, glitzert es. Vieles ist schön im Detail, weshalb ich empfehle, in die Natur immer mal ein Vergrößerungsglas mitzunehmen. Und sollte jemand annehmen, der bis 30 Zentimeter hoch werdende Steinbrech könnte Steine aufbrechen, so stimmt das nicht.

An der Steilböschung gegenüber, kurz vor der Rhein-Neckar-Brücke, präsentiert sich die **Gelbe Resede** (*Reseda lutea*). Reseden sehen mit ihren blassgelben Blüten toll aus, echte Leuchterblumen. Von einer Pflanze, die man einst zum Färben benutzte, ist sie zu einer Stadtpflanze geworden. Sie liebt die Nähe von Menschen. Dass sie im April schon blüht, wäre vor fünfzig Jahren undenkbar gewesen, normalerweise ist sie ein Juniblüher. Aber der Frankfurter Sonnenhang und die Klimaveränderung machen es wohl möglich. Ungefähr sechs Pflanzen sind zu sehen, wahrscheinlich ist sie mit dem Bahnschotter in diese Hanglage geraten. Sie haben kleine, stark eingeschnittene Blütenblätter und außergewöhnliche Fruchttrauben. Sssst – wie eine Silvesterrakete geht die Resede ab. Sie will zur Sonne, will sich wärmen.

Nah bei ihr hockt der **Purpurrote Storchschnabel** (*Geranium purpureum*), dessen tatsächlich purpurrote Blüten und knallrote Stängel mich jedes Mal umhauen. Es ist eine Mittelmeerart, die über die Schweiz und Österreich zu uns auf die Bahnhöfe gelangt und dann in die Städte eingewandert ist. Eigentlich müsste dieser Storchschnabel eine Infrastrukturabgabe leisten, so stark, wie er durch die Bahn gefördert wird! Den Erstfund gab es in Niedersachsen 1998. Das hat sich seitdem geändert. Kein Maler greift nach Jahren erneut zum Pinsel, um sein Bild zu verändern. Es hängt an der Wand, fertig. Doch bei der Botanik kann man immer an die gleichen Standorte zurückkehren – und sieht ständig neue Sachen.

Und hier wächst noch der **Gewöhnliche Feldsalat** (*Valerianella locusta*)! Eine Augenweide mit diesen helltürkisfarbenen Blüten, die man auf Wochenmärkten, wo man ihn kaufen kann, leider nie zu Gesicht bekommt. Sein Markenzeichen ist ein gabeliger Blütenstand, dazu ge-

genständige Blätter. Sie sind hervorragendes Grünzeug. Die Pflanze ist ein Sensibelchen und braucht ihre Ruhe. Sie steht nicht im Rasen oder auf Wegen, sondern stets an den Rändern, wo man nicht auf sie tritt. Wird im Juni gespritzt, ist sie bereits ein Wrack. Das Spritzen ist für die Natur tendenziell schlecht, insbesondere fürs Wasser. Aber für einige Arten ist es ein Segen: Die Quecke ist dann oft ganz weg, auch der Huflattich, der Löwenzahn, das Tüpfel-Johanniskraut oder die Acker-Winde – alles Gewächse, die den Einjährigen den Lebensraum streitig machen.

Unmittelbar neben dem Feldsalat wächst ein seltener Sauerklee, der gelb blühende **Dillenius' Sauerklee** (*Oxalis dillenii*). Bei der Namensgebung stand der Darmstädter Botaniker Johann Jacob Dillenius (1684–1747) Pate, ein sehr guter, leider fast in Vergessenheit geratener Wissenschaftler. Der Sauerklee expandiert zum Glück in städtischen Siedlungen. Blüht er noch nicht, fällt er durch seine hell- bis bläulich-grünen und stark behaarten Blätter sowie durch behaarte Stängel auf. In milden Wintern verliert er seine Blätter auch nicht.

In diesem Böschungs-Elysium findet sich weiter das ausdauernde **Schöllkraut** (*Chelidonium majus*), ein häufiges Mohngewächs, erkennbar an den buchtigen Blättern, die auch der Klatsch-Mohn hat. Die Pflanze hat einen orangefarbenen Milchsaft und erinnert mich irgendwie an das Zeitalter mit den noch käferorangen Wählscheibentelefonen.

Sie ist giftig, hilft aber als Heilsalbe nach etwa vier Wochen gegen Warzen und Altersflecken. Früher wurde sie auch Schwalbenwurz genannt – mit den ersten Schwalben fing sie an zu blühen. Das ist zwar eine alte Bauernregel, aber sie stimmt nicht mehr. Das Schöllkraut mit den dekorativen Blattrosetten blüht heute eher. Die Blüten sind gelb, sie bilden lange Schoten, die am Ende wie Krallen aussehen, doch nicht krallig-stechend, eher krallig-wurstig. Die glänzend schwarzen Samen werden von Ameisen verbreitet, sie nutzen ein stärkehaltiges Anhängsel am Samen als Nahrung, das Elaiosom. Erhielt ich als Gärtner den Auftrag, das Schöllkraut zu entfernen, habe ich von 100 Pflanzen immer zehn bis zwanzig stehen lassen. Bei diesem Gewächs wurde ich subversiv. Meinem Chef fiel das eines Tages auf, und er sprach mich darauf an. Ich sagte: «Sollte sich jemand beschweren, schicken Sie ihn zu mir. Ich werde denjenigen schon von der Schönheit der Art überzeugen.» Aber es hat sich nie ein Kunde beschwert, jedenfalls nicht bei mir.

Auf dem Weg zurück zum Ausgangspunkt entdecke ich an der Kaimauer, in der Nähe der Brache, noch massenhaft die **Mauerraute** (*Asplenium ruta-muraria*). Ein zum Schreien komisches Gewächs. Es sieht aus wie Moos. Seine Sporen klammern sich in Gesteinsritzen fest. Am besten gelingt das, wo die Mauer etwas bröckelt. Nix liebe ich mehr als unsaubere Mauern und nachlässig arbeitende Maurer. Je brüchiger die Mauer, desto besser für die Mauerraute. Botaniker bezeichnen sie als konkurrenzschwach, dabei ist sie für mich bärenstark, weil sie es unter diesen Lebensbedingungen aushält!

Diese Vielfalt im Westhafen von Frankfurt – man ist hier hin und weg. So viele verschiedene Pflanzen mit so vielen verschiedenen Ansprüchen. Die Leute laufen vorbei, kaufen sich Blumensträuße, um ein wenig Farbe und Natur in die Wohnungen zu bringen, doch diese Buntheit hier wird kaum wahrgenommen. Oder man betrachtet die wilden Pflanzen gerade noch als Heilmittel. Der altgriechische Philosoph Platon konstatierte jedoch zu Recht: «Die ständige Sorge um die Gesundheit ist auch eine Krankheit.»

Vergnügt steige ich gegen 17 Uhr wieder in mein blaues Auto. Auf der Rückfahrt denke ich, was ich alles meiner Freundin Steffi erzählen und per Foto zeigen kann. Städte sind so reich an Pflanzen. Diese Flaniermeile mitten in Frankfurt hat das ein Mal mehr bewiesen, eine Werbung für lebendige Natur in der Großstadt.

Hamburg

2

Hamburg

Auf, neben und unter dem Altonaer Balkon

Diese Steilhänge – ich liebe sie. Ich mag es, von oben auf etwas hinunterzugucken, den Blick in die Ferne schweifen zu lassen. Als Kind bin ich mit meinen Eltern nur zu gern in Bielefeld auf die Sparrenburg gestiegen, diese mächtige Festungsanlage, oder auf die Berge der Porta Westfalica bei Minden, das Ostende vom Wiehen- und der Westanfang vom Wesergebirge. Oder auf die Ravensburg bei Borgholzhausen – obwohl, wirklich so gerne? In den dicken Familienschinken gibt es ein altes Foto, ich muss da so zehn gewesen sein: Alle auf der Ravensburg sind ganz vergnügt, nur ich hocke flennend auf der Burgmitte und traue mich nicht an den Rand – als ältestes Kind, wohlgemerkt! Hier, auf dem Altonaer Balkon in Hamburg, ist die Lage weniger dramatisch, aber ebenfalls ganz exponiert: ein atemberaubender Blick auf die Norderelbe und den Containerhafen, auf die elegant geschwungene Köhlbrandbrücke. Einige Segelschiffe trudeln schon ein, denn morgen ist der 8. Mai, und der alljährliche Hafengeburtstag wird mit Schlepperballett und Windjammerparade groß gefeiert.

Hinter mir in strahlendem Weiß und ganz klassizistisch das Altonaer Rathaus auf dem Platz der Republik, vor dem eine Braut und ein Bräutigam warten, um sich im Standesamt das Jawort zu geben. Einst ist das Rathaus ein Bahnhof gewesen, den man dann nach Norden verlegte. Durch die alten Trassen sind aber viele Pflanzen angereist gekommen, weshalb der Hamburger Stadtteil Altona ein riesiger Garten ist. Doch weder die morgigen Hafengeburtstagsbesucher, das künftige Ehepaar, die paar Gammler noch alle sonst hin und her hastenden Leute werden sich für diese alte Böschung mit Sonnenlage, Parkstreifen, Bänken, Treppen, Verstecken und hoher pflanzlicher Vielfalt interessieren. Zu dumm, denn sie verpassen hier einiges. Besser daher: Auch mal die Augen auf und den Blick nach unten!

Einst stand an diesem Steilhang – immerhin siebenundzwanzig Meter hoch über der Elbe – ein großartiger Wald mit Ahorn, Esche, Hainbuche, Eiche und wohl auch ein paar Rot-Buchen. Er zog sich an der Elbe entlang abwärts bis nach Wedel. Jetzt sind nur noch ein paar Relikte übrig, hier in Form einer wunderschönen Parkanlage – eine perfekte Flaniermeile, bevorzugt genutzt von Hamburger Bürgern, mit oder ohne Kind, mit oder ohne Hund, mit oder ohne Decke.

Ich beginne aber nicht direkt an der Böschung, sondern auf einem kleinen Spielplatz gegenüber. Dort gibt es hölzerne Elefanten, auf denen Jungen und Mädchen «reiten» können. Und mitten in dieser bunt angemalten Elefantenherde liegt ein Gelände, in dem die **Rotfrüchtige Zaunrübe** (*Bryonia dioica*) gedeiht, eine typische Schlingpflanzenart, ein echter Klettermaxe, der jetzt im Mai noch nicht blüht, aber verzweifelt nach Möglichkeiten zum Ranken sucht. Die Zaunrübe reckt und streckt sich, kann bis zu vier Meter hoch werden, kriecht ungehemmt ins Gehölz hinein und versucht, ihre vielen kleinen Korkenzieher an den Mann, nein, an den Wirt zu bringen. Ihre Blüten sind klein und grünlich-weiß, dann bekommen sie erbsengroße Beeren. Zuerst sind diese noch grün, ab Mitte/Ende Juli bis in den Oktober leuchten sie dann weithin knallrot – einfach nicht zu übersehen. Die Beeren aber bitte nicht essen, sie sind sehr giftig. Einst wurden sie trotzdem gefuttert, litt man nämlich unter Verstopfung. Na ja, das muss ich hier jetzt nicht näher ausführen. Die Rübe kommt übrigens in Städten ganz gut voran, weil Schwarzdrosseln die scharlachroten Kugeln fressen und dann irgendwo – platsch! – ausscheiden. Die Zaunrübe hat trotz ihrer Giftigkeit große Bedeutung in der Homöopathie, sie soll gegen Schwindel, Übelkeit, Fieber oder Rheuma helfen. Die Bandbreite ist wirklich enorm. Und was sehe ich denn da? Neben ihr wächst ja Hopfen, den reiße ich hier gleich mal raus. Das ist doch eine störrische Liane, ein wüster Drängler, ohne Taktgefühl, ganz im Gegensatz zur Zaunrübe. Die würde ich niemals rausrupfen, die streichle ich eher. Und «Rübe» heißt sie, weil sie extrem dicke Wurzeln hat, die wie ein Trichter aussehen, richtige Apparate sind das. Die Rotfrüchtige Zaunrübe ist für mich eine Stadtpflanze des Hintergrunds, der Ausdauer, der Gesten und der Grazie. Traurig sieht sie dann aber aus, wenn sie im Herbst abgerupft und vertrocknet im Geäst hängt und so zum Spielball des Winds wird.

Richtig apart nimmt sich auch ihre Nachbarin auf dem grünen Rasen aus, Miss *Bellis perennis*, was nichts anderes heißt, als dass sie das gesamte Jahr über (*perennis*) schön und anmutig (*bellis*) ist, und das stimmt hundertprozentig: Gemeint ist das **Gänseblümchen**, jeder kennt es! Seine zungenartigen rosa-weißen Strahlenblüten liegen wie ein Wimpernkranz um gelbe Röhrenblüten, und sie trauen sich tatsächlich was. Sie sind, und das stimmt wirklich, zwölf Monate im Blütenwahn, mehr geht nicht. Sobald die Temperatur über null Grad Celsius steigt, öffnen sich Röhren- und Strahlenblüten (der Löwenzahn dagegen, ebenfalls ein Korbblütler, hat nur Strahlenblüten, keine Röhrenblüten!). Gänseblümchen blühen und blühen und blühen … Es ist ein Zwerg, eine Pflanze der Kindheit (nicht anders als Brennnesseln oder Klatsch-Mohn). Essen kann man vom Gänseblümchen alles, Blätter wie Blüten. Die Knospen wurden früher gepflückt und als Kapern in Essig eingelegt. Doch bitte nicht an ihnen satt essen! Wer einen Salat aus Gänseblümchen zubereiten will, sollte noch anderes Grünzeug daruntermischen, sonst schmeckt das Ganze zu bitter. Ich empfehle hierzu Scharbockskraut und Knoblauchsrauke, die kommen dann auch gleich …

Aber endlich zur Böschung: Man muss sich selbst gar nicht groß bewegen, im nordischen Wind bewegt sich dafür mit kleinen weißen Blüten der **Wiesen-Kerbel** (*Anthriscus sylvestris*). Eigentlich keine ausgesprochene Stadtpflanze, aber hier ist er auf Sendung in Hülle und Fülle. Ein ganz typischer Maiblüher. Er ist verwandt mit unserer Möhre, weshalb er genau danach schmeckt. Es ist eine Pracht, dieses wogende weiße Feld am Südhang, mal tänzelt der Kerbel nach rechts, dann wieder nach links, leicht staksig, denn die Pflanze ist an sich ein bisschen knickig gebaut. An den Blättern ist der Stängel nur leicht verdickt, sodass sie mehr Stand hat und gut austarieren kann. Man kann mit Fug und Recht behaupten, mit der Wiesen-Kerbel-Blüte wird der hohe Frühling eingeläutet! Dieser wilde Kerbel tanzt aber nur vier Wochen, ziemlich schnell zieht er auch schon wieder ab und ein.

Noch immer kann ich mich nicht vom Balkon lösen. Das Elbwasser schimmert mal silbrig, mal grau, je nachdem, ob sich die Sonne durch die Wolkenfront kämpft. Auf der Rasenfläche mit Bäumen – hier auf'm Balkon gibt es nur diesen einen Rasen (in Deutschland wohl der einzige Balkon mit echtem Rasen) – zeigt sich etwas sehr Schönes, etwas Seltenes noch dazu. Eine aus dem Orient vor rund dreihundert Jahren eingebürgerte Art, ein sogenannter Neophyt: der **Nickende Milchstern** (*Ornithogalum nutans*). Er blüht Ende April, Anfang Mai, danach zieht er sich schnell zurück, die schmalen Restblätter nimmt dann niemand mehr wahr, und nach dem nächsten Rasenmähen wird nichts mehr von ihm übrig sein. Die Blüten dagegen sind schon sensationell, jeweils mit sechs durchscheinend grünlich-weißen Blütenblättern und dunkelgrünen Mittelstreifen – äußerst filigran, facettenreich, fast ein wenig geisterhaft. Der Milchstern macht was her. Im Hamburger Frühling sollte man ihn sich auf keinen Fall entgehen lassen. Über tausend Pflanzen sind am Balkon eingewandert und fühlen sich hier sichtlich wohl. Und ich nicht minder. Als ich als Gärtner anfing, war ich felsenfest davon überzeugt, eines Tages einmal Gartenplaner zu werden. Doch dieser Traum war schnell ausgeträumt. Immer nur wollte man Dickmännchen, Feuerdorn, Haselnuss, Liguster, Rote Johannisbeere, Forsythie, vielleicht noch einen Hibiskus. Oder Efeu. Oder Schneeballsträucher. Macht dicht, blüht weiß und muss nur einmal im Jahr geschnitten werden. Meiner Meinung nach ein Totschlagargument – dazu braucht man keinen Gartengestalter. Letztlich wollten alle das Gleiche, nämlich Massenware – so was von langweilig. Kein Wunder also, dass ich die Finger allmählich von den Zierpflanzen ließ und mich immer mehr den wilden Freilandpflanzen widmete. Das sind auch die wahren Matadore, sie müssen nämlich immer alles ganz alleine schaffen.

Auf dem Weg zur Kaistraße, die vom Rathaus direkt zum Museumshafen nach Övelgönne führt, wächst die ausdauernde **Weiße Taubnessel** (*Lamium album*). Als Kind drückte ich aus den Blüten das weiche Innere heraus, es ist zuckersüß! Taubnesseln sind keine Brennnesseln, sie sind nicht einmal miteinander verwandt. Taubnesseln stinken immer ein bisschen, ich reibe mal an den Blättern: Es riecht nach Mottenkiste, nach Muff, nach einem halben Jahr nicht mehr gewechselter Bettwäsche. Ja, genauso riecht es. Die Blüten bilden einen Quirl, sie sind hübsch etagenförmig aufdrapiert, sehen aus wie kleine Helme. Ein Dach über dem Kopf für die Staubgefäße, sodass diese geschützt sind – wie ein Visier, das man hoch- und runterklappen kann. Weil sich die Art auch über Samen ausbreitet, sind die Staubgefäße am empfindlichsten, daher diese Schutzvorrichtung. Sie blüht noch im Dezember, danach macht sie Winterpause, tritt aber bereits im April wieder in Erscheinung.

Über die Kaistraße geht es nun die Rainvilleterrasse entlang, vorbei an einer einige Meter hohen Reliefplatte, auf der eine Familie gemeißelt ist, Vater, Mutter und Sohn. Was steht da? «Schleswig-Holstein meerumschlungen, deutscher Sitte, hoher Wacht.» Ein Lied des Dichters Matthäus Friedrich Chemnitz, ist da zu lesen, dessen in Muschelkalk gemeißeltes Porträt zwischen der Inschrift prangt. Ein Hinweis darauf, dass Altona 1535 als Fischersiedlung in der Grafschaft Pinneberg in Holstein gegründet wurde. Chemnitz kam 1815 zur Welt, da gehörte Altona zu Dänemark, und als dänischer Untertan musste er an die Ursprünge der Siedlung erinnern. Was man doch nicht so alles lernt! Doch nicht minder spannend: In der Stützmauer, in der die Dichter-Platte eingelassen ist, kriecht der **Efeublättrige Ehrenpreis** (*Veronica hederifolia*) hervor. Doch bei ihm muss man etwas genauer hingucken. Blassblau sind seine Miniblüten, und ständig fallen sie ab, weshalb man bei ihm von einer hinfälligen Art spricht. Im Juni ist er schon fertig mit der Welt, erst im Dezember wachsen wieder erste Blattrosettchen der nächsten Saison. Für Gärtner ist er ein zunehmend lästiges Unkraut, ruck, zuck können Dutzende Quadratmeter von Tausenden Pflanzen überwuchert werden. Man muss früh im Jahr hinter ihm her sein, was habe ich mich bei ihm schon totgekrautet. Dabei hat dieser Ehrenpreis nur eine kleine Wurzel. Es ist aber irre, wie er sich dann im April/Mai rasch auswächst. Alle Achtung, voll auf der Überholspur ist dieser Ehrenpreis! Seine Samenkapsel sieht aus wie ein kleiner Po, ich sage aber nicht, an welchen er mich erinnert. Das würde doch zu weit gehen. Ein bisschen dicklich ist sie aber schon, also diese Samenkapsel.

Was pfeift denn hier gerade? Der Dompfaff. Viele Leute erkennen ihn nur, wenn sie mit dem roten Bauch des Männchens konfrontiert werden, jedoch kennt kaum jemand seinen Ruf: ein kurzes «Piu», recht monoton, aber doch gut vernehmbar. Mehr kann er nicht. Mit großer Wahrscheinlichkeit sitzt er in einem der beiden gerade schön besonnten Ahornbäume, die sich um die Ehrenpreise einen Platz sicherten. Der eine ist ein Spitz-Ahorn, der andere ein Berg-Ahorn, beide kommen im gesamten Park vor, immer wieder auch in trauter Gemeinschaft. Ich fange mal mit dem bis 25 Meter hohen **Spitz-Ahorn** (*Acer platanoides*) an. Bevor sich seine Blätter entwickeln, blüht er Mitte/Ende April bereits, an grün-gelblichen Tennisbällen im Baum ist das gut zu sehen. Der bis 30 Meter hohe **Berg-Ahorn** (*Acer pseudoplatanus*) blüht natürlich auch, aber viel unscheinbarer: Die Blüten verstecken sich hinter Blättern und fallen kaum auf. Blätter vom Spitz-Ahorn haben fünf bis zehn

Auf, neben und unter dem Altonaer Balkon

ausgeprägte Spitzen und münden in einem großen Lappen, der Berg-Ahorn hat drei bis fünf mehr stumpfe Lappen. Blattstiele vom Spitz-Ahorn besitzen Milchsaft, die vom Berg-Ahorn gehen leer aus – wer sollte die denn jetzt noch verwechseln? Und außerdem: Spitz-Ahorn macht eine fulminante Herbstfärbung, Indian Summer pur, gelb bis auch mal rötlich. Berg-Ahorn bleibt grün, meist matt, vielleicht schimmert er, wenn er gut in Form ist, gerade noch grün-gelb. Ein weiterer Unterschied: Der Berg-Ahorn wächst langsamer als der Spitz-Ahorn, weshalb Ersterer härteres Holz hat als Letzterer. Auch wird der Berg-Ahorn 500 Jahre alt, der Spitz-Ahorn dagegen nur 300. Schon bald werden alle beide ihre Samen in den Flügeln ausbilden, die man sich als Kind oft auf die Nase geklebt hat.

Ich ziehe weiter, ruhig auch mal ein wenig ins Untergehölz hinein – und da ist sie auch schon, die Königin von Altona, die **Wilde Tulpe** (*Tulipa sylvestris*). Super ist die, gelb blühend, glockenförmig, eine Rakete unter den Blumen! Ein bisschen spät bin ich dran. Vor zehn Tagen hätte es noch sensationeller ausgesehen, dann wäre hier ein gelbes Meer gewesen, so sind es nur vereinzelte Sonnenfarbtupfer, die etwas über den Durst sind. Ich bin dennoch hin und weg, bis Ottensen zieht sie sich noch elbabwärts. Die Blätter sind schmaler als bei der Kultur-Tulpe, auch abwischbar – so nennen wir das, wenn sie von einer schützenden Wachsschicht überzogen sind. Die Wilde Tulpe ist wärmeliebend, stammt aus dem Mittelmeerraum und wurde um 1600/1650 zum ersten Mal in Deutschland eingeführt, in Fürsten- und

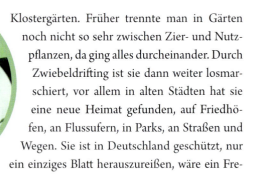

Klostergärten. Früher trennte man in Gärten noch nicht so sehr zwischen Zier- und Nutzpflanzen, da ging alles durcheinander. Durch Zwiebeldrifting ist sie dann weiter losmarschiert, vor allem in alten Städten hat sie eine neue Heimat gefunden, auf Friedhöfen, an Flussufern, in Parks, an Straßen und Wegen. Sie ist in Deutschland geschützt, nur ein einziges Blatt herauszureißen, wäre ein Frevel. Stundenlang könnte ich von ihr schwärmen, sie ist meine Lieblingspflanze. Kommen Sie unbedingt am 1. Mai, am Tag der Arbeit, in diesen Elbpark und schauen Sie sich das gelbe Wunder an. Sie werden jedes Jahr nahezu mondsüchtig wiederkommen. Sie können gar nicht anders. Alle Kapitäne, alle Kaufleute, die sich an der Elbe niedergelassen haben, werden sie in ihren Gärten gehabt haben, deswegen auch ihr vergleichsweise großes Vorkommen in der Hansestadt. Dagegen ist «mein» Bremen für die Wilde Tulpe ein einziges Jammertal, die dortigen Kaufleute und Kapitäne hatten wohl nur ihre ollen Kaffeesäcke im Kopf – jedenfalls so gut wie nirgends wächst hier die Wilde Tulpe. Dabei wollte sie in Hamburg jeder haben. Sie haben mein vollstes Verständnis. Nun ist die Wilde Tulpe Teil unserer Wildflora, was bedeutet, dass sie sich außerhalb von Gärten selbständig hält und ausbreitet. Es sind Lichtpflanzen, denn wird das Laub der Bäume langsam dichter, sind sie nicht mehr mit von der Partie. Schnell halten sie so Sommer- und Winterschlaf.

Der Heine-Park beginnt nun nach Westen so richtig, mit einer Narzissen- und Tulpenrabatte, wobei ich mich frage, warum man in einer Parklandschaft überhaupt solche Beete anlegt. Der Park wirkt sofort steif, das ist nicht notwendig, das Geld kann man sich sparen. Die Leute freuen sich doch auch an allem, was grün ist. Im neuen Rasen lugen zum Glück schon wieder Gänseblümchen durch. An einem

Baum hockt ein Buntspecht, stadtzahm ist er geworden – ein Vogelkundler muss heutzutage ebenso in die Städte gehen, damit er viel Gefiedertes zu Gesicht bekommt, wie ein Botaniker auf der Suche nach vielen verschiedenen Pflanzen. Da flötet die Mönchsgrasmücke, hier zilpt der Zilpzalp, da krächzt die Elster, dort trötet die Singdrossel. Der Park ist nicht nach dem Dichter Heinrich Heine benannt, sondern nach dem Bankier Salomon Heine. Dennoch: Heinrich war sein Neffe, und Salomon soll ihn gefördert haben wie so vieles in Hamburg. Als Salomon 1844 starb, hinterließ er nach heutigen Berechnungen 110 Millionen Euro, weshalb man ihn den «Rothschild von Hamburg» nannte.

Schon auch beeindruckend und kaum weniger interessant ist die **Knoblauchsrauke** (*Alliaria petiolata*), ebenso ein typischer Maiblüter, der jeden Salat aufpeppt, weil die Rauke diesen Knoblauchstoff in sich trägt, der sofort verströmt, zerreibt man die Blätter. Die sind sehr gut zu kauen, saftig und auch nicht so zäh wie viele andere essbare Pflanzen. Zudem ist die Rauke äußerst hübsch mit tellerartig ausgebreiteten Blüten an traubigen Blütenständen. Davon hat dann jeder etwas, sogar der reiche Herr Heine hätte was davon gehabt. Die später auftretenden steifen Schoten bilden dann fast kandelaberartige Lampenschirme, die noch im Winter zu sehen sind – ein sogenannter Wintersteher.

Der Heine-Park geht kurz darauf in den Donners Park über, ohne dass dies für den Spaziergänger sichtbar wird. Ursprünglich gehörte das Gebiet zu einer Wassermühle, dann nahmen sich im Jahr 1793 drei Freunde dieses Geländes an, bauten sich ein Haus darauf und verbrachten gemeinsam ihre Wochenenden darin. Schließlich wohnte eine Helene Donner in dem Park, nach ihrem Tod 1912 erwarb ihn die damalige Stadt Altona. Ooooh, Regen setzt ein, aber das ist es gerade nicht, was mich beschäftigt. An der Bank, an der ich gerade vorbeigehe, ist unten ein alter Blechnapf angekettet, die Kette ist richtig massiv. Ich kann gar nicht weggucken.

«Wer einmal aus dem Blechnapf frisst», ruft mir eine ältere Frau zu, die strammen Schrittes mit ihrem Hund vorbeimarschiert. «Fallada! Kennen Sie den Roman?»

Ich nicke. «Aber wer glaubt denn in diesem Park, dass er sich nie von seinem Gefängnis befreien kann?»

«Vielleicht sollen wir alle daran erinnert werden, dass wir mal sichtbar, mal unsichtbar an Ketten hängen», ruft mir die Dame über die Schulter zu, dann hebt sie die Hand und ist hinter der Kurve auch schon verschwunden.

In Hans Falladas Roman *Wer einmal aus dem Blechnapf frisst* muss Willi Kufalt eine fünfjährige Gefängnisstrafe abbüßen, danach versucht er, im bürgerlichen Leben Fuß zu fassen. Vergeblich. Fallada saß selbst in einer Haftanstalt, er wusste, wovon er schrieb. Frei sein, so das Fazit des Romans, kann man wohl am besten nur im Gefängnis. Was für Gedanken! Aber es gibt hier einiges, was ablenkt.

Zum Beispiel das **Wiesen-Schaumkraut** (*Cardamine pratensis*). Im April fängt es an zu blühen, meist weiß, aber auch hellviolett. Bei seinem Anblick muss ich an Himbeer- oder Heidelbeerjoghurt denken, je nachdem – und bekomme sofort Hunger. Einst war die Pflanze häufig auf Wiesen zu sehen, aber sie mag es nicht, wenn die übermäßig gedüngt werden. So ist sie in Landschaften seltener geworden, während sie im städtischen Umfeld zunimmt. Wie die

Knoblauchsrauke ist das Wiesen-Schaumkraut ein Kohlgewächs, ein Kreuzblütler – die Blüten sind nur anders, viel schöner! Wozu denn in einen Laden gehen und Blumen kaufen? Ein Strauß mit Wiesen-Schaumkraut ist toller als jedes Gebinde. Aber es reicht völlig, wenn ich rausgehe und mir die Pflanzen in meiner, in ihrer Umgebung allein ansehe. Ich brauche auch keinen Garten mit Stauden, keinen Zaun, der mir signalisiert, das, was er einschließt, gehört mir. Dieses Besitzergreifende liegt mir fern. Ich freue mich auf meinen Touren über die verschiedenen Arten, freue mich, wenn andere ähnlich begeistert sind wie ich. Ein so schön blühendes Wiesen-Schaumkraut – mehr geht gar nicht!

Okay, ein starker Konkurrent ist die **Gewöhnliche Traubenkirsche** (*Prunus padus*), ein anspruchsvoller Strauch, jetzt im Mai mit unzähligen blühenden Bürsten in der Signalfarbe Weiß. Möchte jemand den wilden Charakter seines Gartens betonen, dann sollte er diese Traubenkirsche pflanzen. Die Sträucher sind umwerfend. Später erscheinen bläulich-schwarze Beeren, auf die die Vögel total fliegen. Wobei sie nicht so gut schmecken wie Heidelbeeren oder Beeren der Kupfer-Felsenbirne. Was vielleicht verblüfft: Wiesen-Schaumkraut und Echte Traubenkirsche treten im feuchten Laubwald gern zusammen auf. Die Taubenkirsche ist übrigens ein Rosengewächs! Nicht alles, was aussieht wie eine Rose, ist auch eine Rose. Und was nicht wie eine Rose aussieht, kann dennoch eine sein. Das nenne ich Vielfalt, und Rosengewächse sind ganz besonders vielfältig!

Und schon wieder eine Taubnessel, dieses Mal ist es die **Purpurrote Taubnessel** (*Lamium purpureum*) gleich neben dem Blätterdach der Traubenkirsche. Während die Weiße Taubnessel von vorhin mehrjährig ist, muss die einjährige, kleine, purpurrote Schwester sich immer wieder mit Samen neu aussäen. Die vielen Blätter stehen gerade und schön gestaffelt übereinander, um sich vor Ausdünstung zu schützen. Knallt die Sonne zu stark, legt die Pflanze die Blätter an und zieht sich etwas zusammen. Sie gedeiht hier im Schutz der Traubenkirsche, am Rand, weil sie das Abmähen partout nicht mag – und im Park wurde gerade der Rasen gemäht. Sie sind so schön, diese kleinen floralen Kobolde in purpurroten Mänteln. Und blühen auch noch fast bis Weihnachten! Das soll Unkraut sein? Also nein, ganz sicher nicht!

Nahe einer alten Treppe blüht in wachsweißen Kugeln eine Pflanze, die in aller Munde ist und schon von weitem herübergrüßt: der **Bär-Lauch** (*Allium ursinum*). Jeder kennt Bärlauchsuppe, Bärlauchbrot, Bärlauchpesto, Butterbärlauch usw. Und weil es gerade geregnet hat und jetzt wieder die Sonne scheint, duftet der ganze Wald betäubend. Breite, dunkelgrüne, oberseits etwas glänzende Blätter sind Markenzeichen des Bär-Lauchs, und nur diese isst man. Eigentlich sollte man sie ja nur bis zur Blüte essen, ich sammle aber noch bis Ende Mai zur Selbstverköstigung längs meiner Laufwege. Wer nachempfinden will, wie «wilde Natur» lebt, sollte auch Bär-Lauch im Garten haben – ein aufsehenerregender Blüher und für mehrere Monate im Jahr ein ausgezeichneter Bodendecker.

Die Treppen hinauf geht es jetzt auf eine Aussichtsplattform – in kürzester

Zeit hat es sich schon wieder zugezogen, typisch Hamburg! Auf der regenverhangenen Elbe ziehen gemächlich zwei Containerschiffe in gebührendem Abstand den Strom hinab Richtung Cuxhaven. Schwimmende Plattenbauten sind das, von Schiff keine Rede mehr. Sie werden unterwegs vielleicht Dreimastern begegnen, die sich zum Hafengeburtstag in Szene setzen wollen – unterschiedlicher können (See-)Welten nicht sein. Mit mir zusammen schaut noch ein «armer Poet» auf das jetzt dunkelgraue Elbwasser, statt eines Regenschirms geschützt mit einer Plastikplane, die er über die ganze Bank gespannt hat. Ob er auch die Idee von vorhin mit dem angeketteten Blechnapf hatte?

In seinem Rücken hat sich der bis 30 Zentimeter hohe **Gefingerte Lerchensporn** (*Corydalis solida*) ausgebreitet, vor zwei, drei Wochen blühte hier alles rosafarben. Tausende Pflanzen dieses Erdrauchgewächses bedecken den Waldboden. Charakteristisch sind doppelt dreizählige, bläuliche Blätter und die fingerförmigen Tragblätter unter jeder Blüte. Langsam schiebt sich schon die Frucht vor, die schwarze Samen in Form einer Niere enthält. Sie werden von Ameisen verbreitet. So schön die Blüten sind, so giftig ist die Pflanze – nicht jedoch für kurzrüsselige Hummeln, die den Nektar ebenso gierig aufsaugen wie Zitronenfalter.

Aller guten Dinge sind drei. In diesem Wald gibt es sogar die dritte Ahorn-Art: den **Feld-Ahorn** (*Acer campestre*). Seine Blätter wurden früher als Sauerkrautersatz gegessen – sollte es damit aus welchen Gründen auch immer knapp werden, erinnern Sie sich an den bis 20 Meter hohen Feld-Ahorn. Von den beiden anderen Arten ist er gut durch seine Korkleisten zu unterscheiden, sein Wuchs ist oft knorrig, Kork selbst ist eine Anpassung an Trockenheit. Im Gegensatz zur Korkeiche kann man diesen Effekt beim Feld-Ahorn aber nicht züchterisch verstärken. Alle drei Ahorn-Arten breiten sich seit längerem massiv aus, Ahorn-Jungwuchs ohne Ende, gerade in Städten. «Acerisierung» nennen wir das, sozusagen «vom Ahorn erdrosselt», obwohl die Drosseln hier ausnahmsweise mal nicht ihre Schnäbel mit im Spiel haben.

Noch eine Strauchart – wir spazieren ja durch einen Park, sodass Bäume und Sträucher nicht zu kurz kommen dürfen –, in diesem Fall der **Eingriffelige Weißdorn** (*Crataegus monogyna*), die bekannte und bewährte Wildform. Der Weißdorn kann ein kleines Problemgehölz sein, etwa auf Halbtrockenrasen, aber auch in Siedlungen. Er macht nämlich Ausläufer und muss deshalb häufiger rausgeschlagen werden. Das Blatt ist fünfteilig, die Oberseite glänzend. Pro Quirl gibt es zehn bis fünfzehn Blüten, später sitzen daran die roten Beeren, ein Leckerbissen für Vögel. Das dunkle Holz vom Weißdorn ist hart und wurde einst bei der Herstellung von Werkzeugen verwendet. Zuhauf habe ich als Gärtner schon Weißdorn gepflanzt, der ist ganz unverwüstlich.

Im Unterwuchs funkelt der **Wald-Gelbstern** (*Gagea lutea*), seine große Blütezeit um den 1. April ist vorbei, aber hier und da schimmert noch das Fahlgelb der Fruchtstände durch. Gelbsterne lieben alte Bäume, bevorzugt «liegen sie zu deren Füßen». Während andere Arten um das Licht im Wald heftig konkurrieren, schlägt er besonders gern dort auf, wo das Wasser von den Bäumen zurückgehalten wird, dann aber auch wieder verstärkt an der glatten Rinde abfließt. Der Boden ist hier im Grunde von den Baumwurzeln ausgelaugt und dadurch weniger stark bewachsen. Genau an diesen Stellen geht der Gelbstern mit seinen Zwiebeln ungefähr fünf bis acht Zentimeter in den Boden hinein. Ich finde die Pflanze nur wunderschön. Was für ein Farbrausch muss das gewesen sein, als Wald-Gelbstern und Lerchensporn an dieser Stelle zusammen um die Wette blühten! Hamburger und Hamburg-Besucher sollten sich das bis Ende April nicht entgehen lassen. Jan, der Blumen-Brueghel aus der Antwerpener Malerdynastie, wäre vor Freude im Quadrat gesprungen.

Zu meinen Tretern entfaltet sich noch das gelbe **Scharbockskraut** (*Ranunculus ficaria* ssp. *bulbilifer*), welches eines der leicht giftigen Hahnenfußgewächse ist. Das Kraut ist sehr gewitzt, denn es hat zwei Strategien, um sich auszubreiten. Zum einen macht es Ausläufer, zum anderen bildet es Tochterzwiebeln. Scharbock ist der altertümliche Name für Skorbut, jene früher verbreitete Mangelerkrankung, unter der einst auch so mancher (Hamburger) Matrose litt, enthielt die Nahrung an Bord kein Vitamin C. Die Seebären gingen dann ganz elendiglich zugrunde, wurden dann einfach über Bord geworfen. Dieser grauenvolle Tod nahm erst ein Ende, als man auf die Idee kam, Scharbockskraut mit an Deck zu nehmen. Es wurde im Winter sogar auf Eis gelegt, damit die Vitamine nicht verlorengingen, in Butter oder Quark eingerührt, in Eintöpfe hineingeschnippelt. Zu viel sollte man davon aber auch nicht essen – gerade wenn die Pflanze blüht, sind die Blätter schon ziemlich bitter.

Ganz bis nach Övelgönne will ich jedoch nicht, da wären wir direkt am Fluss wie in Frankfurt, hier geht es ja um eine städtische Parklandschaft. So geht es jetzt den Hang hinunter, kurz bevor der Donners Park endet. Unten angekommen, lande ich auf der Großen Elbstraße. Ein paar Speicher und Lagerhallen sind noch übrig, einst in der Nacht eine Straße, wo sich Damen des horizontalen Gewerbes in hohen Lackstiefeln aufs Kopfsteinpflaster wagten und darauf warteten, dass Lastkraftwagenfahrer anhielten und ihr Fenster herunterkurbelten. Diese Zeiten der verruchten Halbwelt bis hinauf zum Fischmarkt sind vorbei, stattdessen wurden hier wie in Frankfurt moderne Wohn- und Bürokomplexe errichtet. Profane Glasklötze, Nullachtfuffzehn-Architektur. Auch einstige Wohnschiffe sind verschwunden, wo Asylanten aus aller Welt hausten. Alles nur, um gutverdienenden Menschen «Premiumblicke» zu verschaffen.

«Wo ist denn hier die Zwiebel? Gibt es die denn nicht mehr?»

Ein kompakt gebauter Typ, der so gar nicht zu Glas und Stahl passt, mit grauem Rauschebart und um die Stirn gewundenem grünem Halsband, spricht mich an, er kam aus Richtung Övelgönne. Er fragt mich wohl, weil ich auch nicht aussehe, als würde ich in einem der Glaspaläste arbeiten. Aber was meint er denn mit «Zwiebel», etwa eine bestimmte Blumenzwiebel? Ich werde neugierig.

«Suchen Sie Blumenzwiebeln? Da könnte ich schon aushelfen …»

«Blumenzwiebel?» Der Rauschebart ist völlig verdattert. «Soll wohl ein Scherz sein. Nee, ich meine diesen alten Musikschuppen, in den alle Iren und auch manch Irrer rannten. Die Dubliners traten dort auf, ganz legendär. Aber jetzt finde ich die Zwiebel nicht mehr …» Mit diesen Worten setzt er seinen Weg fort. Später hörte ich, dass diese bekannte Kneipe schon Ende der Neunziger geschlossen wurde, eine Institution war das.

Ohne Zwiebel, und zwar lebenslang, muss die hellgrüne **Winkel-Segge** (*Carex remota*) auskommen. Das Sauergras wächst unten am steilen Uferhang. Es zeigt Nässe an, und fällt Regen auf den Hang, ist klar, dass das Wasser nach unten durchsickert, wenn oben schon alles trocken ist. Die horstig, das heißt kompakt wachsende Winkel-Segge ist in Hamburg selten, eine Rote-Liste-Art. An dieser feuchten Stelle ist in der Nähe zudem eine kleine Quelle, hier wachsen immerhin ein paar Dutzend, schön kräftig sogar. Die Segge fängt Anfang Mai gerade zu blühen an, aber ganz unscheinbar.

In direkter Nachbarschaft wird es sofort knalliger, da reckt sich der goldgelbe **Kriechende Hahnenfuß** (*Ranunculus repens*). Er ist unser häufigster Hahnenfuß, auch «Butterblume» genannt, weil man mit dem Farbstoff des Hahnenfußes einst der Butter – wie auch der Margarine – ein appetitlicheres Aussehen verpasst hatte. Diese Hahnenfußart mag es gern feucht, andere ziehen trockenere Gebiete vor, die haben dann als Sonnenschutz auch eine Behaarung. Nicht so dieser Hahnenfuß, er ist an Blättern und Blüte praktisch kahl. Leicht giftig ist er, nicht jedoch die Blütenköpfe. Sollten Ihre Kinder diese abzupfen, kann nichts passieren. Über hundert Stück blühen hier von diesen Burschen, einer ausdauernden Kämpfernatur.

Auf der anderen Straßenseite winkt mir das **Gewöhnliche Barbarakraut** (*Barbarea vulgaris*) entgegen. Die Pflanze mit vier gelb blühenden Kreuzblättern nimmt in urbanen Gebieten zu, wie der Kriechende Hahnenfuß mag sie es feucht. Die heilige Barbara gilt als eine der ersten Nonnen. Sie kam in einem Ort am Marmarameer im 4. Jahrhundert als Tochter eines reichen Kaufmanns zur Welt. Der

Vater hatte sie einem Manne zur Frau versprochen, doch Barbara hielt nichts von der Ehe. Heimlich war sie Christin geworden und wollte ein Leben in Demut und Armut führen. Als der Kaufmann davon erfuhr, ließ er seine Tochter in einen Turm einsperren, damit sie wieder zur Vernunft kam. Tat sie aber nicht. Stattdessen brachte sie an dem Turm ein Kreuz zum Zeichen ihres Glaubens an und lebte weiterhin wie eine Nonne. Der 4. Dezember ist Barbaratag, kurz vor der längsten Nacht des Jahres, um den Frühling willkommen zu heißen. In einem Gefäß säte man sogenannten Barbaraweizen, der zu Weihnachten ein grünes Beet ergab – und man sammelte das Barbarakraut, um ausreichend Vitamine in dieser dunklen Jahreszeit zu haben. Ein echter Vitaminschub. Da diese Winterkresse etwas scharf ist, wurde sie hauptsächlich für Fleischgerichte und Soßen verwendet.

Zurück an der Böschung präsentiert sich der **Acker-Schachtelhalm** (*Equisetum arvense*). Der Schachtelhalm ist ein Schachtelhalm, weil er so schön verschachtelt ist, sowohl die Einzelblätter als auch die Stängel. Mache ich Exkursionen mit Kindergartenkindern, finden die Kleinen diese Pflanze grandios. Sie sind dann eine ganze Weile damit beschäftigt, alles auseinanderzunehmen und die Einzelteile zu einem Propeller umzufunktionieren – und ich hab mal meine Ruhe … Der Acker-Schachtelhalm wird bis zu einen halben Meter hoch, nur die männlichen Blüten sind die Blütenstaubproduzenten. Er macht Ausläufer, die bis zu zwei Meter tief gehen, somit gehört er zu den drei, vier Unkräutern, die man partout nicht bekämpfen kann, weder mit Gift noch mit Ausgraben. Von oben sieht die Pflanze ja ganz niedlich aus, aber von unten … Wie sagt man: oben hui, unten pfui. Giersch und Quecke sind in seiner Nähe, eine typische Pflanzengesellschaft mit ähnlichen Standortansprüchen. Ist die zuvor entdeckte Wilde Tulpe Adel – sie wächst ja auch mehr oben am Hang –, so ist dieses pflanzliche Milieu hier grade «unterste Schicht». Schachtelhalme sind verpönt, fast alle sind giftig, selbst das Vieh macht darum einen großen Bogen. Nur dieser hier aber nicht, der Acker-Schachtelhalm kann sogar für etwas gut sein! Er lässt sich zu heilendem Tee verarbeiten, kann jung als Gemüse gegessen werden und wurde früher zum Polieren von Zinngefäßen und Pokalen benutzt, Schachtelhalme wurden deswegen auch Zinnkraut genannt.

Jetzt weiter zu einer offenen Fläche. Ich bin längst wieder in Richtung Osten und damit zum Altonaer Balkon unterwegs. An der Elbkante öffnet sich eine steile Wiese mit sicher dreißig, vierzig verschiedenen Blumen und Gräsern – diesmal gediegene Mittelklasse, direkt unterhalb der Chemnitz'schen Reliefplatte. Würde man etwas häufiger mähen, wäre hier alles blau vom **Gamander-Ehrenpreis** (*Veronica chamaedrys*). Er hat wunderschöne, leicht unsymmetrisch angeordnete Blüten – seinen Namen «Ehrenpreis» trägt die Pflanze völlig zu Recht. Und zwei so entzückende weiße Staubgefäße! Sozusagen eine Minirakete unter unseren Wildpflanzen. Sobald sie aber Dünger nur riecht, ist sie weg. Ich würde sie gern häufiger sehen … Alter Aberglaube besagt: Reißt man einen Gamander-Ehrenpreis heraus, kann ein Gewitter aufziehen, weshalb man ihn auch «Gewitterblume» nannte. Viel eher schließt er jedoch seine Blüten, um sich nicht einfach vollregnen zu lassen – wer will das denn auch schon? Mir gefällt besser, dass er eine Heilpflanze für Magen- und Darmerkrankungen war.

Auf eine solche Wiese gehört die **Behaarte Segge** (*Carex hirta*), deutlich unscheinbarer als vorhin die Winkel-Segge. Da müssen Sie schon ein bisschen suchen, bevor Sie diese Segge entdecken. Fündig wird man an Grenzen, etwa zum Weg, zur Straße, zum Pfad, denn die Art kann richtig was ab: Hundekot, Nässe, Tritt, dann wieder Trockenheit. Fast bleistiftdick sind daher ihre Rhizome. Verwendet wurde dieses Sauergras früher zum Flechten von kleinen Matten und Tragbändern sowie zur Polsterung von Sitzgelegenheiten. Die Behaarte Segge ist unsere am weitesten verbreitete Segge, und die winzigen Samen stecken in kleinen, aufgeblasenen Vorrichtungen, die wir «Schläuche» nennen.

Nicht weit entfernt ist die Bühne des häufigen **Spitz-Wegerich** (*Plantago lanceolata*), der schmale Blätter als Sonnenschutz hat. Eine verwegene Art, im wörtlichen Sinne! Das Tolle an dieser Pflanze ist aber ihre Heilwirkung, 2014 wurde sie als «Arzneipflanze des Jahres» gewählt. Teeaufgüsse mit Spitz-Wegerich-Blättern sind ein bewährtes Mittel gegen Husten, und da die Pflanze eine antibakterielle Wirkung hat, ein natürliches Antibiotikum ist, trägt man sie in Salbenform auf Entzündungen der Haut auf, sogar bei Neurodermitis. Habe ich Wochen später selbst angewandt, ein Mädchen hatte sich vor einer Exkursion in Frankfurt einen Bienenstich auf dem Fußrücken eingefangen. Sofort frisch zerquetschten Spitz-Wegerich aufgebracht, und dem Mädchen ging es wieder gut. Und von dem Moment an war ich auch noch ihr neuer Freund …

Auf der letzten Hangwiese an der Kaistraße, wieder kurz vor dem Altonaer Rathaus, versteckt sich noch der gelb blühende **Kleine Klee** (*Trifolium dubium*). Kleearten, bis auf Rot- und Weiß-Klee, sind schwer zu bestimmen. Und der Kleine Klee ist aufgrund seiner wenig ausgeprägten Größe auch nicht gerade auffällig. Unterseits sind seine Blätter graugrün bis bläulich, oberseits normal grün. Scheint die Sonne zu stark, kehrt er seine Unterseite einfach nach oben und schützt so seine Sprossteile. Das passiert hier sicher sehr oft, denn diese Wiese ist wie eine Sonnenbank. Hamburg ist ja nun nicht gerade von der Sonne verwöhnt, aber wenn ich in der Stadt bin, scheint sie unerwartet oft. Vielleicht sollten die Hamburger in den Harz ziehen, in die Rhön, ins Erzgebirge oder, so wie ich es fast 20 Jahre lang getan habe, für eine Zeit am Teutoburger Wald wohnen. Dort kann der Sommer dann wirklich mal ausfallen.

Noch ein letzter Blick zum Altonaer Balkon und zu den «Fischern», einer Bronzeplastik von Gerhard Brandes, drei Fischer mit erhobenem Ruder. Sie sehen aus wie Wächter – vielleicht sind sie ja auch meine speziellen Pflanzenwächter. Ob sie wohl jedem, der sich hier als Pflanzenfrevler aufführt, eins mit ihren mächtigen Ruderblättern überbraten?

3 München

München

Im Englischen Garten vom Eisbach zum Monopteros

V on über 1,3 Millionen Münchnern kennen über 1,3 Millionen den Englischen Garten, vom Säugling bis zum Rentner. Was hier gejoggt und Fahrrad gefahren wird, das geht auf keine bayerische Kuhhaut. Der Park ist vom Feinsten, er ist einer der größten weltweit. Einst ein Militärgarten, dann wurde er 1789 zum Volksgarten erklärt – und das ist er bis heute geblieben. Militärgarten? Richtig. Die Soldaten in der damaligen Residenzstadt litten unter Hunger und mussten sich ihre Kartoffeln und Rüben selbst anbauen, damit sie bei Kräften blieben. Es gibt viel Gestaltetes im Englischen Garten, aber auch viel Natürliches. Alle drei Ahorn-Arten, die ich in Hamburg sah, sind hier ebenfalls versammelt, der Spitz-Ahorn, der Feld-Ahorn und der Berg-Ahorn, dazu Buchen, Hainbuchen, Eichen, Eschen und Ulmen in Massen. 1789 war also der Wandel zum Volksgarten – das Jahr der Französischen Revolution! Einige Gefangene ließ man bestimmt frei, um als Resozialisierungsmaßnahme Teile des Parks anzulegen. Heute laufen dafür Gänse und Enten frei herum.

Als Ausgangspunkt an diesem sonnigen Junimorgen habe ich den Eisbach gewählt, der neben dem Haus der Kunst an der Prinzregentenstraße an die Oberfläche tritt. Das Haus der Kunst hatte Hitler 1937 mit einer Deutschen Kunstausstellung persönlich eingeweiht, in einem Galeriegebäude am Hofgarten wurde zeitgleich die «Entartete Kunst» gezeigt. Die Prinzregentenstraße kenne ich schon lange, seit meinem elften Lebensjahr. Meine Eltern waren jahrelang begeisterte *stern*-Leser, und im August 1971 gab es eine Ausgabe mit dem ersten großen Banküberfall im Nachkriegsdeutschland, mit Geiselnahme und tödlichem Ausgang. Das Drama hatte in einer Filiale der Commerzbank an der Prinzregentenstraße stattgefunden. Mich hatten die Bilder von diesem Überfall schockiert, Politiker in einem benachbarten Café und Tausende Zuschauer sahen auf der Straße ungeniert zu.

Dagegen nimmt sich der Eisbach weniger geschichtsträchtig aus, da tummeln sich Surfer, sogar der legendäre amerikanische Wellenreiter und Musiker Jack Johnson wartete hier auf den richtigen Moment, um nicht gleich in der starken Strömung vom Brett zu stürzen. Ich schaue den flotten Surfern bei ihren kunstvollen wie verwegenen Ritten eine Weile zu, ausnahmslos Männer, sehr trainiert. Sobald einer absäuft und in Sicherheit ist, folgt der nächste. Alles läuft diszipliniert ab, ohne Häme, aber auch ohne großes Holdrio. Einige zwängen sich im Gebüsch aus ihrem engen Neoprenanzug, um ihn gegen ein Businessoutfit einzutauschen. Sodann machen sie sich auf den Weg zur Arbeit.

Der Eisbach gehört zu einem bewusst gestalteten Bachsystem, angelegt, damit München nicht Land unter geht. Zudem sorgt es für eine gewisse Grundfeuchte im gesamten Garten. Mein Ziel ist heute der Monopteros, ein Rundtempel im griechischen Stil und touristische Attraktion der bayerischen Landeshauptstadt. Gestern war meteorologischer Sommeranfang – wie jedes Jahr am 1. Juni –, aber kalendarisch ist noch Frühling. Spätfrühling, obwohl man bei diesem blauen Himmel, blauen Wasser und der warmen Sonne ein aufkommendes Sommergefühl hat. Wie bestellt, um loszumarschieren.

Ah! Hier waren Schweine unterwegs, keine Wildschweine, sondern Menschenschweine, die Bierflaschen, Plastikbecher und Papier weggeworfen haben. Das kann ich überhaupt nicht ab, da könnte ich ausrasten. Gestern war Sonntag, Ausflugstag. Warum können die Leute ihren Müll nicht wieder mitnehmen? Sie gehen in den Park, weil er so schön ist, und hinterlassen ihn völlig verdreckt. So viele

Flaschen! Wäre ich ein Flaschensammler, ich wäre ein reicher Mann. Egal, es geht jetzt nicht um zivilisatorische Unarten, sondern um Pflanzenarten. Um die **Echte Nelkenwurz** (*Geum urbanum*) gleich rechts vom Eisbach. Ein Rosengewächs, das das Wort «Nelke» in sich trägt. Aber es gibt auch eine Schwarze Königskerze, die nicht schwarz, sondern gelb-violett blüht. Da war dann wohl jemand farbenblind bei der Benennung. Die Nelkenwurz blüht gelb, hat fünf schöne Blütenblätter und ist eine klassische Parkart. Im Mittelalter wurde sie als Aphrodisiakum, aber auch gegen Unterleibskoliken empfohlen. Da arbeiten sofort die Gehirnzellen – wie passt das zusammen? Unweit entfernt wächst in großen Mengen die Knoblauchsrauke, die Sie schon in Hamburg kennenlernten (siehe S. 47). In München, Wochen später, sieht sie wie abgefrühstückt aus, Botaniker sprechen von «Mumien» (die gibt's auch bei Pflanzen). An einer Stelle sind die Exemplare besonders hoch und aufrecht, wohl dank reichlicher Nährstoffe – im Klartext: Hier wurde viel hingepinkelt.

Hinter den bleichen Mumien stemmt sich die **Berg-Ulme** (*Ulmus glabra*) gen Himmel, sie gehört zu Bayern wie die Frauenkirche zu München. Sie ist unsere kräftigste Ulme, bis zu 40 Meter kann sie hoch werden. Zwei Meter gehe ich hinein ins Gehölz, um eines der Blätter mit dem unsymmetrischen Ansatz zu pflücken. Die rechte Blatthälfte sitzt nämlich etwas tiefer an als die linke Hälfte, das muss man gesehen haben. Mann, und schon bin ich in Kot getreten. War ja klar, Feder ... Unfassbar, was Menschen alles im Freien machen. Würde ich nie tun! Das Besondere am Blatt der Berg-Ulme, um aufs Wesentliche zurückzukommen, ist, dass es neben der Spitze zwei Nebenspitzen hat. Sehen aus wie kleine Teufelshörner, selbst die kleinsten Blätter sind «teuflisch» ausgestattet. Große und kleine Blätter sind stark geädert, sehr behaart, sogar die Zweige sind behaart – ein perfekter Sonnenblocker auf Naturbasis. Erst im Herbst lässt die Behaarung nach. Ulmen blühen zeitig im Frühjahr, die Ulmenfrüchte sind weißlich-grüne Scheiben, in denen die Samen hocken. Vertrieben werden sie vom Wind, versegelt wäre zutreffender.

Gegenüber der Ulme gibt sich der prächtige **Schwarze Holunder** (*Sambucus nigra*) die Ehre, gerade fängt er schirmartig zu blühen an, ein typischer Mai-Juni-Blüher. So mag ich den Strauch am liebsten, von der gesamten Pflanze geht ein intensiver Duft aus. Für die schwarzen Holunderbeeren, aus denen man Saft oder kalte Suppe macht, bin ich nicht zu haben, vielleicht ein Kindheitstrauma. Blüten und Früchte sind jedoch sehr vitaminreich und helfen bei Erkältung. Einst galt der Schwarze Holunder als Lebensbaum, wer ihn zerhackte oder ausgrub, konnte – Aberglaube hin oder her – den Tod heraufbeschwören. Seine Blätter sind unpaarig gefiedert, das heißt, sie besitzen noch ein Endblatt. Fehlt es dort, ist von paarig gefiedert die Rede.

Ein einziger Rundblick, und man kann so viel sehen – perfekt für den faulen Botaniker, der am liebsten alles aus der Entfernung erfasst. Aber faul will ich nicht sein, ganz im Gegenteil. Was da unter den Sträuchern so auffallende Büschel macht, ist die **Wald-Zwenke** (*Brachypodium sylvaticum*), ein Süßgras. Es braucht Kalk und steinigen Boden, das ist hier gegeben. Diese grünen, bis kniehoch großen Bubiköpfe sehen so lustig aus.

Die Wald-Zwenke blüht im Hochsommer, aber die krumme Ähre ist relativ unscheinbar. Dreht man das Blatt um, sieht man eine glänzende Seite, und das ist die eigentliche Blattoberseite! Die Atmungsorgane (Stomata) werden auf diese Weise vor der Sonne geschützt, die schattenliebende Pflanze denkt mit! Mein Aufruf: Vergessen Sie mal Ihren Geradeausblick, stöpseln Sie sich die Ohren nicht mit Kopfhörern zu! Bücken Sie sich stattdessen und schauen Sie sich die grünen und bunten Wunder am Boden an.

Zurück zur Eisbachbrücke, noch ein letzter Blick auf die Wellenreiter, dann gehe ich zur Seitenmauer vom Haus der Kunst. Unbedingt will ich da hin, alte Gemäuer bieten immer Sensationen. Und ich bin auch sofort aus dem Häuschen, denn vor der Mauer wächst in großen Mengen die **Indische Scheinerdbeere** (*Duchesnea indica*), einst eingeführt als Grabbepflanzung auf Friedhöfen. Sehr skurril ist die Art, Sie müssen Bekanntschaft mit ihr machen. Ein Schild gibt mir zu verstehen, dass die Mauer zum ehemaligen Luftschutzbunker des Hauses der Kunst gehörte. Auf der anderen Seite ist die legendäre Disco P1, wo Olli Kahn gesichtet wurde oder auch Claudio Pizarro, nun zum dritten Mal Bremer Publikumsliebling. Ich war da nie drin, um das klarzustellen. Die Scheinerdbeere hat im Gegensatz zu echten Erdbeeren gelbe Blüten. Beide bringen aber leuchtend rote Früchte hervor. Einige sind schon zu sehen. Das Wasser läuft einem im Mund zusammen, man will sie pflücken und futtern. Tun Sie es bloß nicht, Sie werden gnadenlos enttäuscht sein. Sie schmecken nach nichts, total fad wie Brause, die eine Woche lang offen herumstand.

Wie passend! Unmittelbar daneben inszeniert sich die **Wald-Erdbeere** (*Fragaria vesca*) mit ihren weißen Blüten. An der Mauer gedeiht sie im Moos, sie ist ein Hungerkünstler, ein kriechender Grün-Guerillero. Manche sammeln die Beeren, um daraus eine Torte zu zaubern – eine Kirschtorte ist aber schneller fertig.

Vor mir fliegt eine Wacholderdrossel mit rotbraunem Rücken auf. Drrrt-drrrt-drrrt, unverkennbar ist ihr Ton. Weiter hinten meckert der Schwarzspecht, wahrscheinlich hat man ihn bei seiner Hacker-Tätigkeit gestört. Ich gehe am Ufer des Eisbachs entlang, weiter nördlich wird es dekoriert vom hellvioletten **Ruprechts-Storchschnabel** (*Geranium robertianum*), auch unter dem weniger schmeichelhaften Namen «Stinkender Storchschnabel» berühmt und berüchtigt. Seine ausströmenden ätherischen Öle sind mit seinen fünf bezaubernden Blütenblättern kaum in Einklang zu bringen. Obwohl: Ich finde, dass er riecht, stinken ist was anderes. Als Teeaufguss verwendete man den Storchschnabel, um das Immunsystem zu stärken. Gegen Durchfall soll er ebenfalls helfen. Und der Geruch, so wird behauptet, hält Mücken fern. Zum Storchschnabel gibt es noch eine nette Geschichte. Im 18. Jahrhundert lebten zwei mehr und weniger berühmte Pflanzenbenenner, zum einen der schwedische Professor Carl von Linné. Bei den Pflanzen, die er beschrieben hat, gibt es deswegen hinter dem lateinischen Namen ein «L.»; rund 50 Prozent aller Arten haben diesen Buchstaben. Sein Gegenspieler, ein gewisser Robert, lehrte in Paris. Linné, dieser alte Zwockel, ein Botaniker aus der Faulenfraktion, denn er reiste kaum und ließ sich die Pflanzen von überall her zuschicken, wollte dennoch nicht, dass Robert mitmischte. Der Franzose war ihm ein Dorn im Auge. Und so benannte er den Stinkenden Storchschnabel einfach nach seinem Konkurrenten, lateinisch, siehe oben: *robertianum*. Nur um ihn mal so richtig zu ärgern. Die Fruchtstände sehen aus wie kleine Storchenschnäbel, das muss hier noch gesagt werden.

Was mir an diesem Sonnentag am Englischen Garten gefällt: Hier wurde nicht parzellenscharf gemäht, überall an den Säumen sind noch herrlichste Arten zu erkennen. In anderen Städten wäre man mit dem Freischneider schon in jede Ecke hineingegangen. In Bremen nehmen die Gärtner auf ihren Maschinen die Mütze ab und ducken sich grotesk, um noch den letzten Meter Grün mitzukriegen. Wieso kann man nicht auf einen Schnitt verzichten – wie hier? Da heißt es immer, die Städte und Gemeinden hätten kein Geld, anscheinend gibt es zu viel davon. Im reichen München, davon war ich bei meiner Anreise ausgegangen, würde man die Bürgersteige mit der Giftspritze bearbeitet haben. Keine Spur. In der ganzen Stadt ist Wildwuchs auszumachen. Um die Bäume in den Straßen wächst rundum Unkraut – eindeutig Pluspunkte für die Stadt, ich bin ganz begeistert.

Im Saum wiegt sich sanft im Wind das **Gewöhnliche Rispengras** (*Poa trivialis*), es gehört zu den zwanzig häufigsten Arten in Deutschland. Eigentlich ist mir nie zuvor aufgefallen, was für ein hübsches Gras es ist, so reichern sich auch meine Erkenntnisse noch ständig an. Nur drei Gräsertypen gibt es: Ährengräser, Fingergräser und Rispengräser. Fingergräser sind am seltensten, Ährengräser sind zum Beispiel die Quecke, die Wald-Zwenke (siehe S. 65) oder auch Weizen und Gerste. Bei ihnen sind die Einzelährchen meist zweireihig seitlich aufdrapiert wie an ei-

ner Schnur. Rispen sind im Umriss in der Regel dreieckig, manchmal oval. Das Gewöhnliche Rispengras besitzt ein markantes Blatthäutchen, klappt man es herunter, kann man sehen, dass es um einen Zentimeter lang werden kann. Dieses Süßgras hat ein frisches Grün und mag es gern feucht. Hinter mir lacht grad einer ganz laut, es ist ein Grünspecht, der Lachsack unter unseren Spechten.

Der Eisbach sammelt sich nun zu einem kleinen See, auf dem sich in praller Sonne Mandarinenten mit metallisch-glänzendem Gefieder tummeln, dazwischen Reiherenten mit schwarzen Federn am Kopf und graue Kanadagänse. Eine Bank lädt mich zum Ausruhen und Zugucken ein, aber schon werde ich von einem Teppich sich in Schale werfender **Gänse-Fingerkräuter** (*Potentilla anserina*) in den Bann gezogen. Gänse-Fingerkraut deshalb, weil es sich gerne auf Gänsewiesen durchsetzt. Es ist eng mit dem Federvieh verbunden, hier gut zu beobachten. Das Kraut wächst extrem flach, macht viele Ausläufer, die gelben Blüten liegen ganz tief. Die Art lässt sich abfressen, aber sie duckt sich so stark, dass Gans oder Ente sie kaum erwischen. Das Herumtrampeln mit den Quanten findet das Kraut ausgesprochen gut, denn so bleibt das Gras niedrig. Hohe Gräser kann das Kraut nicht leiden, sie sind eine zu starke Konkurrenz. Die gleichmäßig gefiederten, randlich scharf gesägten Blätter sind weich und auf der Unterseite silbrig. Sie drehen sich, wenn es zu trocken wird, dann kommt das Filzige nach oben – wie beim Edelweiß. Einfach genial. Bei Regen nehmen sie wieder ihre alte Position ein. Vogelkot macht der Pflanze auch nichts aus, so hat sie ausreichend Nährstoffe. Einen Tee aus ihren Blättern und Blüten hat man einst gegen Krämpfe getrunken, etwa bei Menstruationsbeschwerden.

Etwas weiter in diesem grundfeuchteren Bereich fällt ein weiterer Ehrenpreis auf, dieses Mal ist es der **Faden-Ehrenpreis** (*Veronica filiformis*). Ist der süß, er grinst einen richtig an. An seinen weißen bis hellbläulichen Blüten kann ich mich nicht sattsehen. Der Ehrenpreis wird durch den Rasenmäher verbreitet – je mehr man mäht, umso besser, denn die sogenannten Schnittlinge, die der Mäher hinterlässt, bewurzeln sich erneut. Seine ursprüngliche Heimat ist der Kaukasus, nach Deutschland kam die Art vor ungefähr 150 Jahren als Grabpflanze. Wegen ihrer Schönheit wurde sie auch als Schaupflanze in Botanischen Gärten präsentiert. Von Friedhöfen und Botanischen Gärten aus hat sie sich fast an jeden Park herangeschmissen. Siedlungen haben die kleinen Kämpfernaturen in Beschlag genommen und mutierten so zu Stadtmatadoren. Das Besondere an dieser Art: Sie bevorzugt Lehm, und den gibt es im Englischen Garten reichlich.

Zur Wiese gehört ein Rinnsal, an ihm leuchtet mit seinen dicken Köpfchen der bis 50 Zentimeter hoch wachsende **Rot-Klee** (*Trifolium pratense*). Würde er sich ein wenig strecken, könnte er einen Blick auf das Prinz-Carl-Palais riskieren. Das frühklassizistische Gebäude war einst Amtssitz von Franz Josef Strauß, heute wird es zum offiziellen Repräsentieren benutzt. Zu Strauß brauche ich doch wohl nichts zu sagen, oder? Außer dass der Rot-Klee Franz Josefs Kopffarbe bei einer seiner berüchtigten Brand- und Wutreden schon recht nahe kommt. Der Mann ist entzaubert worden, hemdsärmelig hat er viel Mist verzapft, so viele illegale Sachen. Korruption ohne Ende.

Dass man in München den Großflughafen nach ihm benannt hat, einfach nicht zu glauben! Das ficht den behaarten Rot-Klee aber nicht an. Man kann aus seinem Blütengrund zwischen den Zähnen süßen Saft ausstreichen, was bei dem runden Strauß nie klappte.

Eine weitere gute Ablenkung ist die gelb blühende **Kohl-Gänsedistel** (*Sonchus oleraceus*). Sie ist keine echte Distel, weshalb man sie ruhig anfassen kann. Ihr Markenzeichen ist der Milchsaft, die Hände kleben, wenn man die Stängel bricht; Flecken auf der Kleidung muss man aufwändig reinigen. Aber: Die Pflanze ist essbar, sie ist ein Salatveredler. Sie sollten nicht gerade einen Salat aus 150 Gänsedistelblättern zubereiten, aber drei, vier geben ihm eine besondere Note. Die Würzrichtung würde ich so beschreiben: leicht scharf, etwas bitter. Wer Endiviensalat mag, der wird ein Fan von Gänsedistelblättern. Mist, jetzt scheißt mir doch glatt ein Vogel auf mein Hemd. Gar nicht nötig, durch das Kreuz- und-quer-Gestöbere war es auch schon vorher nicht mehr das sauberste! Und Ameisen krabbeln in Massen herum, hier ist tierisch was los. Die Nichtdistel kann fast zwei Meter hoch werden und hat einen hohlen Stängel. Das auffallend blaugraue, weiche, grob fiederschnittige Blatt hat einen typisch violetten Mittelstreifen.

«Hallo! Wie heißt denn diese Pflanze?» Ein alter, auffallend hagerer Herr mit Sonnenhut bleibt neben mir stehen.

«Das ist die Kohl-Gänsedistel», erwidere ich. «Ein Kohlgewächs, und wie alle Kohlgewächse kann man die Pflanze essen.»

Der Mann nimmt unversehens einen kleinen Notizblock zur Hand, an dem wiederum keck ein Bleistiftstummel an einem Band baumelt. Kurz luge ich über seine Schulter, er notiert sich doch tatsächlich den Namen der Gänsedistel.

«Und woher kommt dieser Name?»

«Sie wächst gern in der Nähe von Federvieh, da kann sie sicher sein, dass der Boden nährstoffreich ist.»

«Den lateinischen Namen haben Sie nicht parat, oder?»

Da will es aber einer genau wissen, das passiert mir äußerst selten! «Doch, doch. *Sonchus oleraceus*. Sie haben wohl Latein gehabt?»

«Ich bin Physiker, übe den Beruf aber nicht mehr aus. Wieso gucken Sie sich eigentlich so genau die Pflanzen an?»

«Mein Vater hat mir das schon sehr früh beigebracht. Als Zehnjähriger kannte ich sämtliche Baum- und Getreidearten und erste Gräser. Er war früher Gartenarchitekt, aber ich bin eher für die freie Natur, interessiere mich für das, was von ganz allein kommt, Spontanvegetation nennen wir das. Das ist viel spannender.»

«Machen Sie das wegen des Geldes?»

Ich muss lachen. «Nein, keineswegs. Ich habe einen großen Spaß an der Vielfalt von Wildgewächsen. Eine gepflanzte Rose bleibt immer an derselben Stelle eine Rose, da passiert gar nichts, ähm, Überraschendes meine ich. Und Überraschungen machen Spaß. Das ist jedenfalls meine Lebensphilosophie.»

«Das kann ich nachvollziehen, das reizt mich auch an der Physik.»

«Wenn Sie in der Nähe wohnen», sage ich, «und so in drei Wochen wiederkommen, können Sie bei den Disteln Schirmchenflieger beobachten – es ist das gleiche Prinzip wie beim Löwenzahn. Angst müssen Sie nur vor den Gärtnern haben, die alles wegmähen.»

«Und welchen Standort bevorzugt die Kohl-Gänsedistel?»

Mehr und mehr bekomme ich Respekt vor dem Herrn, der bestimmt über achtzig ist. Was der alles wissen will! «Sonnig und nährstoffreich, nicht zu trocken. Die Art ist einjährig, nach dem Blühen stirbt sie, über den Winter kommen dann neue Blattrosetten.»

«Das war sehr lehrreich. Vielen Dank.» Der Physiker verabschiedet sich, das Notizbuch samt Stift hängt er an seinen Stock. Dass er sich für die Gänsedistel interessierte … Normalerweise sagt man:

«Mit achtzig hat man kaum noch Träume», aber er hatte noch welche. Und wie gut er auf Unvorhergesehenes vorbereitet war. Alle Achtung!

Was für ein dicker Regenwurm, du bist aber fett. Aber warum liegst du auf dem Weg? Ab mit dir ins Gebüsch. Den einstigen Strauß'schen Amtssitz im Rücken wandere ich nach einer Rechtskurve einem weiteren Weiher entgegen. Ist die Kohl-Gänsedistel häufig, so entdecke ich, auf Höhe des Sees mit dem Monopteros in der Ferne, die seltene **Behaarte Karde** (*Dipsacus pilosus*), eine vor allem bayerische Art. Die kräftige, bis zu zwei Meter hohe Pflanze hat tolle runde weiße Köpfe, die wie Tischtennisbälle aussehen. Die facettenreichen Kugeln blühen aus der Mitte heraus nach oben und unten. Dutzende stehen hier herum. Noch blühen sie nicht, erst im Hochsommer, aber dennoch kann ich nicht an der Karde vorbeigehen. Auch wenn die Kugeln stachelig aussehen, die Karde ist keine Distel. Die Blätter sind etagenartig versetzt, die Blattunterseite pikst, an den Stängeln ist sie behaart. Die zweijährige Art bildet im ersten Jahr eine Blattrosette, im zweiten sprießt sie nach oben, blüht und stirbt. Im Wald ist es ihr zu schattig, im freien Gelände zu sonnig, im Osten zu sommertrocken, im Norden zu kalt, sandig und moorig. Die Karde ist schon recht anspruchsvoll. Vertrocknete Fruchtstände lassen sich prima für Trockensträuße verwenden, die halten ewig!

Schräg gegenüber ist eine weitere Wahnsinnspflanze, das **Spring-Schaumkraut** (*Cardamine impatiens*). Moment, da macht sich

Knoblauchsrauke breit. Die muss ich erst mal herauszupfen, das Schaumkraut braucht hier nämlich Platz. Der 30 bis 90 Zentimeter hohe Kreuzblütler bevorzugt Schatten, und hat daher sehr zarte Blätter mit bis zu einundzwanzig Teilblättchen. Die müssen Sie sich anschauen, diese faszinierenden Fiederblätter, unten etwas gestutzt, dann leicht versetzt aufgebaut. Die Blüten sind zierlich und weiß. Zahlreiche Fruchtschoten stehen waagerecht ab. Dass sie hier im Englischen Garten wächst, ist ein Superzeichen für einen naturbelassenen Park.

Zwischen Efeublättrigem Ehrenpreis (siehe S. 43), diesem Schleicher und Kriecher, behauptet sich unter Bäumen auf einer kleinen Wiese die **Rote Lichtnelke** (*Silene dioica*). Für mich ist das keine Überraschung, denn sie verträgt ab und zu Hochwasser, diese alte Auenlandschaft liegt ihr sehr. Gern kommt sie gesellig daher, mit bis zu fünfzig Kollegen und Kolleginnen. Die vielen radförmigen Blüten sind dann so richtig was fürs Auge.

Gleich gegenüber liegt ein Wasserfall, der 1814/15 am Zusammenfluss von Eisbach und Schwabinger Bach gestaltet worden ist. Zu verdanken ist dieses Schauspiel mitsamt Tuffsteinen dem Landschaftsgärtner Friedrich Ludwig Sckell. In spektakulärer und ausgeklügelter Felsenlandschaft kommt das stark strömende, auffallend klare und bayernblaue Wasser – als Bremer bin ich nur träge und trübe Flüsse wie Ems, Weser und Elbe gewohnt – in Gefällen aus drei, vier Richtungen an. Wahre Ingenieurskunst! Bei einem früheren Besuch habe ich über den Wasseruntiefen frühmorgens einen Regenbogen gesehen. Jetzt ist es dafür zu spät. Auf den Steinen und im Gestein der Uferböschung wachsen dafür mehrere Farnarten, zwei davon muss ich Ihnen unbedingt näherbringen. Zunächst den **Gewöhnlichen Wurmfarn** (*Dryopteris filix-mas*), ich bin mir sicher, Sie sehen ihn sofort. In frischgrünen Trichtern aus jeweils fünf bis zehn Fiederblättern steht er in lebhaftem Kontrast zur oft dunklen Umgebung. Er ist unser häufigster Farn. Wie fast alle seiner Kollegen liebt er höhere Luftfeuchte, Halbschatten und einen gemäßigten Temperaturverlauf. Kein Farn mag getreten werden, das gilt besonders für seinen kleinen Nachbarn, den **Zerbrechlichen Blasenfarn** (*Cystopteris fragilis*). Er ist das krasse Gegenteil des Wurmfarns: ganz zart, fast japanpapierartig dünn, hellgrün, mit feinen Fiederenden. Ich habe hierbei leichte Bedenken, ob Sie diese Mimose überhaupt entdecken. Er ist ein ausgesprochener Sonnenflüchter und wohnt gern dort, wo es Gischt gibt. In Norddeutschland ist er selten, weshalb er sich dort auf den Roten Listen befindet. Farne werden, wie auch Moose, grundsätzlich nicht von Tieren angeknabbert, nicht einmal von Schnecken. Ein paar Farne überwintern grün, unser Sensibelchen gehört nicht dazu. An sich sind Farne konkurrenzschwach, sie wachsen oft an Stellen ohne Mitbewerber. So gedeiht dieser hier nur in Felsspalten.

Der Englische Garten in seiner Großzügigkeit packt mich immer mehr. Im Bürgerpark in Bremen, auch nicht ganz unbekannt, wird meiner Meinung nach viel zu viel getan. Alljährlich veranstaltet man eine Tombola, um ihn zu erhalten. Dadurch kommen so viele Spenden zusammen, dass ständig gemäht und vor allem dauernd nachgepflanzt wird. Ich mag es lieber, wenn nicht so viel gemäht wird, wenn man auf Wildwiesen achtet. Doch in solch naturnaher Umgebung nischt sich unvermeidlich der **Giersch** (*Aegopodium podagraria*) ein. Ein unglaublicher Wüstling ist er, eine richtige Nervensäge, «unduldsam» nennen wir solche Arten. Viele mögen ihn daher nicht, ich schon. Er erfreut bereits im März mit einem hellen Grün, und im Juni bis Juli brilliert er in reinstem Blütenweiß. Sicher, er macht viel dicht, aber nicht alles; er lässt auch Platz für andere Pflanzen. Gerade in einer Auenlandschaft wie dieser haben noch andere Arten ein Mitspracherecht, da ist der Doldenblütler Giersch nicht der King, sondern nur ein Prinz unter vielen. Seine Blätter sind essbar, die weißen Ausläufer sind auch keine Wurzeln, sondern sogenannte Rhizome. Auf ständig gemähten Zierrasen hat er gar keine Lust, da verzieht er sich sofort.

«Was kann man denn gegen diesen Giersch tun?», fragt mich neugierig eine Parkbesucherin mit strammen Waden, nachdem sie mich vom Fahrrad aus beobachtet hat. «Er ist eine Plage!»

«Stimmt, man kann aber wenig tun, ganz wird man ihn nie los», erkläre ich. «Doch man kann ihn ganz gut in Schach halten. Sobald eine Pflanze herauskommt oder Blüten schmeißt, sofort den Strunk rausziehen. Dann alle drei bis vier Wochen kontrollieren.»

Die Frau seufzt. «Bei mir versteckt er sich immer in den Rosenstöcken.»

Ich tröste sie: «Seien Sie froh, dass Sie da nicht mit der Acker-Winde oder, schlimmer noch, mit dem Acker-Schachtelhalm im Clinch liegen. *Das* wäre ein Kampf gegen Windmühlen wie bei Don Quichotte, dem edlen Ritter. Seien Sie einfach nur ritterlich, beim flach wurzelnden Giersch haben Sie sogar eine Chance!»

«Wenn Sie es sagen.» Ganz überzeugt scheint sie nicht zu sein, als sie wieder auf ihr Gefährt steigt und davonradelt. Na ja, ich kann eben nicht gegen den Giersch wettern, ganz im Gegenteil. Wenn Gekauftes, das man selbst gepflanzt, gegossen und mühsam gepäppelt hat, ins Kraut schießt, klopft man sich vor Freude auf die Schenkel. «Prima Schnäppchen, toller Kauf», wird dann gesagt. Wenn dasselbe aber einheimische Arten machen, werden sie als Mauerblümchen, «unschöne Vögel» oder «farblose Loddels» geringgeschätzt. Ich muss diese Wuchsakrobaten hier also anpreisen!

Was jetzt im Gebüsch zum Vorschein kommt, ist der interessante **Gefleckte Aronstab** (*Arum maculatum*), seinen Namen verdankt er dem biblischen Aaron. Als der zum Hohepriester ernannt wurde, legte er seinen Stab auf die Bundeslade, in der sich unter anderem die Zehn Gebote befunden haben sollen. Der Aronstab ist ein typischer Frühlingsblüher, erste Blätter sieht man schon im Februar, sie sind dunkelgrün, oft schwarz gefleckt. Im April bis Anfang Mai entwickelt sich bei ihm ein einzelnes Hochblatt, eine weiße Tüte, Spatha genannt. Die Spatha dient dem zukünftigen Fruchtstand, sie verströmt einen Aasgeruch (vergleichbar mit dem von Stinkmorcheln), der in Scharen kleine Fliegen und Mücken anlockt. Die Zweiflügler krabbeln in die segelartige Tüte hinein – und können nicht wieder raus. Kurzzeitig werden sie in Geiselhaft genommen. Der Aronstab ist jedoch keine fleischfressende Pflanze, auch wenn sie vielleicht so ausschaut. Sie will sich nur ein paar Tage lang bestäuben lassen. Danach erschlafft der «Muskel» der Spatha, und die Insekten entkommen, wenn sie denn kräftig genug waren, um die Festsetzung zu überstehen. Im Sommer erscheinen die Beeren, anfangs sind sie grün, später korallenrot. Diese roten Leuchtstäbe sind dann unübersehbar. Die Früchte des Aronstabs sind besonders giftig und dürfen nicht gegessen werden. Trotz seiner Giftigkeit wird er in der Homöopathie als Heilmittel eingesetzt, gegen Asthma, Husten oder Furunkel. Und weil er so bizarr aussieht, schwenkte man einst den Kolben, um einen Liebeszauber zu bewirken oder Schlangen fernzuhalten. Säuglingen legte man einen solchen in die Wiege, um böse Unholde abzuwehren. Was so eine Pflanze alles kann!

Allmählich kommt man dem Monopteros näher, hofiert von ein paar **Rundblättrigen Glockenblumen** (*Campanula rotundifolia*), einer zierlichen Pflanze bis 30 Zentimeter Höhe. Ihre Stängelblätter sind sehr schmal, je höher, desto schmaler. «Rundblättrig» heißt sie, weil die basalen, bis 1,5 Zentimeter breiten Blätter annähernd rund sind. Das ist jedoch nicht immer zu beweisen, denn zur Blütezeit sind sie oft ganz vertrocknet. Als Lichtpflanze schützt sie sich vor der Sonne, indem sie ihre Blätter reduziert. Ich bin etwas erstaunt, dass sie hier blüht, zumal im Schatten. Aber Pflanzen verhalten sich nicht streng nach Lehrbuch, sie machen, was sie wollen. Wenn ich Glockenblumen sehe, bekomme ich sofort gute Laune. Man hat das Gefühl, die Welt ist schön. Da ist sogar eine Glockenblume, die fast weiß ist, vielleicht eine Großcousine, möglicherweise ein Bastard.

Der Schatten, in dem sie sich bewährt, wird von einer **Gewöhnlichen Esche** (*Fraxinus excelsior*) gespendet. Die Esche ist Hauptbaum auf nassen und nährstoffreichen, gern lehmigen Böden. Oft ist sie zusammen mit der Schwarz-Erle zu finden, beide bilden eine

Waldgesellschaft. Eschen werden bis zu sechshundert Jahre alt, es gibt männliche und weibliche Bäume, der, unter dem ich gerade stehe, ist männlich. Das ist daran zu erkennen, dass er keine Früchte trägt. Die männlichen Bäume müssen blühen, müssen bestäuben. Weibliche Bäume haben als Früchte flache Schoten. Die Blüten sind so was von unauffällig, aber die Knospen sind schwarz und im Winter bereits gut sichtbar. Das Blatt ist gefiedert und hat schmale Teilblättchen. Eschenholz gilt als edel. Es ist nicht gerade ein Holz für Kleiderschränke, aber weil es biegsam und trotzdem stabil ist, fertigt man Stühle daraus, Kleingeräte, Furniere, Pfosten aller Art. Leider zeigt die Esche keine Herbstfärbung, doch dadurch konnte man das Laub in Notzeiten als Viehfutter verwenden.

Bei der Esche mit ihrer grauen und zunächst glatten, im Alter rissigen Rinde ist am Boden immer viel los, da es hier sehr lichtreich ist. Und so – es ist kaum zu fassen – prunkt unter ihr der **Braune Storchschnabel** (*Geranium phaeum*). Ich bin begeistert. In Bremen kenne ich aktuell keinen einzigen Standort von ihm. Im Grunde ist er gar nicht braun, sondern dunkelviolett. Die Blütenblätter sind nach hinten geklappt wie die Ohren von Hunden, die im Gegenwind laufen. Oder wie bei meinem Vater, wenn er mit seinen langen Ohren im Gegenwind Fahrrad fuhr. Der Braune Storchschnabel ist konkurrenzstark und weiß sich andere Arten vom Leib zu halten. Ein Schmuckstück, gerne sehr gesellig!

Eine Lichtung blitzt auf, darauf strahlt weiß der **Doldige Milchstern** (*Ornithogalum umbellatum*), ein Liliengewächs. Die Pflanze

… ist eine Augenweide, eine von achtunddreißig Bachblüten. Der Engländer Edward Bach entwickelte Anfang des 20. Jahrhunderts die Bachblütentherapie. Dabei ging der Alternativmediziner davon aus, dass die Energie von Blüten Auswirkungen auf die Psyche des Menschen hat. Der Milchstern gilt seitdem als Seelentröster und Besänftiger von Schmerzen. Erfahrungen mit Bachblüten habe ich nicht, aber schon sich Pflanzen anzuschauen, bringt Trost. Der Milchstern besitzt ähnliche Blätter wie Schnitt-Lauch, beides sind Liliengewächse. Sechs Blütenblätter, drei größere und drei kleinere, bilden im Mai/Juni eine strahlende Blüte. Dann sind die Blätter schon recht abgewrackt. Die Pflanze ist ein Glanzstück, völlig zu Recht trägt sie auch den Namen «Star of Bethlehem». Nach der Blüte bleibt aber nur noch ein kläglicher Rest übrig, und lebenswichtige Stoffe wandern zurück in die Zwiebeln.

Nicht weit entfernt gewinnt der von April bis Juni herrlich blau blühende **Gundermann** (*Glechoma hederacea*) an Boden. Als naturnaher Bodendecker weiß er sich zu behaupten. Gartenbesitzer mögen es nur selten, wenn er es sich im Rasen gemütlich macht. Aber weil die Wurzeln nicht tief gehen, kann man ihn bestens rausziehen. Reiben Sie mal die rundlichen, fein gekerbten Blätter zwischen Ihren Fingern: Der Gundermann riecht – ein wenig nach Tee, ein wenig nach Gemüseeintopf. Und genau dafür eignet er sich auch. Ein Teeaufguss aus seinen Blättern bringt den Stoffwechsel in Schwung, in Salbenform schließ er schlecht heilende Wunden, und klein geschnitten verfeinert er Quark und Suppen. Da er viel Vitamin C enthält, galt er in Kriegszeiten als «Soldatenpetersilie».

Ein Gras, das muss sein: das **Gewöhnliche Knäuelgras** (*Dactylis glomerata*). Es gibt keinen Bauern, der bei seinem Anblick ausruft: «Juhu, klasse, ich habe auf meinen Wiesen ganz viel Knäuelgras, könnte mich glatt knäueln!» Nein! Es ist nämlich derb und herb, was Tieren beim Kauen nicht die größte Freude bereitet. Aber als Heugras ist es durchaus akzeptabel. Ich bin kein großer Freund vom Knäuelgras, aber es ist mir schon früh aufgefallen. Es hat violette Staubgefäße, und nach der Blüte zieht sich die Rispe wieder zusammen.

Der Monopteros erhebt sich vor mir. Damit er nicht übersehen wird, hat man ihn auf einer künstlich errichteten Anhöhe von sicher fünfzehn Metern erbaut. Bei Schnee können Kinder gefahrlos mit dem Schlitten den Hügel herunterrutschen. Meine Vermutung muss stimmen, denn gerade wird Rollrasen ausgelegt, weil der vorherige überstrapaziert war. Rollrasen! Dazu kein Kommentar! Oder doch: totaler Mist, eine unnatürliche Versiegelung! Rollrasen ist artenarm, farblos, öde! Aber auf einem kleinen Nebenhügel zeigt sich im normalen Grün zahlreich der buttergelb blühende **Knollige Hahnenfuß** (*Ranunculus bulbosus*). Die Kelchblätter sind bei ihm heruntergeklappt, als wenn sie den Stängel küssen wollten, das macht kaum ein anderer Hahnenfuß. Dass er im Englischen Garten vorkommt, hätte ich kaum erwartet, denn er mag keine Feuchtigkeit. Aber hier gedeiht er trocken auf einem exponierten Sonnenbalkon.

Hinauf zum Monopteros. Oben angekommen, informiert mich ein Hinweisschild, dass Mitte des 19. Jahrhunderts König Ludwig I. dem Baumeister Leo von Klenze den Auftrag gab, einen Rundtempel in Szene zu setzen. Aha, er besteht aus Kelheimer Kalkstein, lese ich weiter. Nun gut. Hätten König und Klenze gewusst, dass sich hier etwa hundert Jahre später, in den sechziger Jahren, Hippies und danach Drogensüchtige trafen und der Monopteros zum Symbol der Gegenkultur wurde, sie wären mehr als erstaunt gewesen. Pflanzlich ist rund um die Einzäunung herzlich wenig los, das ist zu Hippie-Zeiten vielleicht anders gewesen. Einzig registriere ich Unmengen vom **Kletten-Labkraut** (*Galium aparine*) in und vor den teils arg ramponierten Hecken. Es gibt viele Labkräuter, aber das hier ist das einzige, das stark klettert und die kleinen Kügelchen macht, die man an Socken oder Hosenbeinen mit nach Hause schleppt. Jetzt sieht man die ersten Früchte. Die Blüten sind extrem klein, weiß und vierblättrig. Typisch sind auch die Blattquirle aus sechs, acht Einzelblättchen, die ebenfalls diese lästige Kleberitis haben. Man hätte schon im Februar anfangen sollen, die Wurzeln von diesem echten Unkraut herauszuziehen, da waren sie noch klein. Doch wabern die mannshohen Decken erst durch die Anlagen, weiß man nicht mehr, wo überhaupt die Wurzel ist. Frühere Arbeitskollegen winkten immer ab, wenn das Labkraut auf dem Vormarsch war: «Mach das doch alleine. Kein' Bock mehr.» Verständlich, denn vier Wochen später war alles wieder wie zuvor. Ist dieses Kraut vertrocknet, mehr Gerippe als Grün, lauern die Früchte nur darauf, dass Mensch und Tier sie abstreifen. Ungehemmte Vermehrung bricht sich dann Bahn. Anthropo- bzw. Zoochorie nennen wir das.

Das Kletten-Labkraut lässt Gesellschaft zu, aber man kann sich denken, was für eine. In tiefer Zuneigung verbunden ist es mit der

Großen Brennnessel (*Urtica dioica*). Die beiden bilden ein florales Duo infernale. Da mag man dann weder reinfassen noch durch- oder herantreten. Artenvielfalt? Fehlanzeige. Dabei ist die ausdauernde Große Brennnessel durchaus verwundbar: die Ausläufer einfach mit der Forke aussieben, probat vor allem bei Trockenheit. Natürlich in langen Hosenbeinen und mit anständigen Handschuhen. Was aber habe ich bei geizigen Chefs um ein paar neue Handschuhe betteln müssen! Brennnesseln sind unabhängig von ihrer Brennwut wertvolle Heilpflanzen, manche Therapeuten setzen aber auch dieses Jucken ein, um Arthrose oder Arthritis zu lindern. Brennnesseltee entgiftet und wird bei Erschöpfung empfohlen. Einige Schmetterlinge ernähren sich von Brennnesseln, insbesondere die Raupen. Mein geliebter Zaunkönig verwebt die Triebe zu einem Nest. Weil er so klein ist, braucht er Schutz. In den Brennnesseln hat er seine Ruhe, die Elster, die gern seine Eier frisst, sieht ihn in diesem Dickicht nicht. Verschleppt wird die Pflanze vorrangig durch brennnesselverseuchten Boden, den man von A nach B und von C nach D trägt.

«Ich habe fertig», wie Giovanni Trapattoni, Bayern Münchens kultiger Fußballtrainer, 1998 einmal so fulminant fabulierte. Die Aussicht vom Monopteros ist grandios, die Zwillingstürme der Frauenkirche heben sich scharf vom blauen Himmel ab. Und noch mal «Trap»: «Spieler waren schwach wie eine Flasche leer.» Diese Pressekonferenz von 3:37 Minuten kann es in ihrer Exklusivität fast mit dem Englischen Garten aufnehmen, aber nur fast. Schließlich verlasse ich, noch eine leere Bierflasche in die Büsche kickend, diesen erhabenen Platz. Eine eiskalte Cola wäre jetzt nicht schlecht …

Düsseldorf

4

Düsseldorf

Völlig verregnet zu beiden Seiten der Königsallee

D üsseldorf, da waren deine Mutter und ich auch schon mal. Botanisch wirst du in dieser Stadt aber in die Röhre gucken.» Mein Vater schüttelte den Kopf, als ich ihm erzählte, meine nächste Städtetour würde mich an die Königsallee führen. «Es sei denn, man hat dort inzwischen was für deine geliebten Wildpflanzen getan.» Davon ist wohl kaum auszugehen, denke ich, während die Worte meines Vaters mir durch den Kopf gehen. Wo ist so etwas denn schon mal passiert? Bereits morgens um vier Uhr dreißig hatte ich mich in meinem Škoda von Bielefeld aus zur «Kö» aufgemacht, wie die Königsallee allgemein genannt wird.

Auf der langen Fahrt – es «gallert», wie man in Nordrhein-Westfalen bei Starkregen sagt – habe ich viel Zeit zum Nachdenken. Was verbinde ich eigentlich mit der Metropole Düsseldorf? Landeshauptstadt von NRW, 600 000 Einwohner, Heinz Kühn und Johannes Rau haben hier mal regiert. Altbier, die Düssel, Düsseldorfer Tabelle, Neandertal, die Toten Hosen, Claudia Schiffer und der neue Rheinhafen (ihn hatte ich 2014 gesehen). Dann natürlich die Sportstadt, voran die Düsseldorfer Eislauf-Gemeinschaft, von allen nur kurz DEG genannt, und die Düsseldorfer Fortuna von 1895 (die Trikots beider Traditionsvereine stets in Rot und Weiß). Tolle Fußballer vor allem in den achtziger Jahren, Gerd Zewe, Manfred Bockenfeld, Rudi Bommer oder die Allofs-Brüder. Einer war da so richtig Kult, nicht nur in Düsseldorf: Egon Köhnen, der Mann mit der Glatze, Defensivspezialist, ein Kämpfer, ein Terrier. Bis 1981 absolvierte er fast

500 Pflichtspiele, einzig für die Fortuna. Auch für mich war er ein Vorbild. Trainer Dietrich Weise sagte einst zu Köhnen: «Hör mal, dein Spielfeld geht nur bis zur Mittellinie. Dann spielst du sauber ab und lässt das andere dann die anderen machen.» Und Düsseldorf ist seit Menschengedenken deutsche Tischtennis-Hauptstadt. Nicht zu vergessen: Herbert Grönemeyer hat in seinem Hit «Bochum» die Königsallee verewigt.

Nun hoffe ich, im Luxus-Shoppingparadies, im Umfeld von Dior, Armani und Tiffany um die zwanzig Arten zu entdecken. Immerhin wirbt die Stadt damit, dass die Kö keine Straße ist, sondern ein Lebensgefühl – und für mich gehören zu einem urbanen Lebensgefühl zweifellos Pflanzen. Stadtpflanzen. In Düsseldorf-Oberbilk, im Südosten, parke ich an der Kruppstraße. Ich will keinen Stress haben, die dreißig Minuten Fußweg sind sowieso ein Klacks für mich. Leider schifft es noch immer vom Himmel. Die Wolken sind dunkel und dicht, das wird an diesem Tag, dem 22. Juni, nicht mehr heiter werden! Soll ich das als Omen nehmen? Nein, ich will mich überzeugen, dass der Graben an der Kö, übrigens ein Seitenarm der Düssel, besser ist als prophezeit.

Die Graf-Adolf-Straße, in die ich gerade einbiege, ist lärmend, laut und vielbefahren. Und die soll zur Kö führen? Schön ist etwas anderes. Benannt ist sie nach Adolf V. Er sorgte 1288 dafür, dass Düsseldorf Grafschaft wurde. Bevor ich davon erfuhr, hatte ich gedacht, er wäre ein Schützenkönig von Düsseldorf oder ein bedeutender Karnevalsprinz. Wie man sich doch irren kann. Anfang des 19. Jahrhunderts sollen, so hatte ich zur Vorbereitung auf den heutigen Tag gelesen, auf dem Prachtboulevard nur demolierte Festungsanlagen gestanden haben, bis man sie wegräumte und durch einen Stadtgraben ersetzte. Dreißig Meter breit, tausend Meter lang und fünf Meter tief. Über den Graben baute man zwei Brücken, natürlich mit Häuschen, um gediegen Zölle einzukassieren. Kein Wunder, dass Düsseldorf sich zu einer der reichsten Städte Deutschlands mauserte. Die Düsseldorfer waren aber nicht nur reich, sie konnten auch unangenehm werden. Stichwort: Pferdeäpfel-Attentat. Als Friedrich Wilhelm IV., König von Preußen, im deutschen Revolutionsjahr 1848 in einer Kutsche am Graben vorbeifuhr, bewarfen ihn Bürger mit Pferdeäpfeln. Ah, guter Dünger, vielleicht leistet er heute noch hervorragende Dienste …

Ich bin angekommen, völlig durchnässt. Ecke Graf-Adolf-Straße/Königsallee, mit Blick zum Steigenberger Parkhotel. «Park» ist etwas übertrieben, aber ich befinde mich immerhin in einem Blumengarten. Bevor ich mich ihm widme, entdecke ich unter einem Werbeplakat, direkt am Nordrand der Straße, einen Ins-Auge-Stecher: das **Gewöhnliche Leinkraut** (*Linaria vulgaris*). Es stimmt mich milde, das Kraut ist nämlich eine fabelhafte Wildpflanze. Sie sieht aus wie eine Flaschenbürste, hat ährenartige Blütenwalzen und ganz schmale Blätter. Die gelben Löwenmäulchen tun sich durch eine orangefarbene Lippe hervor. So eine kraftvolle Staude, sie wird an diesem Ort bleiben, auch wenn das Schild schon längst abmontiert ist. Auf ihm wird eine Roller-Night über die Rheinbrücke angekündigt. Tausende werden da mitmachen – würden die bloß mal eine Exkursion bei mir buchen … Der Verkehr rauscht vorbei, ganz egal. Dieses Leinkraut verträgt Staub, Hitze, Trockenheit und natürlich Lärm. Es ist eine der schönsten heimischen Blütenpflanzen überhaupt, beleuchtet mit ihrem Gelborange noch den Oktober.

Im Umfeld des Leinkrauts trieft regennass der **Kleine Pippau** (*Crepis capillaris*) vor sich hin. Wer meint, das sei ein Löwenzahn, sollte genauer hingucken – davon trennen den Kleinen Pippau Welten. Der hat nämlich ziemlich zackige Blätter, wie mit dem Filetiermesser bearbeitet, und weitaus mehr Blüten. Der Löwenzahn prunkt dagegen nur mit einer Blüte am Ende des Stängels, und dann ist Schluss. Milchsaft produziert der Pippau auch nicht. Und schon hat man ihn unterschieden. Den Reigen am Straßenrand schließt an einem Elektrokasten die wieder mal vorwitzige Kohl-Gänsedistel, die Sie schon in München kennengelernt haben (siehe Seite 71). Wieso ist der Physiker heute nicht da? Ich bin total enttäuscht. Wo ist er nur hin mit seinem Stift und seinem ulkigen Notizblock, in dem er sich alles aufschrieb?

Vom Südrand der Kö (gegenüber der Hausnummer 98) geht es hinein in den «Park». Mitten in einem Beet mit Zierkohl (wer hat sich das bloß ausgedacht?) und Zinnien hat sich das **Behaarte Franzosenkraut** (*Galinsoga ciliata*) einen einnehmenden Platz gesucht. Es ist die Rabatte, in der sich eine Bronzeskulptur von einer leicht gebückten Frau mit Kugel befindet. Auf einem Schild steht dann auch «Die Kugelspielerin». Sie ist schon etwas in die Jahre gekommen, seit 1897 verharrt sie nun in dieser unbequemen Haltung. Hoffentlich gibt das keinen Bandscheibenvorfall. Es ist das bekannteste Werk des Herrn Professor Walter Schott, wie mir ein Schild weismachen möchte. Beurteilen will ich es lieber nicht, das kann ich besser beim «zottigen Franzosen». Die Blüten sind kleine Knöpfe, innen gelb, außen mit fünf weißen Blütenblättern. Niedlich anzusehen, mit fast kreisrunden, samtigen Blättern und überaus pelzigen Stängeln. Ursprünglich stammt diese Art aus Südamerika und wurde wohl mit Napoleon in Deutschland eingeschleppt, genau wie die Kartoffel. Wobei die Kartoffel eine Feldfrucht ist und das Kraut als Unkraut zu uns gekommen ist. Nicht gleichzeitig, sondern etwas später. Ich rupfe eine der hier zu Tausenden wachsenden Pflanzen raus – was hat sie bloß für starke Wurzeln. Die Blätter kann man essen, sie verfeinern zum Beispiel einen Kartoffelsalat. Ich probiere, durch den Regen ist der Hundeurin weggeschwemmt. Guten Appetit!

Die Rabatte mit dem rot und weiß leuchtenden Zierkohl hat noch einen weiteren unerwünschten Mitbewohner: die bis einen Meter hoch werdende **Kleine Brennnessel** (Urtica urens). Sie brennt stärker als die Große Brennnessel vom Monopteros (siehe S. 83), heute, weil es regnet, ist sie aber handzahmer. Sie blüht grünlich, die Blüte ist also kaum auffallend. Die Unkrautjäger haben sie vielleicht auch deshalb übersehen. Derzeit nimmt das typische Unkraut ziemlich ab, vor allem in den Dörfern und an Äckern. Doch so viel Wildwuchs mitten in einem Edelbeet – soll das etwa ein Ausgleich zum Schickimicki der Kö sein?

Schau! Links vom Luxusbeet, gut versteckt hinter einer Eibe, treibt sich auch die **Gewöhnliche Kratzdistel** (Cirsium vulgare) herum. Ich vermute, dass man sie ebenfalls übersehen hat. Und bei ihrer Größe von über einem Meter wird sie kaum noch ein Gärtner ausgraben wollen. Die Blütenköpfe sind eiförmig, oben schmal, dann folgen breitere Backen, alles in einem hellen Purpurrot. So hat die zweijährige Pflanze Grandezza. Ist aber alles verblüht und vertrocknet, sieht sie verdammt unansehnlich aus. Kein Wunder, sie stirbt dann.

Aber von hässlichen Dingen soll hier nicht die Rede sein, ich möchte, wie das Roller-Night-Plakat, die Werbetrommel für «Wildpflanzen im Stadtmilieu» rühren. So etwa für den **Gehörnten Sauerklee** (*Oxalis corniculata*). Er steckt am Fuß einer niedrigen Mauer, nicht weit entfernt von der Eibe. Bei Sonnenschein hocken hier die Menschen, aber jetzt ist alles verwaist. Von Lebensgefühl an der Kö keine Spur! Normalerweise blüht der Sauerklee erfrischend goldgelb mit einem rötlichen Kranz, aber bei diesem Sauwetter hat er die Jalousien heruntergelassen. Ende der Schicht. Heute zeigt er nichts mehr. Ansonsten kann man ihn über den grünen Klee loben, denn seine Blätter werden blut- bis weinrot. Später, zur Samenreife, sieht man die Fruchtstände in Hörnchenform, ähnlich lustigen Stierhörnern.

Im nächsten Beet hat man wieder Zierkohl angepflanzt, diesmal eine andere Sorte. Was haben die Düsseldorfer bloß mit dem Kohl? Eigentlich ist Kohl eine Charakterpflanze von Oldenburg, wo er als Grünkohl massenhaft angebaut wird, auch als Oldenburger Palme bekannt. Anscheinend ist man nun auch in Düsseldorf auf den Hund, ähm, auf den Kohl gekommen. Im monotonen Zierrat gedeiht jedoch ganz prächtig der bis 60 Zentimeter hohe **Graugrüne Gänsefuß** (*Chenopodium glaucum*). Er ist recht kahl, hat nur diese kleinen Blätter, die auf der Unterseite bemehlt sind. Fast immer liegt er ganz flach in den Beeten. Gänsefüße sind schwer auseinanderzuhalten, aber nicht diese Art, denn typisch für sie ist der gelbe Mittelstreifen auf dem blaugrünen Blatt. Die grünlichen kugelartigen Blütenstände bilden kleine gänseweiße Rispen.

Ein Blick zurück über den Rasen und die Beete: Ich gebe dem Blumengarten ein «Gut», weil hier so viel «Unkraut» drin ist. Die Düsseldorfer sollten weiterhin an ihren Gärtnern sparen und die Rabatten nur bedingt in Schuss halten. Und nirgendwo Müll, die müssen heute Morgen sämtlichen Dreck entfernt haben. Zumindest ist die Kö hier picobello, das muss man ihr lassen. Da ist auch noch die **Garten-Wolfsmilch** (*Euphorbia peplus*), ein Muss für jede Stadt! Ein richtig großer Bestand, über hundert Stück, bereichert das Beet. Die Garten-Wolfsmilch ist die einzige Pflanze, die ich kenne, die das Wort «Garten» im Namen hat, dabei wachsen doch so viele Gewächse in Gärten. Sie hat hellgrüne Blätter, und der Milchsaft wird in der Medizin verwendet, etwa bei Hautschädigungen, die durch Sonnenbrand verursacht wurden. Manche schwören auf die Pflanze als Asthmamittel und gegen Warzen.

Nun eine kleine Herausforderung. Fast gegenüber von der Gewöhnlichen Kratzdistel wächst ihre Schwester, die ausdauernde, willensstarke, weil eroberungsfreudige **Acker-Kratzdistel** (*Cirsium arvense*). Ideal für einen Vergleich: Die Acker-Kratzdistel hat deutlich kleinere Blüten als die Gewöhnliche Distel, zudem verströmt sie einen extrem süßlichen Duft nach Honig. Maiglöckchen verbreiten einen ähnlich intensiven Geruch. Der ist aber auch schon das einzig Gute an dieser Pflanze. Na ja, die Knospen finde ich noch ganz hübsch. Keineswegs sollte man sich aber in diese Distel hineinsetzen. Einmal getan, für immer unvergessen!

«Schauen Sie sich Pflastersteine immer so genau an?» Ich bin vom Blumengarten über eine Straße gegangen, die sich Gustav-Adolf-Straße nennt, und hocke nun am Boden. Die Mittvierzigerin, die mich anspricht, trägt einen feschen roten Sommermantel, dazu eine schwarze Tasche. Ihr perfekt frisiertes Haar wird beschirmt. Eine gepflegte Erscheinung.

«Eigentlich die Pflasterritzen, also nicht die Steine, sondern alles dazwischen», antworte ich.

«Und was, bitte schön, gibt es da zu entdecken?»

«Das **Niederliegende Mastkraut** (*Sagina procumbens*).»

Die Endvierzigerin (oder doch Endfünfzigerin? Ich bin bei so was nicht so gut) tritt näher und geht in eine leicht gebückte Haltung, gleich der Kugelspielerin.

«Sollten Sie Botaniker sein, dann machen Sie sich doch lächerlich. Nichts an ihr ist mastig. Bei einem solchen Namen denkt man, die Pflanze wird drei Meter groß. So wie die Sonnenblume. Kümmerlich sieht das Ding aus, ja, es ist noch platter als Moos.»

«Sie haben den Nagel auf den Kopf getroffen», strahle ich die Frau an. «Die Benennung ist manchmal wirklich zum Prusten. Dafür kann ich aber nichts. Das Mastkraut wird tatsächlich höchstens fünf Zentimeter hoch. Attraktiv ist auch was anderes. Sie geht viel mehr in die Breite als in die Höhe.»

«Die müssen Sie mal zu meinem Schönheitschirurgen bringen. Dort drüben hat er seine Praxis.» Lachend weist sie mit der Hand in Richtung einer Passage. «Fettabsaugen ist seine Spezialität.»

Ich falle in ihr Lachen ein. «Unters Messer kommt sie viel zu häufig. Die Menschen kratzen mit der Klinge herum und wollen diese Art unbedingt aus den Steinritzen raushaben. Nur ist das bekloppt, das Kraut hat eine Pfahlwurzel, die geht so tief, die bekommen Sie mit dem Messer nicht raus. Aber sehen die Pflasterflächen nicht schön aus, wenn das Kraut immergrün durchschimmert? Dieses vegane Muster. Besser, es wächst ein bisschen was als gar nichts.»

«Überzeugt. Und das mit dem Messer werde ich meinem Mann ausrichten.» Dann schlendert sie weiter Richtung Einkaufsmeile.

Noch ein paar Worte zum Niederliegenden Mastkraut. Die Blüte hat keine Blütenblätter, sie geht in vier Kelchblättern auf mit insgesamt zehn Staubgefäßen. Und der ach so tollen Sonnenblume ist dieses mickrige Mastkraut trotzdem turmhoch überlegen. Erstere ist nämlich nur einjährig, sozusagen minderbemittelt, das moosartige Etwas ist demgegenüber ausdauernd, also schon so etwas wie ein König auf der Kö.

An der Westseite des Grabens gehe ich weiter, es ist die sogenannte stille Seite der Kö, Läden sind kaum zu entdecken, dafür Banken und Hotels. Dreiunddreißig Meter südlich vom Hotel InterContinental – selbst abgeschritten! – leuchtet um eine Platane die bis 90 Zentimeter hohe **Kurzzähnige Schwarznessel** (*Ballota nigra* ssp. *meridionalis*) violett-rot. Typisch ist ihr Geruch, Blätter und Stängel duften ein wenig muffig («Stinknessel»). Einst stopfte man sie in Kissen, um Ungeziefer aus der Wohnung fernzuhalten. Ein Teeaufguss wirkte beruhigend, insbesondere bei Husten. Neben ihr steht eine Brennnessel, die Schöne und das Biest. Im Rheinland gibt es nur diese Schwarznessel, sie ist die hübschere im Vergleich zur schmutzig roten und eher östlich verbreiteten Langzähnigen Schwarznessel (*Ballota nigra* ssp. *niga*). Also doch ganz passend zu Düsseldorf!

Nun aber rüber ans Grachtenufer. Alles ist total schattig von den streng in Reih und Glied stehenden Platanen mit abplatzender Rinde und lang herunterhängenden Fruchtkugeln. Sicher sind sie rund 150 Jahre alt. Überall liegt noch Platanenlaub, auch im Wasser schwimmt es, obwohl wir fast Juli haben. Es braucht Jahre, bis es völlig verrottet. Die Grabenböschung ist extrem steil, einladend ist das nicht. Da werden kaum Menschen ausruhen und die Stadt-Natur genießen. Auf der «Gracht» paddeln Teichhühner, sie nicken beim Schwimmen permanent mit dem Kopf. Auf dem Uferweg aus rotem Sand- und Schlackegemisch wächst kein Kraut. Erst auf Höhe der Brücke an der Bastionstraße entdecke ich in großen Mengen die **Mäuse-Gerste** (*Hordeum murinum*), eine Gerste, die nichts wert ist. Für Mäuse mag sie noch zum Fraß angehen, Brot für Menschen lässt sich nicht aus ihr machen. Doch selbst die kleinen Nager stehen auf anderes Futter, immerhin sorgen sie dafür, dass die Samen der Mäuse-Gerste – die im Fell haften bleiben – verbreitet werden. Die Gerste ist jung und grün und mit ihren langen Grannen ziemlich attraktiv, vor allem, wenn der Wind durchfährt. Fruchtet sie aber, verkommt sie zum Aschenputtel und steht dann ganz im Kontrast zu der eleganten Kö und ihren noch eleganteren Autos und den elegantesten Menschen.

Wer macht da weit mehr her? Die **Gelbe Teichrose** (*Nuphar lutea*) oder der Jil-Sander-Shop auf der anderen Uferseite, vor dem sich die Teichrose hübsch im Graben drapiert hat? Die Weiße Seerose ist bekannter, sie hat größere Blätter und Blüten, auch lässt sie sich kultivieren, was bei der Gelben Teichrose nicht möglich ist. Man mag sie im Graben womöglich angepflanzt haben, doch da die Böschung sonst nicht viel hergibt, sollte der gelbe Augenfänger nicht unerwähnt bleiben. Die Gelbe Teichrose benötigt Nährstoffe, Licht, sie ist eine Art, die sowohl im klaren Wasser wie im Trüben fischen kann. Fleißig blüht sie, eine einzelne gelbe Blüte hält sich zwei Wochen. Für mich ist die Teichrose eine Märchenpflanze, auf dem Wasser sieht sie ein bisschen so aus wie eine riesige grüne Brotscheibe mit Spiegelei.

Reichlich durchnässt und fröstelnd nähere ich mich der Deutschen Bank. Von ihr halte ich wenig, da hilft auch der triviale **Rainkohl** (*Lapsana communis*) vor der Kö-Filiale nichts: Unterm Kirschlorbeer, der das Entree aufpolieren soll, funkelt er mit kleinen gelben Blüten. Seine Blätter sind essbar, sie schmecken mild, sind aber etwas behaart. Die Banker sollten sich in Notzeiten daran erinnern.

Mitten im Graben, direkt am Bergischen Löwen, der Brücke an der Benrather Straße, wehrt sich im Wasser ein Verkehrsschild gegen den Untergang. Meine Fahrstunden sind so lange her, ich muss zugeben, ich weiß nicht, was das bedeutet. Wahrscheinlich wollte sich da jemand einen Spaß erlauben. Gefreut hat sich über diese Abwechslung sicher ebenso die **Kleine Braunelle** (*Prunella vulgaris*). Braun ist an ihr nichts, nicht einmal die Wurzel, aber sie wurde früher bei Diphtherie verabreicht, die man auch als Bräune-Krankheit bezeichnete, weil sie einen braunen Rachen verursacht. Als Tee kann man sie heute gegen Halsschmerzen einsetzen. Die Kleine Braunelle ist sehr häufig, macht Ausläufer, duckt sich wendig unterm Mäher ab und braucht etwas Feuchtigkeit. An der Kö hat sie einen glänzenden Auftritt, ist sie doch hier die dominierende Böschungspflanze in herrlichstem Blau, Königsblau, um genau zu sein.

Etwas weiter, auf der Höhe von Saturn, wächst das **Gewöhnliche Ferkelkraut** (*Hypochoeris radicata*). Diesen schönen Namen verdankt es seinen dicken Wurzeln, die wegen ihres Stärkegehalts einst mit Vorliebe von jungen Schweinen ausgebuddelt wurden, dann, wenn es auf mageren Flächen sonst wenig zu beißen gab. Eine begehrte Nahrungsergänzung, würde man heute sagen. Das Kraut ist ein Mageranzeiger, ein Düngerflieher, noch dazu ein Sonnenanbeter. Das Blatt ist behaart und derb, weshalb das nicht gefressen wird. Alles, was behaart ist, erfreut sich bei Tieren keiner großen Beliebtheit. Wie wir Menschen verspeisen auch Vierbeiner gern Saftiges. Die Blattrosette ist stark und verdrängt andere Pflanzen um sich herum. Sie legt sich auf ihre Mitbewerber und erstickt sie, das kann man an der glitschigen Böschung gut beobachten. Charakteristisch ist der verzweigte und völlig kahle Blütenstand, die Blüten selbst haben ein tiefes Dottergelb. Ich mag das Ferkelkraut, es ist herrlich skurril und so unbeugsam.

Jetzt kommt ein noch schöneres Gewächs, vielleicht der Knüller der Landeshauptstadt: die **Wilde Malve** (*Malva sylvestris*), ein wahrer Lichtblick an diesem düsteren Tag. Große Trichterblüten hat sie, fünf Zentimeter Durchmesser sind nichts. Da es weiterhin vom Himmel schüttet, haben die Pflanzen ebenfalls ihre Schotten zum größten Teil dichtgemacht. Einst wurde sie Käsepappel genannt, weil ihre Blätter wie die von Pappeln rund sind und als Käsegewürz Verwendung fanden. Extrakte der Malve linderten oder heilten Beschwerden im Rachenraum und im Magen-Darm-Bereich. Eine 1-a-Pflanze. Sie kann bis zu 1,50 Meter hoch werden, selbst Abmähen kann ihr nichts anhaben – gut, es darf nicht gleich fünfmal hintereinander sein.

In meinem nassen Shirt dampfe ich vor mich hin, viel zu dünn bin ich angezogen. Dabei will ich mit meinem Outfit doch nur die Sonne anlocken. Wenn alle Leute Schirme tragen, braucht sie ja gar nicht erst herauszukommen. Manche Leute tragen sogar Schals, als wenn März wäre. Na ja, ich klettere die Böschung rauf und runter, da wird mir etwas wärmer, ganz etwas! Gegenüber der Düsseldorfer Geschäftsstelle der *Westdeutschen Zeitung* und der Boutique von Dior sticht nun die **Scharfe Gänsedistel** (*Sonchus asper*) ins Auge. Welch ein Gegensatz – Dior und Gänse. Obwohl … Nein, solche Gedanken verbiete ich mir. Wieder fehlt mir der Münchener Physiker, gern hätte ich ihm die Unterschiede zur Kohl-Gänsedistel erklärt und die vielen Gemeinsamkeiten. Ähnlich sind nämlich: Milchsaft, Blütenstände, kahle Stängel und Blätter, die um den Stängel herumlaufen (wie angeklebt). Der klare Unterschied: Die Kohl-Gänsedistel hat weiche blaugrüne Blätter, die der Scharfen Gänsedistel sind frischgrün und viel piksiger, vor allem, wenn man sie auch noch isst.

Am nördlichen Ende der Königsallee stoße ich jetzt auf den altgedienten Tritonenbrunnen. Der Triton, halb Mensch, halb Tier und mit gut durchtrainiertem Oberkörper, scheint in einen dramatischen Kampf mit einem riesigen Fisch verwickelt, aus dessen Maul Wasser spritzt. Ziemlich turbulent das Ganze. Neue Bauten gibt es an diesem trostlosen Ende ebenso – ich sehe, um es salopp zu sagen, aber eher viel Bochum. Und auch die Bochumer Schlemmerplatte, Currywurst mit Pommes, greift in Düsseldorf um sich. Vorbei geht es an der

Rückseite des Breidenbacher Hofs, das Luxushotel sieht architektonisch aus wie Marke Gymnasium. Sinnbild des Rheinland-Kapitalismus soll es einst gewesen sein. Heftig wird gegenüber gebaut, die Baustelle will ich aber noch umrunden, um den Weg zurück auf der anderen Grabenseite zu nehmen.

Hinter der Baustelle fahren die Stadtbahnen, und mitten auf einer Verkehrsinsel, zwischen den Schienen, fristet tapfer das **Niederliegende Fingerkraut** (*Potentilla supina*) sein Dasein. «Schöne Grüße vom Rhein», möchte es mir zurufen. Denn eigentlich ist es ein Gewächs der lückigen Uferfluren, im trockenen Straßenbahnschotter ist es ungewöhnlich. Die hellgrünen Blätter sind bei ihm entgegen jeder Erwartung nicht gefingert, sondern unpaarig gefiedert mit meist drei bis sechs Blattpaaren. Es wächst sehr flach, prostrat sagen wir Pflanzenfreaks dazu, und macht viele Blüten, Mini-Sternblüten, die mich bezaubern.

«Passen Sie auf, dass Sie nicht von den Bahnen erwischt werden.» Ein Bauarbeiter schüttelt seinen rot behelmten Kopf. Ich hatte es mir nicht nehmen lassen, einen Trieb vom Niederliegenden Fingerkraut zu pflücken und es am Originalstandort zu fotografieren. Da gibt es weder Ausnahmen noch Pardon!

Am Bauzaun wächst das violett blühende **Schmalblättrige Weidenröschen** (*Epilobium angustifolium*). Es fruchtet stark und kann bis 1,80 Meter hoch werden. Ein Nachtkerzengewächs. Das filigrane Innenleben der Blüten, diese schmalen Blätter, blau-grau-weißlich mit einem roten Mittelstrich, es ist eine so schöne Wildstaude (und nicht zu kaufen!). Leider würdigen die rastlosen Bauarbeiter sie keines Blickes.

Unter den Rosskastanien – an dieser östlichen Grabenseite wachsen keine Platanen – hat es nach kurzer Pause wieder zu regnen begonnen. Vor den Edelboutiquen – was ist bloß an ihnen so anziehend? – hat sich das genügsame **Wollige Honiggras** (*Holcus lanatus*) eingestellt. Auf der Höhe von Montblanc und Bulgari. Jetzt muss ich auch noch dauernd Werbung machen! Wie das Gewöhnliche Ferkelkraut ist es ein Mageranzeiger, ein häufiges Rispengras. Ausrasten tue ich bei ihm deshalb nicht, im Wind und im Regen wirkt es auch arg zerzaust. Immerhin habe ich bereits meine zwanzigste Art notiert – so viele wollte ich ja finden. Und vielleicht kann ich doch noch Nummer 21, 22, 23 festhalten … Na ja, ich will nun nicht gleich übermütig werden.

An dieser Kö-Böschung wächst tatsächlich die **Weg-Warte** (*Cichorium intybus*), sogar in großem Bestand. Jetzt bin ich glücklich und zufrieden. In Notzeiten wurden die gemahlenen Wurzeln der Weg-Warte geröstet, um einen Bohnenkaffeeersatz zu haben. Wer kennt nicht den Caro-Kaffee? In unserer Konsumgesellschaft geriet die Wurzel lange Zeit in Vergessenheit, doch aktuell hat sie in der Lebensmittelindustrie Hochkonjunktur: bei Functional Food oder der Herstellung von Inulin, einem Kohlenhydrate-Gemisch, um etwa Wurstwaren mit Ballaststoffen anzureichern. Der Kaffeeersatz gefiel mir besser. Wurst und Weg-Warte – nee, das lehne ich ab. Besser gefällt mir ein alter Aberglaube, nach dem der Schlafenden (damals natürlich eine Jungfrau), hatte sie eine Wegwarte unters Kopfkissen gelegt, im Traum ihr zukünftiger Ehemann erschien. Das war ein großer Vertrauensvorschuss für diese bleich und blau blühende Pflanze. Manche sahen in ihr auch die «blaue Blume», nach der der Romantiker und Dichter Novalis gesucht hatte. Oder die schöne Blume am staubigen Wegesrand, die vom Prinzen geküsst werden möchte und so die verzauberte Prinzessin freigibt. Da sind einige Sentimentalitäten möglich, aber fast zu viel für mich.

Die Kö ist vollgestopft mit Autos, es dominiert die Farbe Silber. Dicht an dicht schlängelt sich eine Blechlawine durch die Straße. Das hat für mich keine Aufenthaltsqualität. Vor der Steinbrücke, in Höhe von Burberry, führt ein leicht bemooster Plattenweg hinunter zum Graben. Ganz unten charmiert der **Wald-Ziest** (*Stachys sylvatica*), eindeutig keine Stadtpflanze, aber eine Pflanze, die immer mal wieder die Stadt besucht, gerade im Umfeld alter Baumbestände. Der Ziest lässt seine rötlichen Blüten spielen, wie einer dieser kusswilligen Prinzen will ich zu ihnen. Dabei weiß ich längst, dass der Wald-Ziest wie jeder Ziest stinkt. Aber die dunkelrot-violetten Blüten in einer Art Rispe müssen fotografiert werden. Das ist auch gerade erfolgreich vollbracht, als es plötzlich laut «Knall» und «Peng» macht. Auf den glitschigen Stufen rutsche ich oben an der Böschung aus und lande auf dem Bauch. Dabei verliere ich die Kamera aus den Händen, kann aber reflexartig noch mein rechtes Bein ausfahren. Zum Glück ist es ziemlich lang, und mir gelingt es in letzter Zehntelsekunde, den hinabschlitternden Fotoapparat einzuklemmen. Ich kann ihn bergen, er wäre sonst voll im Graben gelandet. Eine Katastrophe. Nicht nur die Düsseldorf-Bilder wären futsch gewesen! Nein, alle Aufnahmen seit November 2014, rund dreitausend Bilder. Selbst schuld, werden Sie sagen. Okay! Ich hätte sie rechtzeitig sichern können, mache ich aber eben nie ... Ich zittere am ganzen Leib, mein rechter Arm ist zerkratzt, der Einstellknopf an der Kamera weggeplatzt. Nichts tut sich bei ihr. Das ist ein ziemlich abruptes Ende der Düsseldorf-Tour! Aber sie hat zweiundzwanzig Pflanzen erbracht, mehr als erhofft.

Zurück im Auto drehe ich die Heizung voll auf, und schon bald springt auch der Fotoapparat wieder an. «Wärst du doch in Düsseldorf geblieben» – dieser alte Schlager findet bei mir jetzt aber doch kein Gehör.

Keine acht Wochen später war ich wieder mal in Düsseldorf ... Und Sie glauben es nicht, es regnete da schon wieder in Strömen. 2016 werde ich es bestimmt wieder versuchen, dann muss doch in Düsseldorf auch mal die Sonne scheinen!

Bremen

5

Bremen

Längs der Weser zwischen City und Weserstadion

Es ist brüllend heiß heute, die Autofenster sind geöffnet. «An dieser engen Ecke der Straßenkreuzung sollten Sie aber besser nicht parken, da kriegen Sie ganz schnell ein Knöllchen.» Ein freundlicher Toyota-Fahrer hält neben mir, und ich kann ihn gut verstehen.

«Das sagen Sie nur, damit ich aus der Lücke wieder rausfahre und Sie dann einen Parkplatz haben.» Die Bremer sind äußerst nette Menschen, aber wenn es um Parkplätze geht, bin ich mir da nicht so sicher.

Der Mann mittleren Alters lacht und winkt ab. «Ich parke weiter vorne, das sollten Sie auch tun.»

Ich fahre ihm hinterher, auch der Mensch ist ein Herdentier, und tatsächlich finden wir beide einen Platz. Ich muss nicht einmal viel rangieren. Perfekt, ich bin nämlich meilenweit davon entfernt, ein guter Einparker zu sein. Und erste Erkenntnisse des Tages: Bremer sind rundum nette Menschen, und ich kann nun in aller Ruhe «meine bremischen Gewächse» anpreisen. Zudem: Nur noch wenige Schritte habe ich zu gehen, bis ich auf dem Osterdeich stehe, der das Überflutungsgebiet der Weser vom städtischen Wohngebiet trennt. Die Leute nennen es kurz und bündig «Viertel», jeder in ganz Bremen weiß sofort, wo das ist.

Bremen muss natürlich sein, zumal ich hier lebe, und mit rund 550 000 Einwohnern ist die Stadt nicht zu klein für mein Vorhaben. Flaniermeilen sind hier die Bürgerweide, der Bürgerpark, der Stadtwald und die – allerdings vegetationsarme – Schlachte in der Innenstadt. Rathaus und Roland auf dem Bremer Marktplatz sind Weltkulturerbe, und auch an der Lesum im Norden Bremens kann man wunderbar lustwandeln. Zentral gelegen ist aber auch der Osterdeich längs der Weser, wo die Menschen radeln, lagern, Feste feiern, Drachen steigen lassen, Boule spielen, Leute beobachten oder auch einfach nur auf den Fluss starren. Eine Fähre verbindet beide Ufer, und im Winter, genau am 6. Januar, dem Dreikönigstag, findet hier alljährlich die seltsamste Wette statt, die ich kenne – die Bremer Eiswette. «Of de Werser geiht or steiht» heißt es auf Plattdeutsch, also ob der Fluss dann eisfrei oder eisbedeckt ist. Seit 1829 wird dieser Brauch getrieben, initiiert von Bremer Kaufleuten – heute historisch kostümiert –, immer um Punkt zwölf Uhr. «Maß» nimmt ein Schneider, ausgestattet mit Fliege, Bügeleisen und Elle. Begleitet von launigen Reden und kabarettistischen Einlagen, fährt er per Rettungsboot zum rechten Weserufer, um die «Eisprobe» zu praktizieren. Die Heiligen Drei Könige aus dem Morgenland und ein *notarius publicus*, der das durch die Vertiefung und Versalzung der Weser sowie milde Winter stets offensichtliche Ergebnis pflichtbewusst verkündet, begleiten das Szenario. Das Fest mit hoher gesellschaftspolitischer Bedeutung wird dann später bei Speis und Trank sowie Kartenspielen im Bremer Rathaus fortgesetzt. Irgendwie ja absurd und saublöd, zumal Frauen bis heute bei dem Spektakel nicht zugelassen sind. Also, dieser sonst gar nicht komische Osterdeich an der Weser soll es heute sein.

Mein Blick wandert nach links zum Weserstadion – Heimstätte des in Grün-Weiß spielenden Bundesligafußballvereins Werder Bremen. 1899 wurde er von sechzehnjährigen Schülern gegründet. Der erste Sportplatz war auf einem Werder, einer alten Weserinsel, daher der Name. Heute sitzen die eingefleischten Werder-Fans in der Ostkurve, «Fischköppe» werden sie von den Auswärtigen genannt. Das Stadion glänzt auch wie frischer Fisch im Wettstreit mit der Weser dunkelgrau, ausgelöst durch Sonnenstrahlen, die zum einen auf dem Weserwasser, zum anderen von einer riesigen Photovoltaik-Anlage an der Fassade reflektieren. Einen knappen Kilometer bin ich nur davon entfernt. Aber jetzt geht es hier mal nicht um Sport, sondern um Gewächse am Weserufer, meist eingezwängt in engem Blockgestein oder im Rasen der besonnten Osterdeichböschungen. Irgendwie sind sie dann doch auch wieder sportlich, diese Werder-grünen Pflanzen.

Es ist der 17. Juli, drittletzter Tag der Breminale, des größten Sommervolksfests der Stadt. Seit vier Tagen ist es am Laufen. Am Abend zuvor war ich mit meiner Freundin Steffi hier, der Deich war schwarz von Leuten. Wir schlugen uns den Bauch voll, hörten Musik aus drei Musikzelten gleichzeitig (Funk, Techno und Punk), bis wir genug von den Massen hatten und zu Fuß nach Hause gingen. So schön still wurde es wieder mit jedem hinter uns gebrachten Meter.

In den vergangenen Jahrhunderten wurde das Flussbett der Weser immer weiter vertieft, der Deich aufgeschüttet, damit prunkvoll klassizistische Häuser, die an der gleichnamigen Straße Osterdeich stehen, nicht gefährdet sind (wer hier wohnt, hat es geschafft). Ebbe und Flut sind noch sehr spürbar, akkurate Hochwasserlinien zeichnen sich ab durch allerlei Getreibsel auf dem Rasen oder gar halb die Böschung hinauf. Gegenüber, auf der anderen Uferseite, befindet sich das Café Sand, und sein Name hält das Versprechen: Sand gibt es dort in Hülle und Fülle, kleine Kinder bauen an diesem sonnigen Vormittag Burgen. Die Hal-över-Fähre («Hol rüber!») pendelt zwischen den beiden Uferseiten hin und her, doch ich bleibe auf der nördlichen Flussseite. Auf dem Deich selbst brauche ich gar nicht erst nach Pflanzen zu suchen, denn für die Breminale wurde alles abgemäht, den Rest haben die Besucher zu lauten Rhythmen in die Erde eingestampft. Deshalb nix wie runter ans Ufer, mein Heimspiel kann beginnen.

Ganz schön matschig ist der Boden noch von der Flut, zudem übersät mit volkseigenem Müll. Voll im Uferbefestigungsgestein gedeiht der **Riesen-Bärenklau** (*Heracleum mantegazzianum*). Diese Herkulesstaude mit weißen Doldenblüten steht in der Kritik, da neben einer gnadenlosen Ausbreitung der Saft bei Berührung mit der Haut (im Zusammenhang mit Sonnenlicht) Verätzungen hervorruft. In meiner Zeit als Gärtner habe ich die Pflanze jahrelang im Sommer bearbeitet, noch dazu mit freiem Oberkörper, ohne dass die Haut Schaden nahm. Aber das muss nicht für jeden Menschen gelten. Man sollte besser aufpassen, dass man nicht in sie hineinstürzt. Deswegen muss man dieser Staude aber nicht gleich den Garaus machen. Knollenblätterpilze werden auch nicht dem Henker ausgeliefert, nur weil sie giftig sind, und Efeu, Goldregen und Liguster sind ebenfalls giftig, ohne dass man sie gleich verteufelt. Wichtig ist letztlich, besser über Pflanzen Bescheid zu wissen. Faszinierend finde ich beim einjährigen Bärenklau die hellgrünen Blätter, die wie geschlitzte Rhabarberblätter aussehen und bis zu einen Meter lang werden können. Insgesamt schafft er eine Wuchshöhe von bis zu vier Metern. Er ist eine richtige Stadtpflanze, kann feucht stehen, aber auch trockener, schattig oder in der Sonne.

Durch die Steinlandschaft – uiii, was ist das rutschig hier! – wage ich mich zur **Gewöhnlichen Brunnenkresse** (*Nasturtium officinale*) vor, ein einjähriges Kraut, vitaminreicher als eine Apfelsine. Früher wurde es gesammelt, um gesund durch den Winter zu kommen. An der Unterweser ist die Kresse überall zu finden, nur dort, wo es zu sandig und zu salzig wird, macht sie die Biege. Ihr Standort vor dem Deich ist einer des Übergangs, hier mischt sich das Süßwasser der Weser mit dem Salzwasser der Nordsee. Brackwasser nennt man das, und Brackwasser wird von der Brunnenkresse heiß und innig geliebt. Sie steht sozusagen in einer Lauge und blüht von März bis Dezember. Ihre Spezialität sind viele kleine, dicke Schötchen, die wie bei einer Flaschenbürste vereint sind. Das passt zu der einen oder anderen leeren Bierflasche nach dem Volksfest … Plötzlich unentwegt helle Schreie. Schrill quiewiehpt ein Austernfischer. Von der Nordsee ist der «Halligstorch» ins Binnenland gezogen, wo er inzwischen mehr Nahrung findet als an der Küste und auf kiesigen Flachdächern seine Jungen aufzieht. Doch noch mal zum Kraut: Viele Kresse-Arten schmecken richtig scharf, sodass man nur Spuren davon in einen Salat geben sollte. Die Gewöhnliche Brunnenkresse jedoch ist ganz mild, davon kann man größere Mengen verzehren.

Mein Lieblingsschmetterling flattert um mich herum, ein Admiral, rot und schwarz mit weißen Punkten. Schon als Kind jubelte ich auf, wenn ich ihn entdeckte. Und hier ein Zitronenfalter … der Sommer ist so schön. Ganz apart in diesem Reigen ist auch das **Sumpf-Helmkraut** (Scutellaria galericulata) mit zarten weiß-blauen Blüten. «Helmkraut» heißt es deshalb, weil die Oberlippe der attraktiven Blüte helmartig über der Unterlippe liegt.

«Sieht ja aus wie ein Enzian», ruft mir ein Spaziergänger zu. Hat er etwa noch Restalkohol von gestern Abend im Blut?

«Enzian?» Ich bin doch sehr verblüfft. «Hier im Wesertal gibt es gar keine Enziane.»

«Dann ist das eben der spezielle Weser-Enzian.» Der Mann beharrt auf seiner Erkenntnis, schwankt dann aber doch weiter, fast so wie die kleine Fähre im Weserwind.

Ein weiter Blick die Weser hinauf und hinunter, überall wird auf Uferflächen gebaut. Wir bauen uns noch tot, denke ich, Wirtschaftsdiktatur ist das. Wenige Leute bestimmen, welche Flächen zur Bebauung ausgewiesen werden und welche nicht. Nein, ich will mir nicht den Tag verderben, ich wende mich nahe dem Fähranleger lieber dem **Zottigen Weidenröschen** (*Epilobium hirsutum*) zu. In Düsseldorf haben Sie bereits seine Schwester kennengelernt, das Schmalblättrige Weidenröschen (siehe S. 99), das sich ziert, wenn es zu nass wird. An dieser Flaniermeile begegnen wir nur Arten, die gut Freund sind mit feuchten Standorten, weshalb die meisten auch keine ausgewiesenen Stadtpflanzen sind. Ufer- und Röhrichtpflanzen, Nässe- und Nährstoffzeiger sind die richtigen Bezeichnungen. Aber da fast alle größeren deutschen Städte an einem Fluss liegen, sind Uferpflanzen zugleich Stadtpflanzen. Das Zottige Weidenröschen mag ich wegen seiner großen Blüten in einem wunderschönen dunklen Rosa. Nie steht es einzeln da, immer tritt es im Pulk auf, definitiv ist es eine Gesellschaftsnudel.

Zerstreuter und isolierter gibt sich dagegen die gelb blühende **Wasser-Sumpfkresse** (*Rorippa amphibia*). Durch den Gezeitenwechsel taucht sie bei Flut für sechs Stunden unter, was ihr aber ausnehmend gefällt. Sie will nicht nur nasse Füße haben, sie will im Wasser schwimmen, sonst kann sie nicht überleben. Die Sumpfkresse ist, wie ihr lateinischer Name schon vermuten lässt, ein florales Amphibium. Sie produziert Samen und Ausläufer gleichzeitig, ein großes Plus.

Und da leuchtet blau-rötlich der **Gewöhnliche Beinwell** (*Symphytum officinale*), ein Raublattgewächs, manche sind bei seinem Anblick sogar vom Donner gerührt. Ein bis zu einen Meter hohes Ufergewächs, Nährstoffe lassen also grüßen! Die Blüte wickelt sich aus, streckt sich wie eine Lakritzschnecke, deren Ende man in den Mund nimmt, um die Spirale aufzuwickeln. Einen solchen Blütenstand nennt man folgerichtig «Wickel». Der Beinwell hat sehr raue Blätter, richtiges Borstenhaar wie beim Borretsch. Man kann ihn als Salat verwenden. Einst wurde er als Arzneipflanze hoch geschätzt, eine aus den Blüten und dem Kraut hergestellte Salbe soll eine blutstillende und entzündungshemmende Wirkung gehabt haben. Die Vergissmeinnicht-Arten zählen übrigens auch zu den Raublattgewächsen, vielleicht ist der Beinwell ja deshalb die Lieblingspflanze meiner Freundin Steffi.

Wie ist es doch toll, Pflanzen zu beobachten. Man kann natürlich am Osterdeich auch Menschenstudien betreiben, das habe ich aber gestern zur Genüge getan. Was ich an Pflanzen mag: Sie lassen einen so, wie man ist. Die kümmert es wenig, ob man das T-Shirt einen Tag länger trägt, ob man müffelt (Pflanzen riechen nichts!), ob man ungewaschene Haare hat oder mal wieder zum Friseur muss. Bei dem war ich gerade gewesen, das nur zu Ihrer Information. Und keine Pflanze flüchtet bei einem Redeschwall von mir. Was im Fall des blassrosa bis rosenrot blühenden **Drüsigen Springkrauts** (*Impatiens glandulifera*) nicht ganz stimmt, denn seine Samen können davonschwimmen. Schwimmfähige Samen, das ist unschlagbar! Und davonschießen können sie auch, was ja schon der Name besagt. Vier bis fünf Meter schaffen die. Auf feucht-nassem Boden schlagen sie ein wie kleine Bomben. Und damit nicht genug. Die Samen sind essbar, sie schmecken leicht nussig. Aus den Blüten lassen sich Gelees herstellen. Die Art schafft eine Höhe von bis zu drei Metern, und das als Einjährige.

«Dieses Kraut macht sich hier unglaublich breit.» Eine resolute Dame in den Sechzigern blickt mich erzürnt an, als hätte ich mich gerade ihrer Handtasche bemächtigen wollen.

«Was ist denn daran so schlimm?», frage ich nach.

Die Frau wedelt mit den Armen herum, als wolle sie etwas an eine Tafel schreiben, bestimmt war sie früher Lehrerin. «Dieser Wildwuchs, so hoch, man kann gar nicht mehr auf die Weser schauen.» Sie schnaubt. Ein Glück, dass ich in der Grundschule einen Lehrer hatte. Herr Droste hieß der, obwohl: Bis zur dritten Klasse durfte er mit dem Rohrstock strafen. Ich fand den Lehrer trotzdem ganz gut. Zum einen war ich damals noch ganz brav und fraß wenig aus, zum anderen durften wir bei ihm im Sportunterricht Sitzfußball spielen.

Jetzt versuche ich mich als Lehrer, keine leichte Sache, zumal ganz ohne Rohrstock. «Warum müssen wir immer alles im Griff haben und regulieren wollen? Pflanzen sind nicht zu erziehen und auch keine Übeltäter. Oder sollte die EU eine polizeiliche Verordnung für die Botanik ausarbeiten? Schwelgen Sie doch lieber bei dem Anblick dieser schönen Pflanzen. Meist nischen sie sich sowieso dort ein, wo vorher nichts wuchs.»

«Papperlapapp. Das ist nichts als Urwald. Wo ist meine schöne Weser? Ich kann sie gar nicht sehen.»

«Gehen Sie den Deich hinauf, da haben Sie herrlichste Ausblicke.»

Doch davon will meine «Schülerin» nichts wissen. Ein Jammer, dass sie meine Liebe zu den hoch aufgeschossenen Uferpflanzen nicht teilt. Ihr entgeht eine Menge. Dabei gebe ich doch als Überzeugungstäter mein Bestes. Wie kann man nur keine Freude an dem **Schlitzblättrigen Sonnenhut** (*Rudbeckia la-*

ciniata) haben? Alles hier ist voll von diesen adretten, sonnengelben Strahlenblüten mit dem knuffigen Körbchen in der Mitte. Die bis drei Meter hoch wachsenden Stängel sind kahl und – als Hitzeschutz, Sie kennen das schon – mit einer dünnen Wachsschicht überzogen. «Schlitzblättrig» heißt der Sonnenhut deshalb, weil seine Blätter drei- bis fünfteilig sind. Die Blüten sind bei der Hitze leicht gebeugt, die Blütenblätter etwas angelegt, eine elegante Schlaffheit geht von ihnen aus. Wie von feinen Sommergästen auf einer Datscha, die sich in den Tag treiben lassen und deren Sommerhüte nach und nach verrutschen. Was für eine Pracht, dagegen war vor fast vier Wochen das sonst so feine Düsseldorf ganz unfein.

Elegant rankt sich ebenso die **Zaun-Winde** (*Calystegia sepium*) durchs Gebüsch, «Schleierfluren» nennen wir solch dichte Vegetation. Eine Lianen-, eine Tarzan-und-Jane-Pflanze tritt an. Die in dieser Stadt so dominante Zaun-Winde wartet mit den größten Einzelblüten der heimischen Flora auf, sieben Zentimeter im Durchmesser! Aber da sie auch stark in öffentlichen Rabatten zulangt und alles zurankt, hätte sie sicher ebenfalls keine Gnade in den Augen der «Exlehrerin» gefunden. Um die Zaun-Winde zu entfernen (nicht die Dame), müssen Sie in die Beete reingreifen und die gesamten Überzüge abheben. In Ostfriesland sagt man zu der Pflanze gern «Pisspott» – denken Sie nur an den Nachttopf, den man früher hatte.

Der üppige «Blumengarten» an der Weser haut mich um, wobei man den Fluss unten am Weg gerade tatsächlich nicht erkennen kann. Kleine Pfade ziehen durchs Dickicht, gestern Nacht für viele ein Ort der Erleichterung, ein natürlicher Pisspott. Entsprechende Duftmarken wurden gesetzt, es wurde flüssig gedüngt. Es sind aber auch Wege für Angler, spielende Kinder oder gar Naturgucker wie mich. Und an einem solchen behauptet sich die **Filz-Klette** (*Arctium tomentosum*), gut erkennbar an weißwolligen Köpfen, als wäre Raureif an ihnen, als seien sie kurz in Mehl gedippt worden. Bei Kletten gibt es hierzulande vier Arten: die Große Klette, die Kleine Klette, die Hain-Klette und eben diese Filz-Klette. Die Hain-Klette hat sich auf Wälder spezialisiert, am besten weit weg vom Menschen, die drei anderen Arten haben jedoch nichts gegen humane Gesellschaft. Kletten sind Sommerblüher, erst ab Juli sind sie in Hochform, können jedoch noch im Oktober Blütenköpfe in Rosa und Aubergine tragen. Die in Bremen seltene Filz-Klette wird bis zu zwei Meter hoch. Nehmen Sie mal einen Blattstiel in die Hand, dann können Sie sehen, dass er in der Mitte gefüllt ist – Botaniker nennen das Mark. Bei versponnenen Blütenknospen und Mark können Sie sicher sein, dass es immer eine Filz-Klette ist. Ausgegrabene Wurzeln kann man mahlen, sie ergeben einen süßen, nahrhaften Brei – einst eine Notnahrung. In entsprechenden Online-Foren lese ich, dass Leute noch heute (oder wieder!) einen solchen Brei kochen. Dieses Wissen muss erhalten bleiben, man weiß nie, wozu es mal gut sein könnte.

Etwas entfernt im Pflanzendschungel gedeiht das **Rohr-Glanzgras** (*Phalaris arundinacea*), ein häufiges Gras, das in größeren Flächen direkt zur Weser hin wächst. Viele Leute sagen bei seinem Anblick: «Das ist Schilf!» Diese Leute kennen das Schilf nicht! Das deutlich später blühende Schilf wird viel höher als das Rohr-Glanzgras (bis zu vier Meter), hat schärfere Blätter

(Schilfrohr), und vor allem hängen die Blütenstände über und sehen daher aus wie violett-schwarze Fahnen. Das Rohr-Glanzgras besitzt eine Rispe, die sich nach der Blüte wieder schlank zusammenzieht. Es glänzt tatsächlich, sowohl die Blattunterseiten als auch die Rispen, wenn sie im Juni blühen. Gräser sind ja nicht jedermanns Sache, aber dieses ist einfach nur prächtig und gut zu erkennen. Sie können es nicht verfehlen. Und genau darum geht es mir: Ich möchte, dass Sie mehr auf die Pflanzen gucken. Und was einem dann sonst noch so geschenkt wird. Schauen Sie, es krabbelt gerade ein Asiatischer Marienkäfer am Gras entlang. Er unterscheidet sich dadurch von seinem einheimischen Artgenossen, dem Sieben-Punkt-Käfer, dass er neunzehn Punkte hat und zum Kannibalismus neigt.

Ha, und da ist ja die **Erz-Engelwurz** (*Angelica archangelica*)! Wie der Riesen-Bärenklau ist die Erz-Engelwurz ein Doldenblütler. Das heißt, alle Stiele des Blütenstands entspringen am selben Punkt des Stängels. Nur sind seine weißen Blüten kugelrund, nicht tellerförmig flach wie bei der Herkulesstaude. Unsere Vorfahren verehrten die Erz-Engelwurz, glaubten, sie würde wie ein Breitbandantibiotikum alles heilen. Der Legende nach erschien einem Mönch im Traum ein Engel, der ihm zu verstehen gab, er könne mit dieser Wurz die Pest bekämpfen. Manche trugen die Pflanze als Talisman in ihren Rock- beziehungsweise Hosentaschen, um böse Mächte fernzuhalten. Dann aber fiel die heilige Pflanze tief, als man sie im Labor zerlegte und krebsfördernde Furanocumarine nachwies. Fans von Wildgemüse ließen die Erz-Engelwurz auf einmal links liegen. Doch längst ist sie wieder rehabilitiert, denn es zeigte sich, dass andere Inhaltsstoffe das Virenwachstum stoppen – leider bislang nur bei Mäusen.

Noch so eine stattliche Erscheinung, die **Krause Distel** (*Carduus crispus*)! Sie ist hier zwei Meter hoch, was ziemlich ungewöhnlich ist, normalerweise geht sie über 1,50 Meter nicht hinaus. Sie schreckt ab mit ihren saurierartigen Dornen, sogenannten Flügelleisten, die ein guter Fraßschutz sind. Selbst Ziegen, die im Grunde alles fressen, verhalten sich der Krausen Distel gegenüber dezent rücksichtsvoll. Die Blätter selbst sind ziemlich weich, die können Sie ruhig anfassen. Neuerdings schwören Veganer auf grüne Smoothies aus dieser Distel, im Mixer wird dann alles zusammengematscht, nichts Stacheliges ist mehr zu spüren. Nee, da bevorzuge ich doch lieber meine Coca-Cola.

Schon inszeniert sich der nächste Riese, der weiß blühende **Knollige Kälberkropf** (*Chaerophyllum bulbosum*), 1,50 bis gut 2,50 Meter hoch. Der Name der Pflanze erklärt sich daraus, dass es an jedem Astende eine Verdickung gibt, mit viel Fantasie erkennt man bei den Verknotungen einen Kälberkropf. Bevor die Kartoffel im 16. Jahrhundert in Europa heimisch wurde, aß man die Pfahlwurzeln des Knolligen Kälberkropfs, da sie sehr stärkehaltig sind. Heutige Feinschmecker sind von dem Gemüse weiterhin begeistert. Ich habe es noch nicht probiert, kann also nicht mitreden. Dennoch gerate ich bei ihm ins Schwärmen, weil er wie ein (floraler) Stammbaum wunderbar gleichmäßig aufgefächert ist.

Im spontanen Staudenparadies gibt es noch den **Hohen Steinklee** (*Melilotus altissimus*). Natürlich will er mit den anderen mithalten, das gelingt aber nur bedingt! Immerhin bringt er es auf eine Höhe bis zu 1,50 Meter und gedeiht direkt am Weg oder unmittelbar am Ufer. Die gelben Blüten wachsen in Trauben und sehen aus wie kleine Schiffchen, die man auf der Weser aussetzen möchte. Riechen Sie mal dran! Wie leckerer Honig! Da möchte man sich glatt hineinlegen – einzig sollten Sie die Konkurrenz zu Bienen nicht fürchten. In der DDR nannte man diese schlanke Erscheinung «Bienenfreund» …

Er hört nicht auf, der Blütenlaufsteg, das Gelb des Steinklees konkurriert mit dem intensiven Purpurrot des **Blut-Weiderichs** (*Lythrum salicaria*). Er kommt in solchen Mengen vor, dass die Leuchtfackeln, die sich bis 1,50 Meter hoch recken, nicht zu ignorieren sind. Die Farbe ist so anziehend, dass man schon in der Antike der Meinung war: «Was so schön rot blüht, muss gut fürs Blut sein.» Was auch stimmte. Bekannt ist, dass die ätherischen Öle des Blut-Weiderichs den Blutzuckerspiegel senken. Weiterhin hilft er bei Durchfallerkrankungen. Und im Mittelalter wurden seine Gerbstoffe zum Gerben von Leder verwendet. Die Weser hat viel Ruderverkehr – würde ich auf dem Fluss rudern, ich würde nicht darauf achten, was meine Vorderleute tun, ich würde nicht rudern wie ein Stier, sondern lieber den Blut-Weiderich anstieren. Mit anderen Worten: Zum Rudern wäre ich nicht geeignet, obwohl – an diesem Tag hätte ich nichts gegen eine frontale Abkühlung. Sogar der Blut-Weiderich ist sehr sportlich, besser gesagt dynamisch: An Ufern von Seen, Teichen, Bächen, Flüssen und Kanälen ist er auf der Überholspur.

«Hallo, ich würde gern ein Selfie machen. Ist das möglich?» Ein Radfahrer, Mitte zwanzig, hält plötzlich an und holt sein Handy aus der Brusttasche seines kurzärmeligen Hemds hervor.

«Ein Selfie? Geht okay.» Doch verdutzt und im Stillen denke ich: Das ist schon eine seltsame Sucht, sich ständig selbst anschauen zu wollen. Ich Selfie, also bin ich. Zum Glück war ich ja auch gerade beim Friseur …

«Super, danke», sagt der Radler strahlend, als er sich das geschossene Foto anschaut. «Hab Sie bei Stefan Raab gesehen, wo Sie irgendwas aufgefuttert hatten.»

«Wissen Sie noch, was es war?» (Ich weiß es, es war die gerade erwähnte Brunnenkresse.)

«Keine Ahnung, aber die Show war große Klasse.»

Die Show, ja, aus diesem Grund kennen mich mehr Jüngere als Ältere. Hätte aber auch nichts dagegen, wenn die Selfie-Freaks mal einen Pflanzennamen behalten würden. Und diesen traumhaften **Sumpf-Ziest** (*Stachys palustris*) übersehen sie sicher. Im Grunde verhält er sich eins zu eins wie der Blut-Weiderich, viele halten ihn mit seinen purpurroten Blüten auch dafür. Doch er hat nicht so lange Blütenstände wie dieser und steht nicht so nass, also höher. Der Sumpf-Ziest, ein Lippenblütler, hat zudem eine hübsch gepunktete Unterlippe, was ihm ein fast schon orchideenartiges Aussehen verleiht.

Diese drei bis vier Meter hohe Phalanx lässt mein Herz genauso hoch schlagen, man bekommt hier richtig was auf die Augen. In den nächsten Wochen wird es an diesem Ufer noch üppiger blühen – ein Wildwuchszauber. Weiterer Vertreter im Hochstaudenensemble ist die **Gelbe Wiesenraute** (*Thalictrum flavum*), ein giftiges Hahnenfußgewächs mit feinen, dreizipfeligen Blättern. An der Oberfläche ein bisschen glänzend, unterseits leicht graugrün. Die bis 1,70 Meter hohe Raute hat ihre Bestzeit jedoch schon hinter sich, sie blüht nur noch vereinzelt. Da hat sie was mit der weiß-grünen Werder-Raute gemeinsam, die auch schon bessere Zeiten sah. In Niedersachsen und Bremen ist die Wiesenraute eine Rote-Liste-Art, also eine gefährdete Pflanze. Die hellgelben, wolkigen Blütenstände besitzen hohe Leuchtwirkung. Man ist also nie allein, wenn man im Frühsommer in der Dämmerung an der Weser spaziert.

Apropos «Gefährdung», «Dämmerung» und «allein sein» … Diese attraktive Wildpflanze könnte mir sogar helfen, wenn ich als Bremer *Tatort*-Assistent mit meiner noch attraktiveren Lieblingsschauspielerin Keira Knightley als Kommissarin Fälle aufzuklären hätte. Wenn beispielsweise der abgetrennte eiserne Hahn der Bremer Stadtmusikanten in der Weser versenkt worden (muss ja nicht immer gleich ein Mord sein!) oder ein rivalisierender Läufer beim Bremen-Marathon hier in den Fluss gestoßen worden wäre (da Nichtschwimmer!), wenn die Spur einer Inlineskaterin sich nahe dem Fluss verloren hätte, ein Betrunkener im Nebel auf der Fähre von Bord gegangen oder der Schneider von der Eiswette unversehens hinter seinem Bügeleisen hergehechtet wäre, welches ihm entglitten und spurlos verschwunden war. Oder ein stadtbekannter Werder-Profi hätte sich am nahen Weserwehr durch plötzliches Abtauchen (nach Art der hier in großer Menge nach Nahrung suchenden Kormorane) einer unangemeldeten Dopingkontrolle entzogen. Mord? Totschlag? Unglück? Vortäuschung? Mit Keira an meiner Seite würde ich das sicher rauskriegen! Wie ich gerade jetzt darauf komme? Ich finde die Fälle und die derzeitigen Bremer *Tatort*-Ermittler so langweilig! Außerdem wäre das der erste *Tatort*, in dem ein Assi seiner Chefin mit einem Strauß blühender Wiesenrauten einen Heiratsantrag in der Abenddämmerung machte – unten am Fluss.

So, jetzt aber Schluss mit der Spinnerei. Ich stehe 200 Meter westlich vom Bürgerzentrum «Weserterrassen» unter einem Berg-Ahorn, vor mir wuchert fast mannshoch die **Große Klette** (*Arctium lappa*). Hat sie rot geblüht und gefruchtet, entwickelt sie richtige Boller, die man einst Soldatenknöpfe nannte. Vielleicht, weil die Früchte ein großes Durchhaltevermögen haben und noch an Weihnachten zu sehen sind. Letztlich ist die Große Klette nicht größer als andere Kletten-Arten, aber sie hat von allen die schönsten Dickköppe. Sie sind so hakig, dass sie im Fell von Tieren oder an Jacken vorbeistreifender Naturliebhaber haften bleiben und sich so verbreiten. Im antiken Griechenland war die Große Klette als entzündungshemmende Heilpflanze bekannt – aus den Wurzeln wurde ein Brei gemacht, der entwässernd wirken sollte. Auch war man der Ansicht, dass er den Haarwuchs beförderte. Wer will, kann das ja mal ausprobieren, aber dafür muss er an den Osterdeich, denn im Gebiet abseits der Weser findet man im Norden die Große Klette eher selten. So etwas nennen wir dann eine Stromtalpflanze.

Betrieb ich in den vorausgegangenen Städten mehr eine anstrengende Bück- und In-die-Knie-geh-Botanik, botanisiere ich dieses Mal locker im Stehen. So sehe ich, dass hoch in den Lüften eine Lachmöwe unterwegs ist. Man erkennt sie daran, dass sie relativ klein ist und sie zur Brutzeit ein schokoladenbrauner Kopf ziert. Das Wort «Lachmöwe» hat mit Lachen nichts zu tun, sondern stammt von «Lache», was «See» bedeutet. Allmählich muss ich auch über Tiere mehr wissen ... Ich verfolge einige Bienen und lande mit ihnen auf den Blüten der **Kratzbeere** (*Rubus caesius*), nicht zu verwechseln mit der Brombeere, obwohl es hier zweifellos Familienbande gibt. Die einen Meter hohe, aber oft viel breitere Kratzbeere weist immer ein dreiteiliges, gewelltes Blatt auf. Die allermeisten Brombeeren haben fünf Teilblätter. Wunderbar sind die blauschwarzen Staubgefäße in den bis drei Zentimeter breiten, schneeweißen Blüten. Sie sind leicht kraus, und jedes Mal, wenn ich die sehe, denke ich: Die müssten doch mal gebügelt werden! Dass gerade ich darauf komme, der niemals das Bügeleisen, geschweige denn das Bügeln erfunden hätte, ist schon erstaunlich.

«Was ist das?» Ein kleines Mädchen hat sich an mich herangeschlichen und zupft an meinem kurzen Hosenbein.

«Eine Kratzbeere. An einigen Stellen blüht sie noch, aber hier kannst du schon die grünen Beeren sehen.»

«Kann man die essen, oder kratzen sie zu sehr?»

«Stachelig sind nur die Sprosse, auf denen die Früchte sitzen. Die Beeren selbst kratzen nie, höchstens hat man mal einen der ziemlich großen Samen zwischen den Zähnen und wird zum Wiederkäuer. Wenn sie reif und blauschwarz sind, kannst du sie futtern. Sie munden noch besser als viele Brombeeren. Ein bisschen säuerlich, aber sehr saftig.»

War ich im Hochsommer auf Norderney, auf Borkum oder Langeoog unterwegs und hatte nichts mehr zu trinken, setzte ich mich in den Sand und aß Kratzbeeren. Die eilige Mutter des Mädchens, es heißt Emma, zerrt derweil ihre Tochter fort. Das passiert mir oft, und jedes Mal könnte ich in die Luft gehen. Interessierte Kinder, meist sind es Mädchen, dürfen gar nicht mehr fragen, keine Zeit. Könnte ja sein, dass die Kinder mal mehr wissen als (ungebildete) Eltern. Auch das muss sich unbedingt wieder ändern!

Langsam nähere ich mich dem kleinen Yachthafen vor dem imposanten Weserstadion. Im Bereich der Böschung entdecke ich wieder Essbares, eine scharf schmeckende Gemüsepflanze, die einjährige **Wege-Rauke** (*Sisymbrium officinale*). Die Blätter sind mal ganzrandig, mal sehen sie recht rupfig aus. Zudem besitzen sie oben ein langes Ende, ihr Markenzeichen. Sie wird bis zu 1,20 Meter hoch, blüht gelb bis in den Dezember hinein. Typisch sind eng am Stiel anliegende, schlanke Schötchen. Es ist eine häufige Art, Sie haben sie bestimmt schon gesehen, vor allem die stark gezackten Blätter der Rosetten im Frühjahr, etwa um Bäume herum. Sie wächst gern dort, wo sich Hundekot und Hundeurin sammeln, denn sie ist ein Nährstoffjunkie. Ihr Name ist Programm, sie liebt Wegränder – gerne mit weiteren Rauke-Arten.

Ich beginne den Rückweg, nehme einen Hang zum Osterdeich hinauf. Ich bin platt, denn hier am Hang sind es locker 33 Grad Celsius. Ich wandere dennoch unermüdlich weiter, mein (knöllchenfreies) Auto wartet bereits. Und was sehe ich da noch, ebenfalls völlig platt? Den **Zweiknotigen Krähenfuß** (*Coronopus didymus*) mit winzig kleinen, brillenartigen Früchten. Über fünfzig Pflanzen! Dabei ist der Krähenfuß in Bremen ziemlich selten, es ist eines der größten Vorkommen überhaupt! Die mit den Kresse-Arten verwandte und auch so riechende und schmeckende Art ist als Gemüse und Gewürz nutzbar, gibt von der Menge aber leider nicht viel her. Bei einer Wuchslänge von höchstens einem halben Meter (bei einer Höhe von bis zu fünf Zentimetern) dauert es, bis man einiges zusammengezupft hat. Die Art blüht unscheinbar weißlich, ist wärme- und feuchtigkeitsliebend. Diese Kombination ist wichtig. Und der Boden muss offen sein. Diese unscheinbare, mit Lupe aber goldige Art ist aus Südamerika über das Mittelmeergebiet zu uns gewandert – ein voll eingebürgerter Neophyt.

Nach all den vielen üppigen Stauden hier hatte ich mich nach etwas glücklich machendem Kleinem gesehnt. Und es nun auch noch gefunden – östlich der Weserterrassen! Eine zierliche Art der inneren Einkehr schlechthin. Eine Randerscheinung im wahrsten Sinne des Wortes – aber kapriziös, eine, die es in sich hat. Seine flache Wuchsform bezeichnen wir als prostrat. Und richtig, die Prostata ist da gar nicht so weit – auch sie steht auf Urin.

Leipzig

6

Leipzig

Kreuz und quer auf dem
großen Güterbahnhof

Schon einmal hatte ich ja den Versuch unternommen, einen Hauptbahnhof zur städtischen Flaniermeile zu erklären. Gleich zu Beginn, in Frankfurt am Main – und war botanisch gescheitert. Nun ein nächster Anlauf: der Leipziger Hauptbahnhof, mit fast 84 000 Quadratmetern und 23 Fernbahngleisen Europas größter Kopfbahnhof. Es ist der 7. August, ein Freitag, und es ist sehr heiß. Der Deutsche Wetterdienst hat für diesen Tag eine Hitzewarnung herausgegeben: «Am Freitag wird bei gefühlten Temperaturen über 34 Grad eine starke Wärmebelastung erwartet.» Den vorbeihastenden Menschen sieht man sie auch an, kaum haben sie noch etwas an, und dennoch schwitzen sie. Am liebsten möchte man sie wie Pflanzen gezielt bewässern. Aber mal sehen, wie hier die Botanik so mit der Dürre umgeht.

Mein Standpunkt ist nordwestlich des Bahnhofs am Willy-Brandt-Platz, gegenüber liegt das ehemalige Hotel Astoria, das seit fast zwanzig Jahren leer steht. Im Dritten Reich gehörte die Luxusherberge Carl Ottokar Cohn, einem jüdischen Bauunternehmer, der sie dann an die Nazis abtreten musste – und dafür am Leben gelassen wurde. Zu DDR-Zeiten wurde das Astoria als modernstes Hotel des sozialistischen Staats gepriesen. Der Dirigent Kurt Masur, der jahrelang das legendäre Gewandhausorchester in Leipzig geleitet hatte, stieg auch mehrmals im Astoria ab, aber nicht in dem Inter-Hotel, sondern in New York, im Waldorf Astoria. Immerhin: Am 9. Oktober 1989 gehörte er zu den Leipzigern, die den Aufruf «Keine Gewalt!» verfassten und auf diese Weise mit dafür sorgten, dass der Wechsel zur Demokratie in der DDR friedlich verlief.

Direkt vor dem Hauptbahnhof, gebaut nach dem «Licht und Luft»-Entwurf von William Lossow und Max Hans Kühne, befinden sich neu angelegte stylische Rasenflächen, botanisch gesehen ein reichlich trostloses Gelände. Ein Blick Richtung Parkhaus und alter Güterbahnhof verspricht dagegen Großartiges. Wilde Arten rufen aus der Ferne: «Hier sind wir – und hier wollen wir auch bleiben!» Die Leipziger waren ja schon immer ausdauernde Protestierer, kein Wunder, dass es ihnen die Pflanzen jetzt nachmachen. Sie stellen sich auf (und das meine ich wörtlich), jedoch nicht für einen demokratischen Umschwung, sondern gegen den erschütternden Modernisierungs- und Vernichtungswahn heutiger Stadtplaner. Die letzten Brachen in der Innenstadt hauen sie weg, auch den Bahnhof haben sie schon in Angriff genommen und vieles verändert, dem Wildwuchs im Bereich des alten Güterbahnhofs haben sie jedoch erst wenig antun können. Die alten Schuppen stehen nämlich unter Denkmalschutz.

Zum Hauptbahnhof gehört noch folgende Geschichte: Die Gründungsversammlung des DDR-Oberliga-Vereins 1. FC Lokomotive Leipzig fand in ihm statt. Was auch nur richtig war, denn in den sechziger Jahren wurde er von der Deutschen Reichsbahn gesponsert, sämtliche Spieler waren – jedenfalls pro forma – Betriebsmitarbeiter. Dieser einst international renommierte Traditionsklub ist heute zu einem Fußballverein der fünften Liga verkümmert. Spieler und Zuschauer sind ziemlich sauer auf einen anderen Verein, den RB Leipzig, denn er hat es in die 2. Bundesliga geschafft, dank Red Bull. Eigentlich bedeutet RB Leipzig «Rasenballsport Leipzig», doch man nennt den Klub nur Red Bull, weil er faktisch von dem österreichischen Getränkehersteller kontrolliert wird. Kaum verwunderlich, dass die einstigen Eisenbahner nicht gegen diese geldträchtige «Verleiht Flügel»-Fraktion ankommen können.

Trotz der brüllenden Hitze ziehe ich unbeirrt los. Am Willy-Brandt-Platz 1, im Bereich der Fahrradständer, hat sich zwischen den Pflastersteinen der **Gewöhnliche Vogelknöterich** (*Polygonum arenastrum*) eingenistet. Die einjährige, kaum erkennbar weiß blühende und völlig platte Pflanze, sozusagen unsere florale Briefmarke mit rötlicher Zeichnung, hat im Verhältnis zu ihrer Größe ziemlich starke Wurzeln. Spatzen fahren völlig auf den Knöterich ab, seinetwegen sitzen sie in der Gosse und picken seine recht großen und nahrhaften Samen auf, die glatt und vielkantig sind («polygonum»). Hocken keine Spatzen in seiner Nähe, fällt er nicht weiter auf, so unscheinbar ist er. Da er sehr häufig ist, muss man sich aber um ihn keine Sorgen machen. Wie ein Matador in der Stierkampfarena kann er eine Menge ab. Wenn Sie ihn hübsch finden, sind Sie übrigens der Einzige – neben mir. Übers Internet kann man geschnittenen Vogelknöterich-Tee bestellen. Er soll entwässern und entschlacken, nachgewiesen ist das aber nicht.

Jetzt muss ich mal ein Fahrrad beiseitestellen, eine ganz klägliche Rostlaube – wie überall an solchen Orten zu sehen –, damit ich besser an die **Schutt-Kresse** (*Lepidium ruderale*) herankomme. Rostlaube und Schutt-Kresse passen irgendwie auch gut zusammen. Blätter und Schötchen reibe ich kräftig und halte sie dann unter die Nase: Kresse pur. Die Kresse auf der Fensterbank können Sie glatt vergessen, es kann hier gleich geerntet werden. Sogar tafelfertig, mit Salz, das vorbeilaufende Hunde ausgeschieden haben. Gut, ich will Ihnen jetzt nicht den Appetit verderben. Doch denken Sie an mich, wenn Sie sich im Bahnhof im Lokal einer Fast-Food-Kette einen Salat bestellt haben, der etwas fade schmeckt. Sie können ihn mit Schutt-Kresse nachwürzen. Bedienen Sie sich nur. Die Blüten der Kresse sind einzig mit der Lupe zu erkennen, im Grunde sieht man aber auch nur gelbliche Staubgefäße. Die ganze Pflanze wird im Herbst wie die berühmten Tumbleweeds in amerikanischen Westernschinken vom Wind über Asphalt und Pflaster verweht, so streuen sich die winzigen Samen aus. Die Schutt-Kresse nimmt in Stadt und Land stark zu, sie liebt Tausalz und stark versiegelte Flächen, die sich im Sommer stark aufheizen. Da ist die Pflanze ja in Leipzig goldrichtig!

Etwas weiter, vor einem bundesweit bekannten Drogeriemarkt (mit springendem Pferd …), wächst im Kleinpflaster, dort, wo die Ritzen nicht geteert und früher Rösser angebunden wurden, zu Tausenden das **Kleine Liebesgras** (*Eragrostis minor*). Es stammt aus Südeuropa, aber schon die Römer verschleppten es weiter nach Norden. Heute ist es hauptsächlich in Städten zu finden (Berlin, Köln, Frankfurt, Hannover, Braunschweig triefen davon), im Wald aber gar nicht. Die dunkelbraunen Blütenährchen sehen wie kleine Zigarren aus, Al Capone oder Fidel Castro hätten ihre helle Freude daran gehabt. Warum müssen eigentlich Pflasterritzen geteert werden? Das ist schade, bedeutet viel Arbeit und kostet viel Geld – und es ist lebensfeindlich. Bei derartigen Mätzchen kann gar nichts versickern, alles ist tot. Ich wage jetzt auch mal einen Leipziger Aufruf: «Lasst endlich das idiotische Verschmieren von Pflaster mit Bitumen sein!» Aber weil sie in Sand eingelassen werden, könnte man sie ja einfach ausgraben und bei Demonstrationen als Wurfgeschoss benutzen. Klar, deswegen wird geteert. Steffi, meine Freundin, bekommt, um das Allerwichtigste nicht zu vergessen, jedes Jahr von mir einen Liebesgras-Strauß. An die zehn hat sie bereits, sie stehen ihr schon bis zum Hals. Aber ich kann von diesem Ritual nicht lassen, sage zur Beschwichtigung: «So kannst du sie erneuern, bevor die alten ganz verstauben.» Ich bin mir nur nicht sicher, ob das Argument bei ihr auch ankommt. Egal, bei mir vorne im Škoda ist alljährlich ab Juli Liebesgras-Zeit, ein großes Bündel stopfe ich einfach ins CD-Fach.

Der Willy-Brandt-Platz ist ein besonderes Biotop, hier wird herumgelungert, in Büschen herumgefuhrwerkt, Zigarettenkippen liegen herum, es ist staubig, ein bisschen stinkig inklusive EEs = Erbrech-Ecken. Da machen sich selbst Wildpflanzen aus dem Staub! Ich biege deshalb leicht nach rechts ab, Richtung neues Parkhaus und alter Fahrradladen. «Preußenseite» heißt das hier, auf der anderen Seite liegt natürlich die «Bayernseite»! Und hier macht es sich ein grüner Tiefflieger, die nächste flache Art, in der Sonne gemütlich, das hellgrüne **Kahle Bruchkraut** (*Herniaria glabra*). Ein Bruch, ein Leistenbruch etwa, wird lateinisch als *Hernie* bezeichnet, und weil das Kraut so leicht bricht, wenn man es pflücken will, verfiel man auf diesen Namen. Wie das Liebesgras ist das Bruchkraut ein Urbanitätsanzeiger. Es ist wärmeliebend, aber da an diesem Augusttag die Temperaturen tropisch sind, stellen sich seine leicht dicklichen Blätter auf, ein Versuch, die Oberfläche zu verkleinern. Scheint die Sonne nicht oder nur stundenweise, strecken sie sich, so weit sie können, um bis in die Blattspitzen hinein möglichst viel Wärme aufzunehmen. Die Pflanze hält gut durch, bis in den Dezember hinein. Einst dachte man, sie sei eine einjährige Pflanze, dann stelle man fest, dass sie überwintert und noch einen zweiten oder gar dritten Durchgang macht.

«Na, du hast es dir einfach anders überlegt! Oder was war der Grund für deine plötzliche Mehrjährigkeit?», frage ich das Kahle Bruchkraut, während ich zu seinen Füßen hocke.

Trotz flirrender Hitze – eisiges Schweigen.

«Dir ist wohl heute zu heiß, um zu antworten. Aber lass mich vermuten: Es hat mit der Klimaveränderung zu tun. Da eine Kälte von vier, fünf Monaten im Winter seit einigen Jahrzehnten fehlt, musst du dich nicht mehr einziehen und kannst überdauern. Richtig, ein, zwei kalte Monate schaffst du!»

Keine Antwort ist auch eine Antwort.

«Egal, ich mag dich auf jeden Fall sehr.»

Die Samen kleben etwas, sodass sie von Mensch und Tier verbreitet werden. Das Bruchkraut hat ebenfalls keine richtige Blüte, sondern einzig sechs Staubgefäße, wie in kleinen Suppentellern. Von Bienen werden sie nicht angeflogen, denn die Bienen sind schlau. Alle Pflanzen, die trittfest sind – vor einem Laden eine notwendige Eigenschaft –, werden von ihnen gemieden. Sie könnten ja selbst Opfer derber Stiefel oder High Heels werden. Aber auch die Pflanzen sind schlau. Ihnen ist klar, dass sie keine Insekten anlocken können und auch nicht brauchen, deshalb die Klebestrategie. Dabei riecht das Kraut wunderbar nach frischem Heu. Einst wurde es eingesetzt, um Geschlechtskrankheiten zu heilen. Weil man vorher im Heu war?

Nicht zu übersehen ist gleich nebenan, an der Seitenwand des Geschäfts, aber in Leipzig eigentlich überall, der sommergrüne **Chinesische Götterbaum** (*Ailanthus altissima*). Er wird frech auch Ghettopalme genannt, wegen seiner Vorlieben für Unordentlichkeit in alten Stadtzentren. Haut man ihn ab, so wachsen wie bei der Hydra, dem vielköpfigen schlangenähnlichen Ungeheuer, gleich mehrere wieder nach. Innerhalb von wenigen Jahren kann man so unfreiwillig riesige Bestände heranzüchten. Im Jahr schafft der Baum stolze fünf Meter. Das begeistert mich, insbesondere seine Blätter, die über einen Meter lang werden! Er geht ab wie Schmidts Katze, besser: wie Schmidts Baum! Die Oldenburger Palme, der Grünkohl, wird kaum 50 Zentimeter hoch, die Leipziger Palme dagegen kann 30 Meter erreichen. Wunderbar, exotisch. Und erst die schönen Früchte – Meisterwerke. Der Götterbaum ist zudem ein echter Stinker. In China wird der Baum trotzdem verehrt, denn seine Blätter werden zur Fütterung der Götterbaum-Spinner verwendet. Die Raupen dieser Schmetterlinge sollen dank der Speise Seide produzieren. Ursprünglich kam der Götterbaum als Zierbaum 1780 in den Botanischen Garten von Berlin, von dort ist er ausgebüxt. Er ist kein chinesischer Dissident, eher ein penetranter Querulant mit einer Rinde, die aussieht, als hätte er Pocken. Und obendrein ist er ein gutes Versteck für Obdachlose.

Neben dem Göttlichen befindet sich eine rostige Zufahrt zu alten Gleisen. «Eingeschränkter Winterdienst» steht auf einem nicht minder verrosteten Schild, das an dem geschlossenen Tor angebracht ist. Aber wer will bei dieser Affenhitze schon an Winter denken? Sicher nicht der **Schmalblättrige Doppelsame** (*Diplotaxis tenuifolia*), auch Wilder Rucola genannt, der rapsgelb blüht. Viele verwechseln ihn auch mit Raps, aber der hat im Mai seine Blütezeit. Wir haben jetzt ja August, da ist die Rapsblüte längst vorbei. Der Wilde Rucola ist wieder eine Pflanze, die man essen kann. Ich stopfe mir gleich mal ein paar Blätter in den Mund – in Leipzig muss nun wirklich niemand verhungern. Und wie er duftet, nach Honig, nach süßem Wein. Das weiß ich jedoch erst seit zwei Jahren, obwohl ich die Art schon seit dreißig Jahren kenne. Bei einer Exkursion in Köln sagte jemand beiläufig: «Der Wilde Rucola duftet sensationell!»

«Wie bitte?», bemerkte ich.

Und dann hielten alle ihre Nasen in den bis zu 70 Zentimeter hoch werdenden Kreuzblütler und konnten kaum aufhören, diesen Duft einzuatmen. Aber besser Rucola reinziehen als sonst was!

Damit niemand auf falsche Gedanken kommt: Ich bin nicht der Erste, der sich Eisenbahnverladestellen zum Botanisieren ausgesucht hat. Diese Ehre gebührt dem 1843 in Berlin geborenen Pflanzen- und Sprachforscher Paul Friedrich August Ascherson. Im Grunde war er der berühmteste Schmutzfink unter den Botanikern überhaupt und turnte schon damals auf jeder Halde herum. Ich bin nur derjenige, der ihm ein bisschen folgt. Und Rucola verabscheute er, dieser stinke nach Schweinebraten. Aschersons Abscheu ist in diesem Fall kein Wunder, denn er war Jude.

Und gelb bleibt es weiterhin, die **Kanadische Goldrute** (*Solidago canadensis*) blendet richtig. Sie ist aus Kanada und den USA emigriert, sodass sie bei uns häufig ist, richtig wuchert, nicht aber jenseits vom Atlantik – ich kann das beurteilen, war schon dreimal dort. Neben der Kanadischen Goldrute gibt es noch die Riesen-Goldrute. Beide sehen ähnlich aus, beides sind werte Heilpflanzen, doch die Kanadische Goldrute ist behaart, die Riesen-Goldrute nicht. Brauchen Sie eine Eselsbrücke? In dem Wort «Kanada» gibt es drei a, und «Haar» hat zwei a. «Kanada» und «behaart» gehören also zusammen. Die haarlose Riesen-Goldrute hat auch kein a. Das ist doch leicht zu merken, oder?

Parallel zum geschlossenen Güterbahnzugang gibt es ein weiteres altes Tor, dieses Mal zu einem Parkplatz und deshalb offen. Vielleicht einst eine Zollstation? Kurz hinter dem Tor wacht die **Verschiedensamige Melde** (*Atriplex micrantha*). Sie ist aus Westasien angereist und kann 2,50 Meter hoch werden. In Leipzig trifft sich die Welt – Südeuropa, China, Kanada und nun auch noch ganz Westasien. Von einem alten Eisenbahnknotenpunkt kann man das aber auch erwarten. Botanische Gärten hat diese Melde nämlich nie zu Gesicht bekommen, dazu ist sie zu unattraktiv, auch wenn ihre Blätter leicht silbrig glänzen. Insgesamt sieht sie jedoch sehr staksig aus, als müsste sie mal zu einem Aerobic-Kurs, um mehr Eleganz zu bekommen. Schlepperbanden brachten sie nicht von Ost nach West, auch Eisenbahnen nicht wirklich. Sie beziehungsweise ihre Samen hafteten sich an Autoreifen, wodurch sie im Grunde eine Autobahnpflanze ist. Und dass ich sie hier auch schon am Leipziger Güterbahnhof sehe, und das in so großer Menge, freut mich doch sehr. Die Pflanze hat also noch mehr drauf, als nur an Schnellstraßen zu stehen. Trotzdem wirkt sie an diesem Ort so, als würde sie sich verloren fühlen.

Weiter gehe ich eine Götterbaum-Allee entlang, überall sehe ich das Bruchkraut. Aber halt, vor einem alten Schuppen gedeiht die **Wilde Möhre** (*Daucus carota*). Sie bereichert meinen bisherigen Speiseplan, denn auch sie ist essbar. Auf den hübschen, weiß blühenden Dolden tummeln sich Ameisen, Fliegen, Käfer und Läuse, und selbst nach dem Schließen der Blüten bleibt die Wilde Möhre Heimstatt vieler Insekten, ihr Platz zum Überwintern. Nein, zum Überherbsten, denn viele von den Tierchen sterben doch noch im Winter.

Eine Dolde besteht aus vielen Döldchen, und unter der Dolde können Sie so komische Hochblätter erkennen, die wir «Hülle» nennen. Und unter jedem Döldchen ist ein Hüllchen zu erkennen. Dolde – Hülle, Döldchen – Hüllchen: Wir Botaniker sind verdammt einfach gestrickt. Sie belächeln mich? Nichts dagegen. Die Hochblätter funktionieren wie eine Kralle, die die Dolden zusammenhält. Die Möhre ist ziemlich rau und behaart, abermals eine Anpassung an Trockenheit und Hitze, so viele Strategien kennt die Natur dann doch wieder nicht. Sie hat eine leicht rötliche, fast bräunliche Pfahlwurzel, die kleiner ist als eine Karotte. Uferlos wächst die Möhre am und auf dem Güterbahnhof Leipzig, fast so, als wollte sie noch die letzten Schuppen zum Einsturz bringen.

Auf der gepflasterten Fläche vor dem leeren Gebäude – «Für Lokführer» ist mit schwarzen Lettern auf roten Backstein gemalt – entdecke ich, juhu, ein zweites Bruchkraut, das **Behaarte Bruchkraut** (*Herniaria hirsuta*). In Leipzig ist das Kraut häufig, es kommt auch an Straßenrändern vor, wie ich beim Reinfahren in die Stadt bemerkte, an der Delitzscher Straße, an der Kurt-Schumacher-Straße, ja, in ganz Eutritzsch ist es nicht zu übersehen. Das Behaarte Bruchkraut ist ebenfalls trittfest, im Vergleich zum Kahlen Bruchkraut ist es sogar noch wärmeliebender.

«Nu, was is denn das? Was krabbeln Se denn da rum? Such'n Se was?»

Meine Augen wandern Richtung Stimme. Ein stämmiger Sachse (hörbar am Akzent) und Eisenbahner (erkennbar an der Uniform). «Hier gibt es zwei verschiedene Bruchkräuter, sie wachsen sogar in denselben Pflasterritzen. Kommen Sie, sehen Sie selbst, das hellgrüne Kahle Bruchkraut und das blaugrüne Behaarte Bruchkraut.» Vorsichtig nähert sich der Mann, als hätte er Angst, dass ihm gleich einer der Zwei-Zentimeter-Winzlinge ins Gesicht springt. «Zu 90 Prozent dominiert das Kahle Bruchkraut.»

Der Eisenbahner zwinkert mit den Augen, wie es Leute tun, die kurzsichtig sind und ihre Brille nicht aufhaben. «Kann nüscht erkennen, keinen Unterschied», behauptet er, nachdem er sich mit der Hand Schweiß von seiner Stirn gewischt hat. «Aber wenn sonst alles in Ordnung ist – guten Tach auch.»

Zweifellos ist bei mir alles in Ordnung. Er kennt halt nur seine Welt.

Hinter dem Schuppen, auch im alten Basaltpflaster, weht sanft im leichten Wind die **Zarte Binse** (*Juncus tenuis*). In Europa ist sie erst seit 1834 nachgewiesen (im Allgäu), ihre ursprüngliche Heimat sind die USA. Holztransporte haben sie die beschwerliche Reise nach Übersee antreten lassen. Erkennbar ist sie an dem Hochblatt, das den Blütenstand, die sogenannte Spirre, deutlich überragt. Die Spirre blüht mit schmalen, gelbbraunen bis grünlichen Blütenblättern bis in den September hinein. Diese Binse ist wintergrün, ihre Wurzeln gehen 30, 40 Zentimeter in den Boden hinein. In der Stadt ist sie schon die häufigste Binse. Man muss sie in die Hand nehmen, um ihre ganze Schönheit, ihren Kopfputz zu erkennen.

Am nächsten Gehölz darf man nicht so vorbeigehen: Es ist der **Eschen-Ahorn** (*Acer negundo*), der einzige Ahorn, der wie unsere heimische Esche gefiederte Blätter hat. Deshalb diese seltsame Namenskombination. Das junge Holz vom Eschen-Ahorn ist blau

bereift, hechtblau genannt, weshalb der Baum die
Leute fasziniert hat (im Winter ein richtiges
Antidepressivum) und er als Zierpflanze aus
Nordamerika in Europa eingebürgert wurde.
Als ich für einige Monate als Gärtner in Detroit, Toronto und im Umland von Chicago arbeitete – ich musste da 2002 und
2006 am Boden Begrünungsmatten für riesige Fabrikhallen vorkultivieren –, fuhr ich
in meiner Freizeit gern in den jeweiligen Städten herum. Über Kilometer wuchs der Eschen-Ahorn an Flussufern. Seine Samen sind flugtauglich
und sogar schwimmfähig, sie ähneln kleinen Propellern,
dadurch kann sich der Baum stark ausbreiten. Er soll inzwischen ein
Problemgehölz sein – am Main und Rhein, an Elbe und Oder. Ich
mag ihn trotzdem, und Probleme haben wir nun wirklich andere.

Ein völlig zerrupft aussehender Mann entfernt sich gerade aus einem Schuppen, definitiv kein Eisenbahner. Dieses Mal ganz sicher
einer aus einer anderen Welt, ich möchte mich dazu aber nicht weiter auslassen. Diese alten Gebäude sind toll, man könnte sie sanieren
und restaurieren, dann wären sie richtig schmuck. Aber dazu fehlt das
Geld. Seit fast zwei Stunden laufe ich nun in der Hitze herum, und
meine Zunge klebt fest vor Durst. Doch all die Pflanzen kämpfen sich
aus Asphaltritzen, aus dem Pflaster und aus Kellerschächten heraus,
halten sich wie eine Eins. Tausende Rucola-Pflanzen fallen mir nun
ins Auge. Könnte man die konservieren, hätte man Gemüse für zig
Jahre.

Über eine Schutthalde erreiche ich das neue Parkhaus, ich muss
mich in den Schatten setzen. Eine Atempause ist mir aber nicht vergönnt, denn in Greifweite giftet der **Bittersüße Nachtschatten**
(*Solanum dulcamara*) vor sich hin. Es ist aber auch alles an dieser

Pflanze stark giftig. Wie dem auch sei, ich bin beeindruckt von violetten Blüten und korallenroten Beeren, kleine glasierte Ostereier. Die Blütenblätter schmeißt der Nachtschatten einfach nach hinten, dadurch kommen die gelben Staubgefäße so richtig zur Geltung. Einmal habe ich die Beeren probiert, sie schmecken widerlich, extrem bitter. Fast alles, was giftig ist, mundet nicht, in hohem Bogen geht es retour. Aber nach außen hin ziehen diese Pflanzen eine große Show ab, *dolce vita* vom Angucken her. Das Blatt ist ebenfalls spannend, unten ist es eingebuchtet, und oben läuft es spitz zu. Und: Ältere Blätter fangen plötzlich zu fiedern an. Zwei verschiedene Blattformen an einer Pflanze! Aus welchem Grund auch immer. Der Nachtschatten mag es gern feucht bis nass, ja, selbst im flachen Wasser sieht man ihn nicht selten. Hier jedoch wächst er absolut trocken, kompensiert wird das durch zusätzlichen Kalk im alten Beton und Kalkstaub aus der Luft. Zwei Stunden auf Sylt, und man hat Salz auf der Haut, zwei Stunden auf dem alten Güterbahnhofgelände in Leipzig, und man schmeckt Kalk auf den Lippen. Morgens hier geparkte Autos sind abends mit einer feinen weißen Staubschicht überzogen. Doch zurück zum Nachtschatten: So giftig die Pflanze ist, in der Medizin wird sie für Präparate genutzt, um Ekzeme oder Neurodermitis zu lindern. Gerade deshalb!

Rechts von mir dann endlich der «Bremer Gruß», das gelb blühende **Schmalblättrige Greiskraut** (*Senecio inaequidens*). Mit ihm hat es eine besondere Bewandtnis, um 1895 ist es aus Südafrika nach Bremen als Beigabe von Schafswolle gekommen. Damals gab es in der

Hansestadt noch zwei große Baumwollkämmereien, die die Wolle verarbeiteten. Rund siebzig Jahre blieb das Greiskraut den Wollkämmereien treu, dann jedoch fing es an, einen eigenen Kopf zu entwickeln und sich entlang der Bahngleise auszubreiten. Und zwar ganz ungehemmt. Gleiskraut wäre da naheliegender, so würde das dann auch ein Chinese aussprechen. Mancher Flüchtling fühlt sich nämlich in seiner neuen Heimat einfach wohler. Leider wird auch diese Art verteufelt, weil sie giftig ist. Man müsse sie ausrotten, heißt es. Ein furchtbares Getue, angezettelt von Laien, aber dazu kennen Sie ja meine Meinung.

Dieses Greiskraut ist oft ein Weggefährte vom **Gewöhnlichen Bitterkraut** (*Picris hieracioides*), einer Mittagsblume, die bei Hitze spätestens um eins ihre gelben Blüten schließt. Erst am nächsten Morgen öffnet sie wieder die löwenzahnartigen Körbchen. Der Name ist berechtigt, das Bitterkraut schmeckt bitter. Die zweijährige Pflanze ist mit ankerförmigen Widerhaken überzogen. Um ihre Existenz zu sichern, macht sie im ersten Jahr Rosetten, nach der Blüte im zweiten Jahr stirbt sie. Weil sie so viele Blüten hervorzaubert, ist sie ein Gedicht. V-förmig in Etagen angeordnet, wird jede Blüte sofort von weiteren Blüten seitlich übergipfelt, die allererste Blüte eines Sprosses sitzt also ganz innen und ganz unten. Sie kann bis zu einen Meter hoch werden. Bienen lieben sie, bislang hat man einundvierzig Bienenarten auf den Blüten zum Pollenklau gesichtet, von der Mörtel- bis zur Pelzbiene.

Gelb ohne Ende – nun folgt der **Wiesen-Pippau** (*Crepis biennis*). Auch diese zweijährige Art stirbt nach der Blüte, bis dahin muss sie ordentlich gesamt haben. Gucken Sie sich ihn genau an, er sieht aus wie ein neongelb leuchtender kleiner Löwenzahn. Was, Sie sagen:

«Oh, alles ist gelb, alles ist nur Löwenzahn»? Nee, nee, so geht das nicht. Hingucken! Die eine Pflanze blüht goldgelb, die andere etwas heller gelb, eine dritte neongelb. Und alles sind andere Arten. Mal kleine und mal große Blüten, mal Blüten an verzweigten Stängeln oder unverzweigt, mal mit und mal ohne Stängelblätter. Sicher, ein weites Feld, aber nicht zu weit, um nicht alle einordnen zu können. Man muss nur möglichst viele an einem Tag gesehen, sie verglichen haben!

Nach kurzer Sitzpause im Schatten bin ich wieder fit, um weiter der sengenden Sonne zu trotzen! Ich wandere ins weitflächige Gelände hinein, hier wurden ganz offensichtlich viele Gebäude und auch Gleise abgerissen. Ein geschotterter Parkplatz rückt ins Blickfeld. Hier behauptet sich das bis 1,50 Meter hohe **Land-Reitgras** (*Calamagrostis epigejos*), unser stärkstes Gras auf trockenem Boden. Startete in Baikonur, im südlichen Kasachstan, in den achtziger Jahren eine Sojusrakete, sah man bei Aufnahmen vor der Rampe – so weit das Auge reichte – etwas Dürres wachsen: das Land-Reitgras. Es ist ein Schwermetallanzeiger, denn es wächst sogar auf verseuchten Böden, auf dem Gelände von Stahlwerken und Kohleförderanlagen. Und es verweist auf schlechte Luft. Im Osten Deutschlands war es schon früher ein häufiges Gras, jetzt ist es noch immer eins. Ein wahrer Stalker. Ist es einmal im Rasen drin, am Zaun oder in einer Plattenritze, haben Sie ein Problem. Sie müssen es rausbuddeln, wegschneiden oder wegbrennen hilft da nicht, es ist unverwüstlich. Und Sie müssen richtig buddeln, denn es geht bis zu 1,50 Meter in die Tiefe. Das Reitgras sieht aber schön aus, die Rispe hat einen Stich ins Fuchsschwanzbraune, die Blätter sind schmal, leicht bläulich und ähneln etwas dem Strandhafer.

Den nächsten unduldsamen Drängler rieche ich schon, die **Gewöhnliche Waldrebe** (*Clematis vitalba*), einst eine Waldpflanze, aktuell auch eine Stadtpflanze. Von den cremeweißen Blüten geht ein irrer Duft aus. Fallen die Blütenblätter ab, bleibt einzig ein Strahlenkranz aus Staubgefäßen zurück. Diese silbrigen Fäden, mit denen die Rebe riesige Überzüge macht, begeistern mich jedes Mal. Im Mittelalter erfreute sich die Waldrebe großer Beliebtheit bei Bettlern, denn mit ihrem giftigen Pflanzensaft rieben sie sich die Hände ein, sodass die Haut Blasen warf. Die Verunstaltung sollte das Mitleid betuchter Bürger erregen. Nachdem diese die List erkannt hatten, bezeichneten sie die Rebe als «Teufelszwirn». Nach dem Zweiten Weltkrieg galt sie als Trümmerpflanze, da sie sich im zusammengeschobenen Schutt gegen jeglichen Widerstand durchsetzte. Letztlich ist sie ebenso ein städtisches Relikt der fünfziger Jahre. Dazu passt der hier neben ihr abgelegte Damenschuh. Bei dem zweiten fehlt die Hacke. Was da wohl abgelaufen ist? Ich möchte auch gar nicht so genau wissen, was sonst noch alles unter der dominanten Waldrebe vergraben ist. Kulturmüll mehrerer Jahrzehnte. Wo niemand genau hinschaute, schmiss man alles hin. Was hier bloß herumliegt! Der Damenschuh ist keine Ausnahme. Turnschuhe, Sandalen, alte Jeans, kaputte Kinderkarren, Handwerkerabfall. Da hockt sogar ein ramponierter Gartenzwerg. Einfach ausgesetzt in der Wildnis, der arme Kerl – hier im Leipziger Einerlei.

In Höhe der Bahnsteige des Hauptbahnhofs, am Parkplatz unter einem Ford (Sie werden ihn bei Ihrer Tour bestimmt nicht mehr finden), nehme ich die hellrosa blühende **Sprossende Felsennelke** (*Petrorhagia prolifera*) wahr, eine Knallerpflanze, eine Steppenpflanze mit sehr schmalen Blättern. Entwaffnend mit strohfarbenen Minieiern (die Kelche) und aufgesetzten Kränzchen aus rosafarbenen Blütenblättern. Alles ganz zierlich, um ja der Sonne keine Angriffsfläche zu bieten. In einigen Bundesländern steht dieses Schmuckstück auf der Roten Liste. Und im Hintergrund zirpen die Heuschrecken.

Viel weniger bescheiden erhebt sich in naher Entfernung die **Weg-Distel** (*Carduus acanthoides*) mit zahlreichen hellpurpurnen Blüten. Meine Güte, was ist die stark bewehrt. Diese Dornen schrecken ab, um die Pflanze mache ich trotzdem keinen Bogen. Als absoluter Distel-Fan habe ich von dieser schon hundert Fotos gemacht, allein wegen des steten Insektenbesuchs (Falter, Bienen, Hummeln, Käfer). Außerdem ist sie der Liebling des bunten Stieglitzes, auch Distelfink genannt – 15 sah ich vorhin!

Noch ein Gras! Sie sind jetzt der erste Mensch auf Erden und sollen dieses Gras benennen. Ja, es ist ein Rispengras, das verrate ich Ihnen schon mal. Nehmen Sie es in die Hand – was fällt auf? Richtig, es fühlt sich hart an. Aber da ist zudem etwas anderes: Es ist komplett abgeflacht, zusammengedrückt, komprimiert. Trara. Sie sagen es: Es handelt sich hier um das

Platthalm-Rispengras (*Poa compressa*). Es nimmt zu, und je heißer die Umgebung ist, desto besser, denn die nadelartigen Blätter sind der perfekte Trockenschutz. Das Gras hat schöne kleine Rispen. In Städten profitiert es davon, dass die Ampelkreuzungen, Verkehrsinseln und Garagenhöfe nicht mehr wie früher von übereifrigen Stadtpflegekolonnen bis auf den letzten Halm bearbeitet werden. Es darf auch nicht mehr gespritzt werden.

Weithin habe ich Sicht auf die Bahngleise, Bühne frei für den einjährigen, leicht stacheligen **Kompass-Lattich** (*Lactuca serriola*). Er produziert viel weißen Milchsaft. Den Namen «Kompass» hat die Pflanze sich redlich verdient: Sie kann ihre Blätter drehen und nach der Nord-Süd-Achse ausrichten. Überhaupt ist sie bei einer Wuchshöhe von 1,80 Metern äußerst gelenkig. Im Sommer sucht man ab zwölf Uhr mittags die kleinen hellgelben Blüten vergeblich, da haben sie den Laden dicht gemacht – so wie jetzt. Sonnengenuss oder Sonnenschutz, der Kompass-Lattich entscheidet selbst, wonach ihm gerade ist. Das Blatt hat oben und unten jeweils einen gelblich-weißen Mittelstrich. Fassen Sie mal unterm Blatt darüber – wie auf Linie stehen da steife Borstenhaare ab. Nur bei ganz wenigen Pflanzen kann man das erleben. Der Lattich macht unzählige Samen, die weit fliegen können. Jeder Boden, der ein bisschen offen ist, wird heute sogleich okkupiert.

Ah, hier ließ man es sich gutgehen, selbstverständlich mit Rotkäppchen-Sekt, der seinen Ursprung in Sachsen-Anhalt hat, in Freyburg, wo in den Kellereien Flasche für Flasche abgefüllt wird, so erfolgreich, dass die Firma sogar die Marke Mumm aufkaufte. Ja, eine ostdeutsche Erfolgsgeschichte. Und wo ich schon bei Produkten bin, die aus Weintrauben hergestellt werden – vor dem Gebäude «Logistik, Operation und Bordservice des DB Fernverkehrs» fällt ein bläulich-grünliches Gewächs auf. Ein paar silbrige Blätter kräftig zwischen den Fingern zerreiben, und der Kenner wird nickend bestätigen: Das ist **Wermut** (*Artemisia absinthium*). Cinzano, Martini, Noilly Prat – klingelt da was bei Ihnen? All das sind Bittergetränke, in denen der herb-würzige Wermut nicht fehlen darf. Wer's hochprozentiger mag, greift zur Wermutspirituose Absinth. Nur nicht zu viel davon, das verwirrt die Sinne. Vincent van Gogh soll sich im Absinthrausch sein Ohr (oder ein kleines Stückchen davon) abgeschnitten haben. Und besser malen als ich konnte er auch!

In diesem Moment meldet sich mein Handy, da muss ich mal rangehen.

«Feder, hallo? Wer da? ... Tamme Hanken! Mensch, Tamme, ich bin gerade auf dem Güterbahnhof in Leipzig. Ausgerechnet jetzt beim Wermut. Was gibt's? Was, ich soll nach Thüringen, in den Kreis Gotha? Ja, davon hast du mir erzählt! Da soll ich mit, in die Thüringeti? Rinder- und Pferdeweiden bis zum Horizont! Mit Nebelschwaden morgens und genialen Sonnenuntergängen! Super, mach ich, da bin ich dabei. Alles klar. Tschüss.»

Tamme Hanken, der XXL-Ostfriese. Das ist ein Typ – auch ein absoluter Wermut-Fan, in flüssiger Form ... Zusammen konnte man uns gerade vor kurzem in einer Sendung sehen, in der ich auf seinem Hof die Pflanzen bestimmte. Jetzt will er mich auf den Hof eines Kollegen in Thüringen locken. 340 Pferde soll der haben, auf einem Quadratmeter. Was? Tamme hat doch gesagt, 340 Arten auf einem Quadratmeter. Das geht alles gar nicht. Nicht einmal ein Quadratkilometer kann stimmen. Ich glaube, das liegt an diesem dollen Wermut. Der hat ganz kleine gelbe Blüten, hier sind sie erst langsam am Kommen, aber doch schon zu sehen. Ein bisschen von dem wunderbar duftenden silbrigen Laub, dem Edelweiß der Stadt, stecke ich in meine Socken. Nachher wird mir der Geruch herrlich in die Nase steigen. Wie frisch gewaschen. Mit Wermut wurde einst Fleisch eingerieben, um Fliegen fernzuhalten und es so zu desinfizieren. Er wurde weiterhin in Schränke gelegt, um Motten zu vertreiben. Und Hildegard von Bingen, die kräuterkundige Dame und Kirchenlehrerin des Mittelalters, behob mit dem Gewächs Verdauungsprobleme. Ich werde Tamme mal vorschlagen, seine Pferde mit Wermut einzureiben (bei seinen riesigen Händen braucht er nicht allzu lange), denn die werden doch immer massenhaft von Fliegen belästigt. Auf einen Absinth, Tamme! Als die Sendung produziert wurde, zeigte er mir seine Weiden, das Moor, die Gräben, in denen er als Kind gespielt hatte. Und seine selbstgemachten Schnäpse natürlich auch … Die Pflanzen hatte er alle schon mal gesehen, er kannte nur ihre Namen nicht. Ein Haudrauf ist er, aber ein naturverbundener Haudrauf.

Schräg gegenüber dem DB-Gebäude bricht durch Schotter der knöchelhoch wachsende und apart rosafarben blühende **Hasen-Klee** (*Trifolium arvense*). Der Name passt, denn seine Püschel sind weich wie Hasen- und Kaninchenschwänze – nicht von ungefähr heißen diese wiederum «Blumen». Auch mag er es, wenn die Langohren um ihn herumbuddeln. Der Hasen-Klee ist eine gesellige Pflanze, selten, dass man ihn einzeln sieht. Und was liegt noch

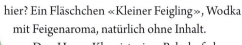

hier? Ein Fläschchen «Kleiner Feigling», Wodka mit Feigenaroma, natürlich ohne Inhalt.

Der Hasen-Klee ist eine Bahnhofs-kann-Pflanze, das **Einjährige Berufkraut** (*Erigeron annuus*) ist es auch. Ehemals war es eine aus Nordamerika stammende Zierpflanze, die verwilderte. Wie das Gänseblümchen (siehe S. 40) hat sie gelbe Röhren- und weiße Strahlenblüten. Sie sieht auch wie ein Gänseblümchen aus, nur thronen die Blütenköpfe auf überkniehohen Stängeln.

Ich kann's kaum glauben, da blüht ja gelb das **Gummikraut** (*Grindelia squarrosa*). Berühren Sie mal die Knospen! Alles klebt danach, die Pflanze hat ein enormes Schutzbedürfnis. Die Knospen werden regelrecht eingeleimt, damit sie bei Hitze nicht verbrennen. Die Blüten dagegen sind total unempfindlich, sie können jede Temperatur ab. Der Schiffsverkehr über den großen Teich hat die Einreise des Gummikrauts in Europa ermöglicht. Eingebürgert ist es bei uns aber wohl noch nicht, es steht sozusagen unter Beobachtung. Einige Schnirkelschnecken mit schwarzen Spiralen auf dem Gehäuse laben sich an der Pflanze. Diese Schnecken sind jedoch so zart, sie richten keinen Schaden an. Die Blätter des Gummikrauts sind ziemlich derb, rund und ein bisschen wellig. Nordamerikanische Ureinwohner brauten einen Tee daraus, der bei Husten, Asthma und Bronchitis gewirkt haben soll. Ein Brei aus den Pflanzen wurde bei Hautentzündungen aufgetragen. Bei uns findet das Kraut Verwendung in der Homöopathie. Erstaunlich ist nur, dass es bei dieser heilenden Vielfalt kaum jemand kennt. In Leipzig ist es für mich das absolute Highlight.

Ich hörte schon davon, habe es aber nie zuvor live gesehen! Jetzt staunen Sie vielleicht, dass Sie das mit mir erleben.

Trotz des Wüstenklimas könnte ich noch ewig weiterflanieren, ständig gibt es Neues zu bestaunen, so auf einer Brache in der Nähe eines alten Ring-Lokschuppens die **Armenische Brombeere** (*Rubus armeniacus*). Eine etwa vier Meter lange Lanze hatte ich mal zu Stefan Raab mitgenommen, um vor Publikum zu demonstrieren, wie sie sich ausbreitet. Dabei habe ich fast einen Flickflack hingelegt, und alle haben sich kaputtgelacht. Na ja, und er fragte mich zweimal, ob das denn nicht in den Händen weh tun würde. Und ob! Aber was macht man nicht alles, um diese doch häufigen Gewächse ins rechte Blickfeld zu rücken. Mit Arbeitsemigranten aus der Türkei, damals noch Gastarbeiter genannt, ist diese Beere in den fünfziger, sechziger Jahren nach Deutschland gekommen. Sie blieb einfach hier, ohne dass sie im Rahmen eines Anwerbeabkommens einen zeitlich begrenzten Arbeitsvertrag unterschrieben hätte. Die Art macht sogenannte Schösslinge, die sich immer wieder einwurzeln müssen. Im zweiten Jahr fruchten und sterben sie. Ist die Verwurzelung geglückt, kann sich ein neuer Schössling bilden. Jetzt esse ich mich an dem einen Strauch aber erst mal satt. Respekt muss man vor ihm wegen der Stacheln haben. Wo die Armenische Brombeere wächst, wächst nichts anderes. Vögel lieben es, in ihr zu nisten. Mit Karacho fliegen sie ins Gestrüpp hinein, ohne sich zu verletzen – das ist eine Leistung!

Nahe bei Gleis 3 des Leipziger Hauptbahnhofs geht es nun über den **Mäuseschwanz-Federschwingel** (*Vulpia myuros*) hinweg. Das ist ein einjähriges Ährengras mit langem Namen, aber nur 50 Zen-

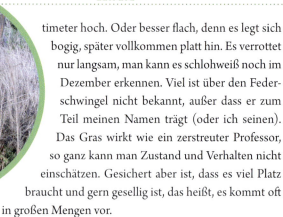

timeter hoch. Oder besser flach, denn es legt sich bogig, später vollkommen platt hin. Es verrottet nur langsam, man kann es schlohweiß noch im Dezember erkennen. Viel ist über den Federschwingel nicht bekannt, außer dass er zum Teil meinen Namen trägt (oder ich seinen). Das Gras wirkt wie ein zerstreuter Professor, so ganz kann man Zustand und Verhalten nicht einschätzen. Gesichert aber ist, dass es viel Platz braucht und gern gesellig ist, das heißt, es kommt oft in großen Mengen vor.

Jetzt drehe ich um. Wie liebe ich die Stadt und die Stadtpflanzen! Ich bin gern in der Natur, aber niemals könnte ich außerhalb der Stadt wohnen. Denn niemals könnte ich auf etwas so Fantastisches wie Eis verzichten. Wenn ich daran jetzt nur denke, vergesse ich fast die Pflanzen! Vielleicht gibt es ja sogar Armenisches Brombeereis, das wäre toll. Aber doch noch mal stopp! An der Parkhausmauer, nur wenige Meter vom Eisparadies entfernt (das ich im Bahnhof vermute), zeigt sich dekorativ und in großen Mengen die **Blutrote Fingerhirse** (*Digitaria sanguinalis*), der Blütenstand kann drei- bis zehnfingrig sein. Das kaffeebraune, sehr aparte Süßgras liebt die Sonne über alles, kein Wunder, es ist auch eine mediterrane Art, ja eine afrikanische Steppen- und Savannenpflanze. Ich bin froh, es entdeckt zu haben, denn nun kennen Sie alle drei Gräsertypen. Noch mal zur Wiederholung: Es gibt Ährengräser, Rispengräser und Fingergräser. Dieses ist Ihr erstes Fingergras! Nicht schlecht für den Anfang.

Und falls es Sie interessiert: Ich habe danach nicht nur eine Kugel Eis gegessen, auch nicht zwei, fünf mussten es sein. Brombeereis war aber doch nicht dabei. Und auch kein Eisenbahnereis – diese Kreation war leider nicht im Angebot. Abends habe ich mich dann in der Parthe gewaschen. Dieser vier Meter breite Bach quert den ganzen Bahnhof, das Wasser war unerwartet klar. Ich habe den Stockenten beim Gründeln zugesehen, Bananen und Kekse gegessen sowie Cola getrunken. Nachts konnte ich dann in meinem engen Auto nicht richtig einschlafen, Vollmond und ständig irgendwelche zwielichtigen Gestalten im Gebiet. Obwohl ich vorher noch mal fast den ganzen Güterbahnhof inspiziert hatte und eigentlich hundemüde sein müsste.

Zwei Tage später hörte ich, dass auf dem weitläufigen Güterbahnhofsgelände kleinere Grufti-Konzerte stattfanden – Leipzig ist eine Hochburg der Szene! Diese Leute nennen sich selbst Anhänger der Gothic-Kultur, auch Dark-Wave. Ausgerechnet an dem Wochenende, wo ich doch – statt ganz in Schwarz – auf Grün und Bunt getrimmt bin. Zwei Welten stießen da aufeinander. Obwohl ich ja zugeben muss – dafür ist dieser alte Bahnhof auch ein goldrichtiger Ort.

Stuttgart

Stuttgart

Botanischer Höhenflug im Höhenpark Killesberg

Mit meinem Škoda fahre ich kreuz und quer durch Stuttgart, immer einem ganz bestimmten Schild nach: «Killesberg» steht da drauf, und da will ich an diesem 21. August hin. Wieder einmal ein Freitag, wieder einmal brüllend heiß. Alle Fenster im Wagen sind offen, bis auf eines, das kaputt ist, leider genau das bei mir, dem Fahrer. Es geht immer höher hinauf, nun verstehe ich auch, warum der beliebte Freizeitpark der Stuttgarter «Höhenpark» genannt wird. Er liegt in luftiger Höhe, zwar nicht kilimandscharohoch, aber eben killeshoch (bis zu 400 Meter über dem Meeresspiegel). Woher der Name «Killesberg» stammt, ist ungewiss, Mutmaßungen gehen in Richtung «Külle», das ist keltisch und bedeutet «Bergnase».

Gesichert sind dagegen die Anfänge des Höhenparks, die mit dem Terrorregime der Hitlerdiktatur verbunden sind. Am 22. April 1939, wenige Monate vor Ausbruch des Zweiten Weltkriegs, wurde hier die Reichsgartenschau eröffnet, dazu gestalteten der Landschaftsarchitekt Hermann Mattern und der Hochbauarchitekt Gerhard Graubner das ehemalige Steinbruchgelände neu. 1941 begann ein besonders dunkles Kapitel des Parks: Von ihm aus wurden Juden in verschiedene Konzentrationslager deportiert. Gedenksteine, so habe ich im Vorfeld gelesen, sollen daran erinnern, und sie sollen auch der Schlusspunkt meiner «Bergtour» sein. 1949 wurde der im Krieg zerstörte Killesberg wieder aufgebaut, und schon ein Jahr später eröffnete Bundespräsident Theodor Heuss hier die erste Deutsche Gartenbauausstellung der noch jungen Bundesrepublik. Gartenbaukunst der dreißiger und fünfziger Jahre erwarten mich also.

Es liegt kaum am Killesberg, aber Stuttgart verbinde ich mit ziemlich rechten Politikern, etwa Kurt Georg Kiesinger, der, bevor er Bundeskanzler wurde (1966–1969), Ministerpräsident von Baden-Württemberg war; dabei hatte er schon 1933 seine Mitgliedschaft in der NSDAP beantragt. Und dann dieser Jurist Filbinger, Hans, auch Ministerpräsident im «Ländle», der in der Nazizeit als Militärrichter der Kriegsmarine an Todesurteilen mitgewirkt hatte. Zum Glück musste er zurücktreten, als dies offenkundig wurde. Wie hatte man nur so lange derartige Leute in der Bundesrepublik decken und durchschleusen können! Aber das sind alles keine Einzelfälle! Städte werden ja mittlerweile häufig von Sozialdemokraten und Grünen regiert. Aktuell ist das in Stuttgart auch so, aber lange Zeit war Stuttgart die Domäne der CDU. Manfred Rommel, Sohn von Generalfeldmarschall Erwin Rommel, dem «Wüstenfuchs», der am 14. Oktober 1944 Suizid begangen hatte, war von 1974 bis 1996 durchgängig Oberbürgermeister in der Landeshauptstadt von Baden-Württemberg. Und langjähriger Vorsitzender des Deutschen Städtetags.

Dann fällt mir zu Stuttgart noch Stammheim ein, die Justizvollzugsanstalt, die wie der Killesberg im Norden der Stadt liegt und durch die Inhaftierung von Mitgliedern der Roten-Armee-Fraktion (RAF) ein weiteres Kapitel dunkle Geschichte schrieb. Ulrike Meinhof erhängte sich hier, Andreas Baader, Gudrun Ensslin und Jan-Carl Raspe wurden in ihren Zellen erschossen aufgefunden. 17 waren wir da und hockten aufgeregt tiefnachts am Radio. Und schnelle Autos werden in Stuttgart gebaut, etwa der Porsche, obwohl Ferdinand Porsche und Hitler wiederum den Grundstein für den VW legten, und schon bin ich wieder mitten im Dritten Reich gelandet. Rein, geradezu mehlweiß, ist aber der Bäckerssohn Jürgen Klinsmann, der gebürtige Göppinger, auch pfeilschnell wie die Autos. Er begann seine

Bundesligakarriere bei den Stuttgarter Kickers. Sein verstorbener Vater Siegfried kaufte sich, als der Bub vierzehn war, eine Bäckerei in der Eltingerstraße in Stuttgart-Botnang. Klinsmann musste erst das Bäckerhandwerk lernen, bevor er Profifußballer werden durfte. Und jahrelang fuhr er mit einem VW Käfer zum Training vor – ja, so war das damals noch.

Ich parke in der Stresemannstraße, nahe Cardiffer Steg, meinem Ausgangspunkt. Erst wenige Schritte bin ich gegangen, da betört mich das hellrosa bis hellviolett blühende **Gewöhnliche Seifenkraut** (*Saponaria officinalis*), ein Rhizome treibendes Nelkengewächs. Und wie bei allen Nelkengewächsen sitzen auch bei ihm die Blätter gegenüber. Das Seifenkraut soll die Menschen schon in der Jungsteinzeit entzückt haben, unklar ist, ab wann man damit die Wäsche «eingeseift» hat, denn die Saponine in der Pflanze (lateinisch *sapo* = Seife) bewirken den schäumenden Effekt. Noch heute benutzen Restaurateure eine Seifenkrautlösung, um historische Textilien oder stoffbezogene Möbel von allerlei Altschmutz zu reinigen. Saponin ist aber auch eine schwach giftige Droge, momentan testet man sie zur Behandlung von Tumoren. Zupfen Sie ein paar von den Blättern ab, im Park gibt es einige Gewässer, da können Sie mit ihnen Ihre Hände waschen – richtige Blasen entstehen dann. Bei Exkursionen mit Schulklassen sind die Kinder davon so begeistert, dass ich erst mal eine halbe Stunde Ruhe habe. Ich kann dann einfach auf einer Bank sitzen und zuschauen, wie der Wind die Blasen auf dem Wasser hin und her bewegt.

«Sie pflücken hier Kornelkirschen?», frage ich eine schwer atmende Frau, die sich abmüht, die roten reifen Früchte des benachbarten Hartriegelstrauchs zu pflücken.

«Ja», pustet und prustet die gewichtige Endfünfzigerin. «Gar nicht so einfach.» Sie hat einen Akzent, er ist schwer einzuordnen. Polin? Tschechin?

«Was machen Sie denn daraus?»

«Marmelade.»

«Eine mühsame Angelegenheit. Die kleinen Früchte haben doch ziemlich große Steine.»

«Aber die Marmelade schmeckt viel besser als jede gekaufte.»

Kein Widerspruch. Ich gebe ihr noch einen Tipp: «Schauen Sie, da, hinter dem kleinen Weinberg, sind noch mehr Büsche. Die sind ganz rot, voll von Kirschen, und die Äste sind in Gesichtshöhe. Da haben Sie es viel leichter.»

«Wo denn?»

Ist die Dame farbenblind? Oder einfach nur zu verdutzt? Ich nehme Letzteres an. Dieses Mal zeige ich mit der Hand Richtung Weinberg, und nachdem sie sich bedankt hat, nimmt sie ihren Eimer und macht sich auf den Weg. «Nein, nicht abbiegen, geradeaus!» Bin ich denn so schwer zu verstehen? Die Kornelkirsche lernen Sie jetzt aber nicht näher kennen, sie hat man hier nämlich vor langer Zeit angepflanzt.

Nun wird es violett, auf dem Hang entfaltet sich zu Tausenden die **Skabiosen-Flockenblume** (*Centaurea scabiosa*). Ihre langfransigen Blüten sehen aus wie kleine Kornblumen, kein Wunder, beide sind miteinander verwandt. Toll sind ebenso die Blätter, sie sind sowohl ganzrandig (unten am Boden) als auch stark geteilt, fiederteilig nennen wir das. Eine richtige Schmuckstaude ist die Flockenblume, eine traumhafte Sommerblume, die auf Kalk und Sommertrockenheit steht.

Im violetten Meer hebt sich mit ihren 1,50 Metern etwas heller die **Saat-Esparsette** (*Onobrychis viciifolia*) hervor, bildschön ist auch sie. Ihre eiförmigen Blüten weisen eine feine, gleichmäßige Strichzeichnung auf. Die Blätter sind leicht blaugrün. Die Esparsette ist ein Schmetterlingsblütler, einst wurde sie gezielt angebaut, und zwar aus zwei Gründen: Zum einen hatte man so Futter für das Vieh, zum anderen pflügte man sie in die Erde ein. Schmetterlingsblütler sind nämlich in der Lage, Stickstoff aus der Luft in bodengebundenen Stickstoff umzuwandeln. Was heißt: Sie ist ein Bodenoptimierer, ein natürlicher Dünger. Das haben Bauern vor zweihundert Jahren schon gewusst, heute haben es aber viele wieder vergessen.

Ich liebe Schmetterlinge, nun komme ich von einem Schmetterlingsblütler zum nächsten, hier an der Südseite des Killesbergs zum **Gewöhnlichen Hornklee** (*Lotus corniculatus*). Er ist eine so liebliche Pflanze, gelb blühend, eine Art, die wie die Esparsette den Boden verbessert. Vorne hat sie ein kleines Schnäuzchen und oben ein Segel. Schmetterlingsblütler sind eine relativ schwierige Pflanzenfamilie, ich geb's zu, doch wenn Sie zehn Jahre nach Pflanzen Ausschau halten, dann haben Sie's drauf, versprochen! Der Hornklee wächst direkt unterhalb der Balustrade, von wo aus die Menschen – oder Sie – die Sonne genießen und ins innerstädtische Neckartal blicken können. Er ist kein echter Klee, denn er hat fünf Teilblätter und keine drei; vorne sind drei und ganz unten am Blattgrund noch zwei weitere, sogenannte Nebenblätter. Daneben hat er recht lange Schötchen, kleine auberginenfarbene Hülsen, vorne mit einem Zipfel versehen. Jeweils fünf Blüten sind wie ein Kranz angeordnet, die Früchte später wie ein Rad. Auf den Blüten wimmelt es von Insekten, ein ordentliches Gesumme ist das, der Hornklee ist heiß begehrt. Auch ein Bläuling flattert heran, ein kleiner Tagfalter, seine blau-metallisch schimmernden Flügel sind hell umrandet. Summer in the city!

«Hey, was machen Sie denn da?» Ein paar Gärtner treten in Erscheinung. «Sie gehen ja ans Seifenkraut!» Ich bin empört.

«Wir machen hier Pflege, und das Kraut muss weg!»

«Nix da, lassen Sie es bloß stehen, es ist so hübsch.»

Die drei Gärtner gucken sich an, dann nicken sie unisono in meine Richtung: «Geht klar, wir schaffen sowieso längst nicht mehr alles.»

Gerettet. Erleichtert atme ich auf. Und das starke Seifenkraut hätte auch nur die Gärtner geschafft!

Weiter geht es den Hang hinauf, am Wartberg, davor stehen Bänke und Sonnenliegen, von hier hat man einen traumhaften Blick auf die Stadt. Die Stuttgarter sind schlau, sie haben an diesem Punkt eine Achse gebildet, eine Grünverbindung mit mehreren kleineren Parks aus der Innenstadt zum Killesberg hinauf. Ich muss an meinen Vater denken, der in Bielefeld Gärten und Parks plante und dazu von Stuttgart inspiriert worden war. Am Morgen habe ich noch mit ihm telefoniert. Er sagte: «In Stuttgart war ich schon als junger Gärtner gewesen, 1950, zur Gartenschau. Faszinierend, wie man es hier geschafft hat, Kaltluftachsen zu gestalten, die bringen frische Luft in die Innenstadt hinein, was für Stuttgart, bekanntermaßen ein Hitzekessel, perfekt war. Das haben die Stuttgarter gut gemacht.» Also, gut gemacht, ihr Stuttgarter.

Der Hang war eine echte Fundgrube, ebenso vielfältig geht es unmittelbar am benachbarten Weinberg weiter, mit seinen sich schon blau färbenden Trauben. Passt ja bestens, blau blüht dort auch der **Gewöhnliche Natternkopf** (*Echium vulgare*), im Volksmund «Blauer Heinrich» genannt. Sie wissen nicht, was ein Blauer Heinrich ist? Wusste ich selbst nicht, musste ich nachgucken: ein Spucknapf für die Tasche aus kobaltblauem Glas, zum Gebrauch für Tuberkulosekranke. Aber warum man diesem Ding den Namen «Blauer Heinrich» gab, darauf hat man bislang keine Antwort gefunden, denn sein Erfinder Ende des 19. Jahrhunderts war ein Peter, Peter Dettweiler. Der Lungenfacharzt machte es zur Auflage, dass sein mobiler Spucknapf billig vertrieben wurde, für eine Mark fünfzig das Stück. Im ersten Jahr macht der Blaue Heinrich, also der Natternkopf, eine Blattrosette, im zweiten Jahr folgt die Blüte, danach stirbt die Pflanze. Aber das kennen Sie ja alles schon. Er muss sich immer wieder neu aussamen, je offener der Boden ist, umso besser für ihn. Zwanzig, dreißig, fünfzig Blüten sitzen am Stängel, sodass es aussieht, als hätte man Luftschlangen aus einer Rolle rausgezogen oder einem diese Party-Papiertröten ins Gesicht geblasen. Wegen der schlangenartigen Blütenköpfe kam man darauf, die «Natter» bei der Namensbezeichnung ins Spiel zu bringen, Züngelzüngchen sind die herausschauenden Staubgefäße. Der Natternkopf ist ziemlich giftig, aber für Menschen besteht keine Gefahr. So etwas Haariges steckt sich doch niemand in den Mund.

«Was suchen Sie denn da?» Zwei Arbeiter schauen gebannt auf ein Stück Boden unmittelbar neben dem Natternkopf, einer fährt mit einem Gerät über die Erde. Das macht mich neugierig.

«Einen Schacht», sagt jener, der allerdings nur zusieht, was sein Kumpel denn da so treibt.

Ich will es mal glauben, oft genug will man auf diese Weise Kaninchen in ihren langen Gängen verorten und vernichten, die ja wie die Weltmeister buddeln und so gärtnerische Leistungen zunichtemachen. Denn diese zweijährigen Arten lieben die Bodenwühler sehr, sie bereiten ihnen sozusagen das Keimbett.

Im nahen Umfeld gedeiht die **Breitblättrige Platterbse** (*Lathyrus latifolius*) in einem durchgeknallten Neonviolett – klar, dass sie an Fürstenhöfen favorisiert wurde, so konnte man sich schon mal optisch an dem königlichen Purpur weiden, wenn man es bislang noch nicht auf den Thron geschafft hatte. Diese Platterbse wurzelt tief und rankt gern an Hecken und Zäunen. Sie macht Hülsen, die aber eher klein sind, sodass sie esstechnisch nicht viel hergeben. Bei der Platterbse sind jedoch nicht nur die Hülsen platt, sondern auch die blaugrauen Blattstiele und Stängel, wobei diese zudem auffallend geflügelt sind. Die Blätter sind bei dieser sich ausbreitenden Art nicht zu übersehen, ganz schön breit. Eine einzige Pflanze kann sogar bis zu drei Meter in die Breite gehen.

In Stuttgart ist heute auch Nelkentag – an der Böschung sonnt sich die häufige **Weiße Lichtnelke** (*Silene latifolia* ssp. *alba*). Morgens waren alle Blüten noch geöffnet, jetzt ist es so heiß, dass sie durch die Bank geschlossen sind. Pflanzen wachsen nicht nur einfach so, stehen blöd rum oder warten aufs Abgefressenwerden. Nein, sie sind schlau, sie reagieren je nach Wetterlage. Selbst ausgeprägte Sonnenanbeter müssen sich vor brütender Sonne schützen. Die Blüten werden sich erst am späteren Nachmittag wieder öffnen, dann verströmen sie einen Duft, der Nachtfalter anlockt. Fünf weiße Blütenblätter zwängen sich aus einem behaarten, zunächst schlanken, später kugelig aufgeblasenen Kelch. Aus einer Kapsel werden braune und sehr leichte Samen verstreut, etwa durch Wind oder vorbeistreunende Tiere. Die unterirdischen Teile der Pflanze enthalten wie das Gewöhnliche Seifenkraut Saponine, sodass man die Weiße Lichtnelke einst auch Weiße Seifenwurz nannte. Mit den Wurzeln konnte man ordentlich mehr oder weniger Kleidsames schrubben. Die Blätter werden nicht gefressen, sie sind behaart, wasserarm und weich. Das ist hier auch dringend notwendig, denn je saftiger eine Pflanze ist, desto eher kann sie austrocknen. Solche Arten nennt man xeromorph, trockenangepasst. Wer weniger transpirieren will, kann vielleicht noch von ihnen lernen.

Gleich nebenan, unterhalb des Aussichtsteleskops, schon wieder eine weiß blühende Nelke, diesmal das **Taubenkropf-Leimkraut** (*Silene vulgaris*). Im Gegensatz zur Weißen Lichtnelke ist es kahl und hat viel kleinere Blüten sowie Blätter. Letztere sind zudem schmaler und leicht bläulich. Traubenkropf wurde die Pflanze genannt, weil ihre Blütenkelche sich aufblasen wie die Kröpfe von Tauben (in denen die Vögel übrigens eine Art Milch für ihre Küken produzieren). Auch in dem Kropf der Nelke geht es um «Nachwuchs», hier werden die leicht grünlichen Samen für die kommende Generation produziert. Von außen weisen die Kröpfe Quer- und Längsstreifen auf, wie ein Minischachbrett. Die Staubgefäße gucken weit aus der Blüte heraus, die fünf Blütenblätter sind leicht fransig. Das Fransige ist ebenfalls eine Strategie, um die Oberfläche zu reduzieren und so Schutz vor starker Hitze zu bieten. Die Kröpfe schweben im leichten Wind hin und her, apart wie kleine Seifenblasen.

Ich will tiefer in den Park dringen, will wissen, wie er jenseits der in das Gelände eingeschnittenen Stresemannstraße aussieht. Das bedeutet, es geht jetzt aufwärts. Über den St.-Helens-Steg – er verbindet den Wartberg mit dem Killesberg (dem größeren Teil der Grünanlage) – erreicht man nun stärker gepflegte Parkbereiche. Wasserspiele setzen sich in Szene, eine Säulenlandschaft kann ich erkennen, und im gegenüberliegenden Gaststättenbereich hat sich in Ritzen roter Plattenflächen der fleischige **Gemüse-Portulak** (*Portulaca oleracea*) dicke gemacht. Sofort beginne ich, davon zu futtern, die sukkulente, wenig trittempfindliche Pflanze hat mehr Vitamine als eine Apfelsine, schmeckt leicht salzig und saftig. Köstlich! Leider ist dieses Wildgemüse in Vergessenheit geraten. In alten Heilbüchern steht, dass er wacklige Zähne wieder fest stehen lässt, auch gegen den «Sod im Magen» fand er reichlich Einsatz. Seine gelben sternförmigen Blüten sind kaum sichtbar, sie verstecken sich in Knospen (kryptogam wird ein solches Verhalten genannt). Der Gemüse-Portulak ist eine typische Großstadtpflanze, eigentlich ein Schmuddelkind an Bordsteinen und in Gossen. Die Eroberung von Pflaster- und Plattenritzen ist seine Lieblingsbeschäftigung.

Zwischen den roten Platten und dem «Stangenwald» aus weißen Steinsäulen, einer architektonischen Skulptur, wie ein Schild informiert, befindet sich ein Rasen. Er sieht aus wie Grünland noch vor hundert Jahren, nicht gedüngt, jedoch kurz gehalten. Letzteres bedingt, dass die Sonne hier alles wegbrennt, was von geringer Ausdauer ist. Schauen Sie selbst, nicht ein einziges Gras wächst hier, dafür aber Wilde Möhre (siehe S. 132), Wiesen-Labkraut (siehe

S. 207), Spitz-Wegerich (siehe S. 58), Gewöhnliche Schafgarbe (siehe S. 231) – und die **Wiesen-Flockenblume** (Centaurea jacea), Ihre zweite Flockenblume an diesem Augusttag! Zum Vergleich: Die Skabiosen-Flockenblume blüht höher und hat Blätter, die geschlitzter sind als die der Wiesen-Flockenblume. Das Blatt der Wiesen-Flockenblume ist eher schlicht und die violette Blüte nicht ganz so dekorativ wie die ihrer Konkurrentin. Wird gedüngt, haut sie ab, Düngerflieher nennen wir solche Gewächse.

Bevor ich mich verliere, mache ich mich an Zierbeeten vorbei hinauf zum Aussichtsturm. Plötzlich dampft, zischt, quietscht und rattert es, das ist die Kleinbahn. Da sind die Dampfloks «Tazzelwurm» und «Springerle» unterwegs sowie die Dieselloks «Blitzschwoab» und «Schwoabapfeil». Der Aussichtsturm ist 43 Meter hoch, schwindelfrei muss man sein, um ganz nach oben zu gelangen. Unter ihm ist Kirmes mit Jahrmarktorgel, wenn das keine Flaniermeile ist. Dicht neben mir hält nun unvermittelt ein Pick-up der Parkgärtnerei.

«Den kenne ich doch!», kiekst die junge Fahrerin mit dichtem Wuschelkopf durch das heruntergelassene Fenster. «Kriege ich ein Autogramm?»

«Klar», sage ich großzügig. «Und ich muss Sie mal loben, der Park ist großartig. Was mich nur wundert – warum werden die Rasenflächen hier unterhalb vom Aussichtsturm so kurz gehalten? Da werden sie doch ganz schnell braun! Oder sind das Ihre Vorgaben?»

«Wissen Sie, ich war gerade drei Wochen im Urlaub …»

«Ist ja auch nicht mehr zu ändern», winke ich ab, «die Arten, die wir sehen wollen, kommen trotzdem. Also, alles Gute noch. Tschüss denn.»

Ich passiere einen Heidegarten mit Glockenheide, Wacholder und Kriech-Weide, er gehörte zu einem Schaugarten, in dem die verschiedenen Landschaften Deutschlands demonstriert wurden. Ausgerechnet hinter der «Lüneburger Heide» öffnet sich der Park, hier hat zu Hunderten der **Mittlere Wegerich** (*Plantago media*) Platz genommen. «Platz genommen» kann man wirklich wörtlich nehmen, ganz platt am Boden anliegende behaarte, sich wie Ochsenzungen anfühlende Blätter lassen niemanden mehr ans Licht. Ein richtiger Tyrann, manchmal mit sogar zehn bis fünfzehn Blättern. Das Blatt geht nur allmählich in den Blattstiel über, beim Großen Wegerich (siehe S. 209) passiert das abrupt. Dabei ist er ungemein attraktiv, mit walzenförmigen Blütenständen und vielen blauvioletten Staubgefäßen, die an der Spitze weiß flirren. Bezaubernd ist das, Schauwirkung pur, das erreicht keine künstliche Applikation! Auch als Heilpflanze ist der Wegerich nicht zu verachten. Zerquetschte Blätter können sofort Insektenstiche und Wunden schneller heilen lassen. Junge Blätter sind als Gemüse zu verwenden, in getrocknetem Zustand dienen sie als Tee gegen Bronchitis, Venenentzündungen und Verstopfung. Die Pharmaindustrie kann auf den großen Medicus unter den Pflanzen nicht verzichten.

Gegenüber dem vorhin angesprochenen «Hausrasen» – ich nenne ihn so, weil er so picobello aussieht – erhebt sich am Hang hinter dem Aussichtsturm die **Prächtige Königskerze** (*Verbascum speciosum*). Ihr Name trifft voll ins Schwarze, sie heißt so, wie sie ausschaut.

Königskerzen gibt es mehrere, diese ist daran zu erkennen, dass sie lange und randlich gewellte Blätter hat, und der Blattgrund läuft am Stängel herab. Nochmals, weil es so toll ist: Der Stängel wird vom eigenen Blattmaterial gegen Hitze und Kälte geschützt, die Pflanze hat sich praktischerweise selbst eingepackt. Wie die Tuareg mit ihren Gewändern in der Sahara. Diese Kerzen sind ganz schön abgebrüht. Die Prächtige Königskerze ist zweijährig, einst wurde sie wohl im Park angepflanzt, jetzt sind alle Pflanzen verwegen hoch (zwei Meter) und total verwildert. Charakteristisch sind noch die kleinen gelben Einzelblüten und die formidablen Blattrosetten für die Kerzen im nächsten Jahr.

«Das ist also eine Königskerze», wirft ein Parkbesucher ein, ich habe den Namen der Pflanze mal wieder laut in die Gegend gerufen, ohne es zu bemerken. «Davon haben wir drei im Garten. Wir wissen nur nicht, wo die herkommen.»

«Vielleicht eingeschleppt mit neuer Erde», versuche ich dem Mann auf die Sprünge zu helfen. «Aber es gibt noch andere Königskerzen, Ihre muss nicht die Prächtige sein.»

«Unsere hat so lange gerade Dinger», wirft die Ehefrau im bunt getupften Sommerkleidchen ein, die anscheinend die genauere Beobachterin von den beiden ist. «Nicht so eine starke Verteilung.»

«Dann ist das nicht die Prächtige Königskerze», behaupte ich mal, «die hier hat den kandelaberartigen Aufbau, das ist ihr Markenzeichen.»

«Ja, und jetzt, wo Sie es sagen, die Blätter von unserer Königskerze sind viel kürzer ...» Der rundliche Mann in Shorts und kariertem Hemd wiegt den Kopf hin und her, als bedauere er es, kein Zentimetermaß bei sich zu haben.

Heute habe ich ja ganz schön viel Ansprache hier in Stuttgart.

In einem königlichen Abstand wagt sich das **Raukenblättrige Greiskraut** (*Senecio erucifolius*) hervor, eine süd- und mitteldeutsche Spezialität, kaum in Siedlungen zu finden. Greiskräuter mögen uns Menschen, denn wir sorgen dafür, dass sie sich ausbreiten. Das Raukenblättrige hat ein sehr hübsches, stark zerteiltes Blatt, es ist oberseits dunkelgrün, unterseits grau. Die vielen kleinen Blütenköpfchen mit Röhren- und Zungenblüten sind dottergelb; der Wuchs ist aufrecht, straff. Im Sommerloch von 2009 gab es mal einen Skandal, der als «Gelbe Gefahr» oder «Rucola-Skandal» durch die Presselandschaft geisterte. Danach hatte eine Hannoveraner Plus-Filiale Rucola-Packungen verkauft, die mit Greiskraut durchmischt waren. Da es leicht giftig ist, musste natürlich ordentlich Panik gemacht werden. Völlig unnötig, denn bei den geringen Mengen war es zu keiner Zeit gesundheitsschädigend.

«Mann, sind Sie nicht ... ?» Ein junger Vater in Jeans und Shirt schiebt einen dunkelblauen Kinderwagen zu mir heran.

«Ja, der bin ich», erkläre ich frank und frei.

«Vor wohl gut einem Jahr hab ich eine Sendung mit Ihnen gesehen, beim SWR ...»

«Wohl die Late-Night-Show mit Pierre M. Krause?»

«Genau. Ich hab die nur zufällig verfolgt, aber es war genial. Top-Sendung. Das Beste seit langem.»

Ich schaue dem frischgebackenen Vater hinterher – und rechne nach. Soso, er verfolgte die Show nur zufällig. War er vielleicht gerade dabei, seinen Nachwuchs zu zeugen? Und wie viele Fernsehsendungen hat der Mann überhaupt beim Südwestfunk gesehen? Nur zwei vielleicht?

Bei allen Zweifeln soll die **Wilde Karde** (*Dipsacus fullonum*) nicht unter den Tisch fallen, mitten im Zierbeet unterhalb des Turms.

In München lernten Sie die Behaarte Karde (siehe S. 73) kennen, nun kommt ihre dicke Schwester. Meine Freundin Steffi hat einen Strauß davon, zehn Stück, das wollte sie sich nicht entgehen lassen. Jetzt trocknet er wie die Liebesgrasgebinde für die Ewigkeit vor sich hin. *Dipsa* ist griechisch und heißt «Durst», denn die Wilde Karde besitzt die Fähigkeit, ihren Durst zu löschen. Hat es geregnet, sammelt sich in den Trichtern der verwachsenen Stängelblätter von ganz allein Wasser, gleich einer Vase. Vögel oder Wanderer können das dann trinken. Leider hat es gerade nicht geregnet, dabei könnte ich glatt einige dieser «Pöttchen» leer süffeln. Selbstverständlich profitiert die Karde auch von dem Wasserreservoir, sie ist eben eine Superschlaue. Die stacheligen Bollerköpfe wurden einst benutzt, um Wolle auszubürsten («kardieren»), heute übernehmen das Maschinen. Nach meinem ersten Buch hatte ich Kontakt mit einem Mann aus Schleswig-Holstein, der sich Karden aus Ungarn schicken lässt, um auf diese traditionelle Weise Wolle auszubürsten. Er besitzt eine Tuchfabrik, ein Familienunternehmen, und meinte, Karden würden sauberer arbeiten als Maschinen. Bevor sie eingesetzt werden, entfernt man die dornigen Hüllblätter. So, das habe ich hier mal gemacht, um in die Karde reinzugucken: sieht aus wie eine Honigwabe, ein riesiges Facettenauge. Die Natur ist schon genial, ihr Eintrittsgeld wert. Die Karde blüht rosafarben, fängt damit in der Mitte mit einem Kranz an, dann, zweigeteilt, wandert jeweils einer weiter nach oben und nach unten.

Nun aber genug vom Zierbeet, zügig geht es durchs «Tal der Rosen» zum ehemaligen Steinbruch. Am Fuße der roten Felswand lugt das **Kriechende Fingerkraut** (*Potentilla reptans*) hervor. Die Pflanze passt zu Stuttgart wie die Faust aufs Auge, da sie überall in der Stadt vorkommt. Das Kraut, ein Rosengewächs, besticht in Rasen, im Grünland, an Straßen und Wegen durch große gelbe Blüten und fünfteilige Blätter – sieht aus wie bei Jugendlichen, die sich abklatschen: Give me five. Diese Blätter können auch penetrant sein, wenn sie den Rasen verdrängen. Ein Tee aus dem Kraut soll gegen Fieber helfen, die Blätter dienten zur Wundbehandlung – damit sind die Heilwirkungen aber schon aufgezählt.

Überall am Steinbruch wuchert gnadenlos die **Robinie** (*Robinia pseudoacacia*), vielleicht ist Ihnen die Bezeichnung «Scheinakazie» geläufiger. Mit Sicherheit hat sich die Robinie mit als Erste im Stein festgesetzt. Der massive Strauch mit seinen dicken Stämmen schlägt überall Wurzeln, da kennt er nichts. Zudem ist er stark mit fiesen Dornen bewehrt. Achtung, da kullert ein Stein herunter, als ich ein wenig am Robiniengeäst zerre. Wahrscheinlich ist der Höhenpark der einzige Park in Deutschland, bei dem tatsächlich vor Steinschlag gewarnt wird. Der Schmetterlingsblütler besänftigt aufsteigenden Unmut durch sein Wüten mit fulminant weißen Blüten, die bis zu 30 Zentimeter traubenartig herabhängen und nach Honig duften. Dies bereits ab einem Alter von etwa acht Jahren, auch gilt die Robinie als unsere wertvollste Bienenweide. In Europa wurde sie als Zierpflanze eingeführt, um Lücken in Parks und Gärten zu schließen. Zuerst 1601 in Paris von einem Gärtner namens Robin. Da hatte er sich aber einen hartholzigen Wüterich eingefangen …

Zwischen einstigem Steinbruch und Hängebrücke ist eine andere Pflanze ebenfalls dabei, alles dicht zu machen, eine Heckenpflanze, die jeder kennt: der **Efeu** (*Hedera helix*). Einst eine Waldpflanze, hat er sich inzwischen zu einem Stadtgewächs entwickelt, ganz allmählich, mit der Guerillataktik – Jahr für Jahr immer nur ein bisschen. Ich kenne einen Studenten, der bekam von seinem Professor die Aufgabe gestellt, im Innenstadtbereich von Braunschweig sämtliche Efeu-Keimlinge ausfindig zu machen. Klar, dass er unzählige registrieren konnte, das Ergebnis war ja zu erwarten. Doch wie kann man sich nur so was ausdenken? Absoluter Nonsens! Dieser arme Mensch hat bestimmt die Freude an der Botanik verloren. Efeu gedeiht trocken wie feucht, auf Kalk genauso gut wie ohne, hält sich in nährstoffreicher Erde wie in nährstoffarmer. Er ist eine Art, die viel mitmacht, eine Art mit vielen Gesichtern. Alte Blätter können ganzrandig sein, die Schattenblätter sind oft hellgrün und rund, die Sonnenblätter meist dunkelgrün und klein. Efeu blüht im Herbst mit gelblich-grünen Blüten, das zieht Bienen und Falter an. Selbst Hornissen habe ich schon des Öfteren gesehen, die sich am Blütenstand gütlich taten. Die wollten gar nicht ablassen, saugten und saugten, bis sie richtig besoffen waren. Und wissen Sie, wer gern die Samen vom Efeu frisst? Tauben, die fliegen geradezu darauf. Die hauen sich fast die Köppe ein, wenn sie sich auf die Samen stürzen. Eins kann man dem Efeu aber wirklich zugutehalten: Er ist durchgehend grün und hat eine hübsche Musterung. Ja, eigentlich mag ich Efeu …

Beschattet wird er von der **Hainbuche** (*Carpinus betulus*), einem häufigen Stadtbaum, der wie Ahorn, Esche und Robinie in Städten stark versamt. Die Hainbuche stellt hohe Ansprüche an den Boden, doch wenn es sein muss, akzeptiert sie auch das, was da ist. Wo sie steht, ist der Boden gut ackerfähig, da kann man Weizen oder Zuckerrüben anbauen. Was in der Stadt aber kaum jemanden interessieren wird. Was den Baum auszeichnet, ist seine charakteristische Rinde. Leicht weiß gestreift, ganz überwiegend von oben nach unten. Da der Wuchs so verdreht ist, prägte man den Ausdruck «hanebüchen». Ihn verwendet man, wenn etwas so verrückt ist, dass einem buchstäblich die Haare zu Berge stehen. Botaniker sagen: «Der Baum macht Drehbuch.» Und weil er so verdreht ist, kann man aus dem harten Holz keine großartigen Schränke machen, es reicht nur für Besenstiele, Kochlöffel, Brettchen, Schachfiguren, Spaten und sonstige Kleingeräte. Die Hainbuchen hier im Park haben mal wieder unglaublich viele Früchte, immer zwanzig, dreißig hängen übereinander. Die einzelnen kompakten Früchte sehen aus wie die kleinen, versetzten und bunt gebündelten Schokoladentäfelchen, die in manchem Weihnachtsbaum hängen. Früher gab es nur alle sieben Jahre ein sogenanntes Mastjahr, ein Jahr mit überdurchschnittlicher Fruktifikation – ach, auch nicht besser, also ein Jahr mit besonders hoher Samenproduktion. Jetzt hat man alljährlich einen Fruchtansturm, besser einen Fruchtanfall, man merkt's auch an aufs Autodach niederprasselnden Eicheln. Verleugnet jemand noch immer die Klimaveränderung, kann ich nur entgegnen: «Da hast du aber keine Ahnung, allein an einer Hainbuche ist er zu erkennen. Es ist seit Jahren schon so lange warm, jedes Jahr ist sie voller Früchte!» Das Gehölz ist, ähnlich wie die Robinie, ausschlagfreudig, es macht richtige Büsche. In Vorzeiten ging man immer «in die Büsche», das war die richtige Formulierung, denn eine Hochwaldkultur haben wir erst heute, einst gab es nur eine Mittel- und Niederwaldnutzung. Oh, ein Kleiber mit seinem kurzen Kopf und ebenso kurzen Schwanz, er ist der einzige Vogel, der an Baumstämmen von oben nach unten läuft. Stets hat er gute Laune, das ganze Jahr über gibt er Töne von sich. Ich liebe seine Glücksrufe. Wenige nehmen ihn wahr, weil er nicht so richtig singen kann, sehr oft ist nur sein durchdringendes Duit-duit-duit zu hören.

Weiter geht es am Ex-Steinbruch entlang, Richtung Süden, ein orangefarbener Dukatenfalter tänzelt vor mir her. Pflanzen halten still, wenn ich sie fotografieren will, die bewegen sich nicht unberechenbar in der Gegend herum. Was habe ich mich dieses Jahr nicht schon wieder abgemüht beim Fotografieren von Blindschleichen, Faltern, Fröschen, Käfern und Schlangen, nur Weinbergschnecken bekomme ich wunderbar erfasst! Und dann traue ich meinen Augen kaum, unter einer weiteren Hainbuche wächst das **Alpen-Hexenkraut** (*Circaea alpina*). Nicht zu fassen, die Alpen in Stuttgart im alten Steinbruch, das ist ein Witz, ein Kuriosum. Ich habe es hier überhaupt nicht erwartet, da es partout keine Stadtpflanze ist. Zwar kommt es entgegen seinem Namen nicht nur in den Alpen vor, so mag es auch vorzugsweise Quellbäche und feuchte Wälder – doch hier ist es definitiv nicht feucht oder gar nass. Seit bestimmt drei Jahren habe ich es nicht mehr gesehen, in einer Stadt sowieso noch nie! Es gedeiht hier im Schatten sogar in Hülle und Fülle, mindestens fünfhundert Pflanzen zähle ich. Das weiß, selten blassrosa blühende Kraut, ein Nachtkerzengewächs, gilt als Zauberpflanze. Die lateinische Benennung *Circaea* ist an die griechische Zauberin Circe angelehnt, es soll einst eine fesselnde Wirkung auf Männer ausgeübt, sie bezirzt haben, mich bezirzen Hexenkräuter immer!

Hinter der Hainbuche, in der Felswand – das ist ja der Kracher, eine weitere Überraschung, denn hier hält sich der sommergrüne **Ruprechtsfarn** (*Gymnocarpium robertianum*). Sogar zwei Exemplare, am Felsen, genau in Augenhöhe, eine stadtbotanische Sternstunde in Stuttgart! Er ist einer unserer schönsten Farne. Den müssen Sie sich unbedingt genau anschauen! Wie gleichmäßig der aufgebaut ist, dreiteilig, wobei der mittlere Wedel ein wenig größer ist als die beiden seitlichen. Und äußerst selten ist er in Städten, da er es gern sauer mag, auch möglichst kaum Nährstoffe, also noch ein Nährstoffflüchter. Erst mit 38 habe ich den Ruprechtsfarn zum allerersten Mal gesehen, in Goslar, mit deutlich mickrigeren Exemplaren. Trotzdem bin ich damals in dem Quadrant vor Freude im Quadrat gesprungen.

Dort, wo der Steinbruch Richtung Süden aufhört, treibt sich die **Zaun-Wicke** (*Vicia sepium*) herum. Sehe ich sie auf Exkursionen, sage ich immer: «Das ist unsere schmutzige Wicke», was insofern stimmt, als Botaniker ihre Blütenfarbe als «schmutzig rot-violett» festgelegt haben. Die Wicke wächst bis zu 60 Zentimeter hoch, sie hat verhältnismäßig große Teilblättchen, die unten breit sind und nach oben hin schmal werden – ein bisschen wie ein Dolch. Sie ist zweifellos attraktiv und hat einen hohen Futterwert. Manchmal sind die Blüten regelrecht durchlöchert: Erdhummeln beißen sich da durch, denn nur so können sie den Nektar der Wicke rauben. Der Weg über die Kronenblätter ist ihnen zu eng.

Eine Nachbarin der Wicke, mehr oben und in rasiger Hanglage, ist die weiß, manchmal auch blassrosa blühende **Kleine Bibernelle**

(*Pimpinella saxifraga*). Sie riecht aromatisch, hinterlässt auf der Zunge aber einen leicht bitteren, brennenden Nachgeschmack. Die Bibernelle galt schon seit Frühzeiten als medizinisches Wundergewächs, so hieß es im Mittelalter: «Esset Baldrian und Bibernell, dann sterbet ihr auch nicht so schnell.» Noch heute befürwortet das Bundesinstitut für Arzneimittel und Medizinprodukte die Anwendung der Bibernellwurzel «bei Katarrhen der oberen Luftwege». Da randliche Doldenblüten leicht ausufern, wurde die Pflanze aber im Volksmund missbraucht: «Mamsell Bimpernell» wurden verächtlich jene Frauen genannt, die gemeinhin als «dicke Weibspersonen» galten. Die dunkelgrünen Blätter der Bibernelle – die Dunkelfärbung ist von Vorteil für im Licht exponierte Pflanzen – sind wie Wundertüten: am Grund unpaarig gefiedert und scharf gesägt, an den Stängeln stark fiederteilig zerteilt – Heterophyllie ist dafür der Fachbegriff. Hier im lückigen Rasen am voll besonnten Steilhang kann diese Art ihre Stärken ausspielen und ihre Samen rundum gut platzieren. Läuft alles optimal, mit etwas Kalk und nicht gar zu trocken, wird sie kniehoch.

Über großzügige Anlagen wandere ich schnellen Schrittes weiter, mein Ziel ist die «Grüne Fuge», ein neueres Parkgelände. Doch bevor ich es erreiche, entdecke ich im «Bähnle»-Bereich, an der Kurve, wo sie in den Park hineinfährt, noch den **Wiesen-Salbei** (*Salvia pratensis*) mit seinen entzückenden himmelblauen bis fast violetten Blüten in kerzenartigen Trauben (bis 80 Zentimeter hoch). Den hatte ich die ganze Zeit im Sinn, denn ich weiß, dass dieser Lippenblütler in Stuttgart recht häufig ist. Er hat so schöne weiche Blätter, dunkelgrün bis graugrün, ein bisschen runzelig fühlen sie sich an. Und wie der riecht, einfach sensationell! Jeder kennt doch Salbei! Als Küchengewürz oder als Mittel gegen Halsschmerzen. Gurgeln Sie mal mit Salbeiwasser, das hilft garantiert. Wieso liegen hier Schottersteine im Rasen herum? Wer hat die bloß hingeschmissen? Das macht doch die Mäher kaputt, die müssen schnell wieder zurück zum «Schwoabapfeil». Und so hatte man übrigens auch Jürgen Klinsmann genannt: «der blonde Schwabenpfeil».

Das soll also die «Grüne Fuge» sein? Wer hat denn so was ausbaldowert? Sieht ja aus wie ein Joggingparcours, eine Riesen-Minigolfanlage oder überdimensioniert wie früher die Flippergeräte in dunklen Diskoecken. Immerhin, da links ist ein Teich, er sieht ganz naturnah aus. Eine Teichhuhn-Mama beargwöhnt mich misstrauisch, als ich ihre kleinen puscheligen Küken fotografieren will. Eines der Puschel kriegt auch eine mit dem mütterlichen Schnabel gewischt, eine Zurechtweisung, so zutraulich soll man sich den menschlichen Zweibeinern nicht nähern. Dann eben nicht, und so wende ich mich lieber dem **Schilf** (*Phragmites australis*) zu. Schilf ist ein Süßgras, es wurzelt bis drei Meter tief und wird selbst vier Meter hoch. Unser stärkstes Gras auf feuchten bis nassen Flächen, an Gräben, im Wald, in und an Gewässern. Nicht überall sehe ich es gern, denn als Drängler lässt das Schilf hemmungslos wertvolle Feuchtbiotope zuwachsen, wenn es nicht immer wieder abgemäht wird. Manch unterbelichtete Naturschutzbehörde ist aber dagegen. Doch was soll man dagegen haben, wenn altes Gestrüpp runterkommt und auf diese Weise eine Verjüngung stattfindet, bei der auch Sumpfdotter- und Schwanenblumen noch eine Chance haben? Nicht zu begreifen dieser Heckmeck. Zumal es einige Menschen gibt, die mit dem Schilf in Form von Reet tolle Dächer decken wollen. Sie haben keinen Rohstoff und müssen sich das teure Naturmaterial aus Lettland, Estland oder Polen holen. Keine andere Art kann dem Schilf das Wasser reichen. Es ist die stärkste Pflanze auf nassen und feuchten Standorten. Das Einzige, was Schilf nicht abkann, ist Wellenschlag. Ist der Bootsverkehr auf Gewässern zu heftig, in Kombination mit zu hoher landwirtschaftlicher Nährstoffanreicherung, verkümmern die Schilfgürtel. Dennoch: Schilf wächst nicht gerade auf der Zugspitze oder in Trockenheiden, aber ansonsten haben wir hierzulande Schilf satt. Sogar als Stadtpflanze tritt es hin und wieder in Erscheinung, auf dem Mittelstreifen von Stadtautobahnen. Ich mag es wegen seiner Rispen, dieses schwarze Anblühen ist einfach großartig. Und im Herbst – ja, das Schilf ist ein Gras mit Herbstfärbung – wird es zitronig bis goldgelb. Gelbe Farbgirlanden vor dem anstehenden Winter.

Auf einem Rasenkissen schräg gegenüber, im unteren Bereich dieser sündhaft teuren, aber letztlich trostlosen Neuanlage, prunkt in ansonsten karger Umgebung die **Weg-Malve** (*Malva neglecta*). Sie wird auch Gänse-Malve genannt, einst eine Art der Kleintierweiden, heute eine aufstrebene Stadtpflanze.

Die lange blühenden hellrosa Blüten haben dunkelrosa Streifen, das Blütenblatt ist oben ein bisschen vertieft, «ausgerandet». Eine Offenbarung auch die niedlichen Fruchtstände. Die sehen aus wie kleine Törtchen, die in etwa fünfzehn Segmente, Tortenstückchen gleich, aufgeteilt sind. Aus den Früchten hat man früher einen nahrhaften Malvenbrei gekocht. Schaut man sich diese kleinen Früchte an, ahnen Sie sofort, dass man eine ganze Menge von diesem

Energiebündel zusammentragen musste für nur eine Mahlzeit. Der Brei schmeckt nussig und nach Käse. Junge Blätter der Malve lassen sich für Salate verwenden. Und Heilwirkung haben sie auch noch, etwa bei Magengeschwüren.

Noch einmal blicke ich über die «Fuge», ein Schild bei den Gedenksteinen klärt mich über die Deportationen württembergischer Juden auf, die es hier, vom im Herbst 1941 eingerichteten Sammellager in den Ausstellungshallen der Gartenschau, gegeben hat. Drei Deportationswellen werden hervorgehoben, und direkt daneben wurde in den Anlagen des Volksgartens gefeiert. Furchtbar. Die erste Welle war am 1. Dezember 1941, rund tausend Männer, Frauen und Kinder wurden ins temporäre Konzentrationslager Jungfernhof nahe Riga verschleppt, getarnt als Umsiedlung. Am 26. April 1942 erfolgte die nächste mit 276 Personen vom Nordbahnhof ins polnische Transit-Ghetto Izbica bei Lublin. Ich muss schlucken, denn ich lese, dass genau an diesem Tag die Parksaison eröffnet wurde, mit Blumenschauen, Konzerten und Theateraufführungen – parallel zur Zugabfahrt. Das schönste Fest des Jahres. Unfassbar, wie nah Vergnügen und Vernichtung damals zusammengelegt wurden. Die dritte Deportationswelle erfolgte ins KZ nach Theresienstadt, wieder über tausend Menschen. Was gab es da für Ängste, für Nöte! Das Grauen war mitten in den Großstädten, wer das nicht gesehen haben mag, der hat es einfach nur verdrängt und weggesehen! Hainbuche, Mittlerer Wegerich, Weg-Warte und Wiesen-Salbei kennen es nicht. Ich wusste das vorher aber auch nicht! Nur gut, dass darüber heute so ausführlich Auskunft gegeben wird, genau an dieser Stelle – bravo, Stuttgart!

8 Essen

Essen

Auf dem Gelände des Welterbes
«Zeche Zollverein»

Da stehe ich nun unter meinem roten Schirm mit großen weißen Punkten (natürlich der beste meiner Freundin Steffi, damit ich mich nicht schämen muss) und bin trotz des Schirms und der grasgrünen Gummistiefel platschnass. Seit zwei Stunden laufe ich kreuz und quer über das Gelände der Zeche Zollverein, eines UNESCO-Welterbes, im uddeligen Norden von Essen. Weltweit war sie einst die größte Steinkohlenzeche, dazu Europas größte Kokerei. Als dann 1993 alles endgültig stillgelegt wurde, wurden die Schachtanlagen XII und 1/2/8 (und nicht 0/8/15) ein bekanntes Industriedenkmal. Da das alte Zechengelände ziemlich weitläufig ist, musste ich mir erst einmal einen Überblick verschaffen – hier bin ich nämlich noch nie gewesen!

Wie das heute gallert! Noch schlimmer als in Düsseldorf, meiner ersten Station in Nordrhein-Westfalen. Steffis hübscher Schirm schützt auch nur bedingt, denn das Nass wird vom Wind seitlich herangepeitscht. Ich schüttle mich wie ein nasser Hund. Aufgrund des miesen Wetters sind auch nur sehr wenige Leute unterwegs, zumindest draußen. Es ist der 1. September, meteorologischer Herbstanfang. Letzteres ist mir piepegal, Hauptsache, alle Pflanzen zeigen sich noch prächtig in Bunt und Grün. Außerdem kann ich so einer meiner Lieblingsbeschäftigungen nachgehen, unbemerkt: dem Klettern über hohe Zäune – ganz gleich, ob mit einer Krone aus Stacheldraht oder eben ohne (was zugegebenermaßen einfacher ist).

Start ist am 55 Meter hohen Doppelbockfördergerüst, der optische

Mittelpunkt der einstigen Zeche wird gern «Eiffelturm des Ruhrgebiets» genannt. Mitte des 19. Jahrhunderts begann hier alles, und zwar mit dem Industriellen Franz Haniel, von dem die Kumpel damals nur als «Hani» sprachen. Auf dem Gelände von Schacht 1/2/8 produzierte Hani den neuen Brennstoff Koks, nicht zu verwechseln mit diesem rauscherzeugenden «Schnee». Direkt an der Bahnstrecke zwischen Köln und Minden, wodurch An- und Abtransport von Materialien zur Zeche gewährleistet waren. Um 1930 wurde dann alles umstrukturiert, moderner, so entstand die Schachtanlage XII. Fortan wurden hier täglich bis zu 13 000 Tonnen verwertbare Kohle gefördert, mit Hilfe von rund 6500 Bergleuten.

Das Doppelfördergerüst, so lese ich, «thront über dem bis zu 1040 Meter tiefen Schacht und weist auf die Zentralisierung aller Arbeitsabläufe hin. Neben der reinen Förderung wurden hier auch die Trennung von Kohle und Bergen, die Kohlewäsche und die zum Abbau benötigte Drucklufterzeugung abgewickelt. Um das Fördergerüst gliedern sich die dafür erforderlichen Gebäude in axialer Ausrichtung.» So kann man auch eine zentral gesteuerte Anlage beschreiben. Den Zweiten Weltkrieg hat die Zeche erstaunlicherweise recht unbeschadet überstanden. Erst die spätere Stahlkrise mit rückläufiger Nachfrage nach Koks bedeutete dann das Aus.

Meine Gummistiefel habe ich umgekrempelt. Die Socken sollen zwar schön trocken bleiben, aber die Stiefeloberkanten schaben mit der Zeit meine Beine blutig. Da mag ich doch das Rot von Klatsch-Mohn, Weidenröschen oder Blut-Weiderich entschieden lieber. Beim Umklappen des Gummis fällt mir ein, dass Essen früher – ich lebte als Junge ja mit meinen Eltern in Bielefeld – immer die größte Stadt im Ruhrgebiet war. In den sechziger, siebziger Jahren hatte Essen weit über 700 000 Einwohner, heute sind es nur noch rund 570 000. Erdkunde war immer mein Lieblingsfach, noch weit vor Biologie!

Der Essener Norden gibt richtig was her, hier begann zum Beispiel die Aldi-Ära. Im Stadtteil Schonnebeck steht noch heute der erste Tante-Emma-Laden, den 1913 der alte Karl Albrecht mit seiner Frau Anna eröffnete. Die beiden Söhne des Brothändlerpaares, Karl und Theo, sorgten dann für den absoluten Siegeszug der Marke. Apropos Siegeszug – hier im Essener Industrieorden ist auch der Fußballclub Rot-Weiß Essen zu Hause, der Etepetete-Verein Schwarz-Weiß Essen ist im vornehmeren Süden der Stadt beheimatet. Von allen nur RWE genannt, ging Rot-Weiß Essen 1923 aus dem Zusammenschluss mehrerer kleiner Vereine hervor. Mein Herz schlägt ja für Blau-Weiß (Arminia Bielefeld), aber dieses Essener Vereinswappen hat mich schon immer fasziniert. Wie die da die großen drei Buchstaben in den roten Ring reinpressten, ein Kunstwerk! Mario Basler, Dieter Bast, Manni Burgsmüller, Diethelm Ferner (später auch Trainer), Horst Hrubesch, Frank Mill und Otto Rehhagel waren hier bekannte Fußballer. «Fußballer des Ruhrgebiets» war aber klar Helmut Rahn, der «Boss», Sprössling einer Bergarbeiterfamilie. Der «Held von Bern» schoss Deutschland 1954 zum Sieg und damit zum Weltmeistertitel: «Kopfball abgewehrt. Aus dem Hintergrund müsste Rahn schießen, Rahn schießt, Tor, Tooooor» – unvergessen!

Neben dem trinkfreudigen Rahn gab es auch noch Willi Lippens, den alle nur «Ente» nannten, das war mein Idol. Ein Niederländer, der so watschelte, dass er diesen Spitznamen bekam. «Ente» war ein Superdribbler. Bis heute RWEs Rekordspieler und Rekordtorschütze – mit 233 Treffern liegt er weit vor den anderen, ein Rekord für die Ewigkeit. Und er inszenierte seinen Hintern. Auf der Bielefelder Alm ließ er einmal direkt an der Eckfahne, vor der Haupttribüne, gefühlte fünf Minuten niemanden an sich und den Ball ran – dafür gab's Szenenapplaus der Bielefelder! Er war als Fußballer ein echter Showman und so frech, das gibt es heute längst nicht mehr. «Ente» sagte einmal zu Bayern-Keeper Sepp Maier, auch so ein Clown: «Spiel mir doch einfach mal beim Abschlag den Ball zu, und ich flanke ihn dir zurück.» Machte Maier aber nicht, das war ihm doch zu mulmig. Als Lippens 1978 in die USA wechselte, sagte er, er tue das nur deshalb, «weil ich meinen Onkel Donald Duck besuchen möchte». Überliefert ist von ihm auch ein Dialog mit einem Schiedsrichter. Schiri: «Ich verwarne Ihnen!», Ente: «Ich danke Sie!» Wofür er dann die Rote Karte bekam, eher hätte man ihm dafür doch den Aachener Preis «Wider den tierischen Ernst» verleihen sollen.

«Ente» – ich vergesse den nie. Vor so zehn Jahren gab er dem *Spiegel* mal ein Interview, ich las das beim Zahnarzt, da sagte er sinngemäß: «Mich kotzt der Bundesliga-Fußball von heute so an. Wie die Spieler da mit der Faust auf ihr Vereinswappen schlagen, und einen Monat später sind sie schon bei einem anderen Verein.» Er sei so froh, als Fußballer in den sechziger und siebziger Jahren gelebt zu haben und nicht heute. Klar, schon damals spielte man auch nicht mehr nur für 'ne Bochumer Schlemmerplatte (Currywurst mit Pommes). Recht hatte/hat der Mann allemal, wie hat sich der Fußball von heute doch von seinen vielen Fans entfernt!

Bei diesen Regenmassen erinnere ich mich auch an den Besuch meiner Mittelstufenklasse bei der Wetterstation Essen. Dort erfuhr ich vom regenreichsten Ort der Erde: Cherrapunji. Cherrapunji liegt im indischen Bundesstaat Meghalaya, da beträgt der durchschnittliche Jahresniederschlag etwa 12 000 mm. Da regnet es fast jeden Tag, bedingt durch den steten Monsunregen vom Indischen Ozean, gestaut dann vorm Himalaja. Mich hat das als Jugendlicher fasziniert, ich hatte gedacht, am Äquator würde es am meisten regnen. Und Bielefeld galt auch nicht gerade als regenarme Stadt, hier kamen jährlich über 800 mm zusammen. Aber im Vergleich zu Cherrapunji war das ein Klacks, ein Ort der Dürre. Solche Balkendiagramme liebe ich noch heute, ich bin Fan von Pflanzen, RWE und von Balkendiagrammen – in dieser Reihenfolge.

Jetzt nun endlich zu den Gewächsen. Überall riesige Pfützen.

Heute ist wohl der regenreichste Tag in diesem Jahr in Essen. Das alte Zechengelände ist wirklich grandios, ein pflanzliches Utopia, so richtig gerne will ich aber nicht raus ins Nass, Sie merken es schon …

Zwischen den Gleisen und den einstigen Lagerflächen siedeln Pflanzen en masse, hoffentlich überlegt man es sich in zwanzig Jahren nicht anders und fasst gestylte Rasen und gepflegte Gehölzbestände ins Auge. Sukzession nennen wir den ungehinderten Fortgang von einjährigen, störunempfindlichen Arten bis hin zum Wald aus Birke, Zitter-Pappel und Robinie – wie hier in allen Phasen noch gut zu beobachten. Der Rundkurs beginnt zwischen «Eiffelturm» und Ruhr Museum, es geht jetzt im Uhrzeigersinn vorwärts.

Zum Beispiel ist da der **Chinesische Schmetterlingsstrauch** (*Buddleja davidii*), auch Sommerflieder genannt. Das Ruhrgebiet ist die deutsche Wiege des Sommerflieders, von Dortmund bis Duisburg ist er auf allen Bahnhöfen und Brachen in Mengen zu sehen. Stutzt man ihn, so macht ihm das nichts aus, im nächsten Jahr wächst er wieder seine drei Meter. Eingeführt wurde der Strauch als Zierpflanze, er gefiel, weil er schon als Jungpflanze wunderbar violett blüht – manchmal bis Anfang Oktober. Viele Gehölze brauchen fünf bis acht Jahre als Startkapital, bevor sie zu blühen anfangen, der Schmetterlingsstrauch zeigt schon nach einem Jahr lampenputzerartige Blütenstände. Nicht nur für mich ist er ein Magnet, auch wird er innig geliebt von Bienen, Hummeln und Schmetterlingen wie Admiral, Kleiner Fuchs und Tagpfauenauge.

Im Zechen-Dschungel leuchtet im Spätsommer auch der schmucke **Wasserdost** (*Eupatorium cannabinum*); *cannabinum* wegen der an Hanf (Cannabis) erinnernden Blätter. Richtig galant sehen die schirmchenförmigen rosaroten Blütenstände aus. Die Schmetterlinge haben es hier wirklich gut, vom Sommerflieder gleich rüber zum Wasserdost! Er ist selbst vom fahrenden Auto aus, ach nee, was sag ich da, selbst vom Hubschrauber aus gut zu erkennen. Eine Augenweide. Und ganz ausgezeichnet sind seine Schweißtreiber-Qualitäten. Fühlt man sich schlapp, schmerzen die Glieder, droht eine Erkältung oder ein grippaler Infekt, dann lässt sich mit Wasserdost das Immunsystem aufpeppen. Und wenn Sie mir nicht vertrauen, dann fragen Sie mal Ihren Arzt oder Apotheker.

Hallo, da ist ja endlich auch die **Riesen-Goldrute** (*Solidago gigantea*) – sie leuchtet so hemmungslos gelb und bis zu 1,80 Meter hoch. Die Kanadische Goldrute haben Sie ja bereits in Leipzig kennengelernt (siehe S. 131). Erinnern Sie sich noch an die Eselsbrücke? Riesen-Goldrute: kein a im Namen, also unbehaart. Die Goldrute ist eine Sonnenanbeterin, aber auch Halbschatten steckt sie locker weg. Sie macht Ausläufer, dagegen ist kein Kraut gewachsen.

Wieso muss mir denn das gerade jetzt einfallen? Der Münte, also der Franz Müntefering, hat hier, in der Zeche Zollverein, 2009 seiner Genossin Michelle Schumann das Jawort gegeben. Münte war da neunundsechzig, Michelle neunundzwanzig. Leider heirateten sie erst im Dezember, sonst hätte das strahlende Gelb der bis 1,20 Meter hohen **Täuschenden Nachtkerze** (*Oenothera fallax*) die feierliche Angelegenheit noch mehr aufgehellt.

Etwa zweihundert Stück sind hier vor dem Ruhr Museum versammelt. Die ursprüngliche Heimat der Nachtkerzen waren die USA; seit sie in Europa sind, bilden sich völlig neue Arten aus, die mit denen aus den Vereinigten Staaten nichts Gemeinsames mehr haben. Inzwischen haben sich so siebzig verschiedene Nachtkerzen in Deutschland etabliert, die Täuschende Nachtkerze ist darunter jene, der man am häufigsten begegnet. Es gibt richtige *Oenothera*-Spezialisten, ich selbst gehöre diesem wissenschaftlichen Zirkel noch nicht wirklich an. Immer wieder werden neue Arten festgestellt, richtig spannend ist das. Die zweijährige Täuschende Nachtkerze ist jedenfalls an relativ kleinen Blüten und immer roten Kelchblättern zu erkennen – obwohl: Bei der Rotkelchigen Nachtkerze sind sie noch röter. Deshalb heißt die Täuschende Nachtkerze ja auch Täuschende, weil sie ihre große Schwester zu imitieren scheint. Aber ich will Sie jetzt nicht weiter verwirren. «Nachtkerze» heißt die Pflanze übrigens, weil sie bei starkem Sonnenschein erst in der Abenddämmerung aufgeht. Münte hatte da schon längst «ja» gesagt, zum dritten Mal, selbst wenn er im Sommer geheiratet hätte. So ein Schietwetter macht den Nachtkerzen nichts aus, ganz im Gegenteil: Sieben-Tage-Regenwetterkerze, Grau-und-düster-Kerze oder Gerade-dann-funkele-ich-Kerze wären passende Namen. Wohl ein kleiner Flirt, was? Aus den Samen der Nachtkerze wird ein Öl gewonnen, das, äußerlich aufgetragen, Hautentzündungen behebt, Pharmakonzerne verwenden es bei Hormonstörungen, Schuppenflechte, Gelenkserkrankungen, Pollenallergie sowie einem zu hohen Cholesterinspiegel. Und was hatte ich von Tamme Hanken, dem ostfriesischen «Knochenbrecher», erfahren: «Nachtkerzenöl ist Tiermedizin.» Inzwischen hatten Tamme und ich uns nämlich in Thüringen getroffen. Erst dachte ich, er erzählt dem dortigen Bauern was vom Pferd, aber es stimmt: Pferde springen besser, wenn man ihnen Nachtkerzenöl ins Futter gibt, und bei äußerlicher Anwendung hilft es gegen Parasiten.

Tamme und ich sahen uns in Begleitung eines Fernsehteams das Gelände dieses Bauern an – 25 Quadratkilometer, direkt gekauft nach der Wende. Sah aus wie in der Serengeti, weshalb es auch Thüringeti genannt wird. Der Mann ist ein Rinder-, Lama- und Pferdezüchter, und zwischen seinen Tieren hatten wir nach Pflanzen geguckt. Gleich am ersten Abend musste ich ein paar Schnäpschen und Bierchen trinken. Das ging bis halb zwei Uhr nachts, und am nächsten Morgen um sechs wurde mit Drehen begonnen. Um die neblige Morgenstimmung einzufangen und wie die Sonne über dem Thüringer Wald rauskommt. Diese Landwirte kennen nichts, die sind ganz hart im Nehmen. Ein toller Ausflug. Ich war der Grüne unter den Pferdespontis und habe den anderen richtig was zeigen können. Nur solche Nachtkerzen gab es da nirgends.

Wie großartig sind die vielen Stahlträger und Schächte, dazwischen platzt in diesem eigentlich lebensfeindlichen Umfeld die Vegetation nur so aus dem Schotter heraus. Darunter noch eine Kerze, dieses Mal eine Königskerze, die **Windblumen-Königskerze** (*Verbascum phlomoides*). Wie alle anderen Königskerzen zieht es die zweijährige Windblumen-Königskerze in die Städte, wobei sie sich im Urbanen am wackersten schlägt. Das Blatt läuft bei ihr nicht von einem zum nächsten, das heißt, die Stängel sind zwischen den Blättern völlig frei. Im Gegensatz zu anderen Königskerzen, bei denen die Stängel flügelartig bewachsen werden. Die großen gelben Blüten sind ein Traum, innen verzücken zudem orangefarbene Staubgefäße. Die Pflanze ist ein sogenannter Wintersteher, die Samen bleiben recht lange in ihr. Das verzögerte Ausstreuen ist natürlich Strategie, um sich bestmöglich auszubreiten.

Die Planer des Welterbes hatten eine geniale Idee, zur Begehbarkeit des Geländes wurden die zahlreichen alten Werkgleise mittig einfach zubetoniert. Besser kann man es gar nicht machen! Auf Höhe des Umspannwerks, am vierten einbetonierten Gleis, das Museum nun im Rücken, lugt die **Ackerröte** (*Sherardia arvensis*) hervor, wirklich eine Überraschung! Ich bin mir nicht ganz sicher, ob Sie die wiederfinden werden, denn sie ist ein Furz in der Flora, aber ein bezaubernder Furz. Weil ich sie so süß finde, kann ich jetzt nicht achtlos an ihr vorbeigehen. Blasslila sind ihre Blüten, auch blassrosa, eben blass. Da Essen eine wintermilde Stadt ist, kann die Ackerröte mit ihren winzigen Blättern noch im November blühen. Sie ist auf vielen Roten Listen aufgeführt, so auch in Nordrhein-Westfalen. Auf normalen, sandigen oder torfigen Böden braucht man sie gar nicht erst zu suchen. Die kleine Lady bevorzugt nämlich Lehm und hin und wieder Schotter, und den hat sie hier in rauen Mengen. Die Ackerröte wurde einst als Färberpflanze genutzt – natürlich zum Rotfärben.

Nun kommt eine richtige Stadteule, der **Schwarze Nachtschatten** (*Solanum nigrum*). Aber nicht irgendeiner, sondern der mit den stark behaarten Stängeln, Blattstielen, Kelchen und Blättern. Es ist die Unterart (ssp.) *schultesii*, und die trifft man am ehesten in Städten an, in Häfen, auf Müllkippen, Industriebrachen und auf Bahngelände. Diese Art mag es trockener als der normale Schwarze Nachtschatten, aber beide lieben Ecken, wo oft Hunde hinstrullen. Mit kleinen weißen Sternblüten und gelben Staubgefäßen lacht die Pflanze mich an. Oder aus? Nein, sie mag mich, und ich mag sie. Wieder einmal eine Seelenverwandtschaft. Die schwarzen Beeren kann man essen, das erzählte mir ein Deutscher aus Kasachstan, mit dem ich mal zusammen arbeitete. Natürlich nicht in Kasachstan, sondern in Bremen! Er meinte, in seiner alten Heimat würde man den Schwarzen Nachtschatten extra anbauen, um aus den Beeren Kompott, Marmelade und Saft zu machen. Was Gesundes, um über den Winter zu kommen. Ich koste mal vor: Sie sind süß, also die Beeren. Ansonsten ist die Pflanze giftig. Bei der Tomate, auch ein Nachtschattengewächs, ist das ähnlich: Die Tomate kann man futtern, den Rest der Pflanze besser nicht. Die Blätter, als Teeaufguss zubereitet, befreiten zudem Menschen, litten sie denn unter Verstopfung. Oder wenn man etwas gegessen hatte, was man schnell wieder loswerden musste, weil es noch giftiger war, dann war dieser Nachtschatten ein ideales Brechmittel. Er kann trocken, aber auch feucht stehen, hier wächst er unterm Dach eines ehemaligen Förderbands. Dadurch gibt es viel weniger Niederschlag, die Vegetation hört schlagartig auf. Nur diesen haarigen Nachtschatten ficht das nicht im Geringsten an.

Und da ist die **Geruchlose Kamille** (*Tripleurospermum perforatum*). Sie blüht weiß, unterm Förderband und noch davor, und ist nicht nur eine reine Stadtgöre. Sie finden sie ebenso auf Komposthaufen, Müllhalden, in Böschungen, Äckern, Gärten, bis hin zu den Rändern von Salzwiesen. Sie kann einiges ab, benötigt aber Sonne. Die Blütenköpfe der Echten Kamille sind innen hohl, drückt man dagegen die der Geruchlosen Kamille zusammen – machen Sie das mal! –, fühlen die sich richtig hart an. Da geht nichts mehr rein, nicht einmal Luft. Insgesamt ist die Geruchlose Kamille viel größer als die Echte und für die Teezubereitung völlig ungeeignet. Mit dieser Geruchlosen ist wenig Staat zu machen – Sie können sie nur angucken und sich freuen. Jede Art hat etwas, man muss ja nicht immer gleich an Verwertung und damit an sich selbst denken.

Etwas weiter im alten Schotter blinzelt das hellviolett blühende **Echte Eisenkraut** (*Verbena officinalis*), an vielen anderen Stellen des Zechengeländes ist es ebenfalls zu finden. Im Grunde ist es eine robuste Pflanze, deswegen auch der Name Eisenkraut. In grauen Vorzeiten war sie eine Art der Dörfer, die gern mit Gänsen, Hühnern und auch Schweinen paktierte. Abgefressen wurde sie nämlich nicht, alles irgendwie zu derb. Wurde sie gemäht, machte ihr das nichts aus. So groß ihre Nehmerqualitäten sind, so klein sind ihre Blüten, kaum fünf Millimeter breit. Zum Glück sind es oft viele, im Spätsommer nur noch wenige am Ende eines nun auffallend verlängerten, dünnen Blütenstands. Enorm ist die Heilwirkung des Eisenkrauts, schon in der Antike begann die Mythenbildung um dieses Gewächs. Tempel hatte man mit ihm rituell gereinigt, und römische Soldaten trugen es bei sich als Schutz vor Verletzungen. Im alten Ägypten war das Kraut Teil von Zeremonien und wurde ehrfürchtig «Träne der Isis» genannt (Isis war die Göttin der Wiedergeburt und der Magie). Im Mittelalter setzte sich der Kultstatus fort, da konnte man sicher sein, dass das Eisenkraut Bestandteil jedes Zaubertranks war. Und dann, Abrakadabra, nahm der Spuk abrupt ein Ende, just zu dem Zeitpunkt, als die moderne Schulmedizin nachwies, dass die Stoffe des Krauts doch keine medizinische Wirkung haben. Pech gehabt, armes Eisenkraut – es blüht aber trotzdem ausnehmend hübsch.

Wer bei Regen leider sofort die Blüten schließt, ist der ausgebreitet wachsende **Acker-Gauchheil** (*Anagallis arvensis*) mit betörend mennigroten Blüten aus fünf Blütenblättern und grandios gelben Staubbeuteln. Knüller an diesem Primelgewächs ist nicht sein stechend scharfer Geruch, sondern dass es nonstop sechs Monate blühen kann, wenn ihm nicht der Regen auf den Geist geht. Die ganze Pflanze ist giftig, insbesondere die Wurzeln. In Indien benutzte man sie hochdosiert, um beim Fischfang große Fische zu betäuben, damit man sie an Land ziehen konnte. Wenn das mal nicht eine Mär ist. Wie diese: Der Gauch war ja im Mittelalter ein verrückter Narr, und lange Zeit glaubte man, dass dieser Gauchheil ein Mittel gegen Epilepsie sei. Später wurde die Euphorie gedämpft, er könne wohl doch nur dunkle Wolken vertreiben, die sich einem aufs Gemüt legen.

Nach dieser Pflanze, die das Wort «Acker» im Namen trägt, urbanisiert es nun wieder, dieses Mal an der Museumsrückwand: Das **Klebrige Greiskraut** (*Senecio viscosus*) ist eine reine Stadtpflanze, sie ist stark fixiert auf Bahnanlagen, Industriegebiete, Parkplätze und Straßen. Wie ein Extrem-Botaniker ist das Klebrige Greiskraut mit gelben Blütenköpfen ein Extrem-Städter, hier am Museumsbau haben sich über hundert Stück niedergelassen. Das Kraut stinkt und klebt, das werden Sie sofort merken, wenn Sie hineinfassen. Das Klebrige ist ebenfalls ein Zeichen dafür, dass die Art Wärme mag, aber sich vor allzu großer Hitze schützen muss. So strecken sich alle auf die eine oder andere Weise nach der Decke, um in der Natur ein Plätzchen zu finden. Das Greiskraut fruchtet in Bällchen, die wie Haarschöpfe von Omas und Opas aussehen, ich sagte das an anderer Stelle schon mal über das Frühlings-Greiskraut (siehe S. 30). Aber was wahr ist, ist nun mal wahr. Noch dazu ist es das Aschenputtel unter den Greiskräutern, da viele andere durch größere Blüten deutlich mehr hermachen. Ich fühle mich zu diesem Kraut irgendwie hingezogen, wohl gerade deshalb.

Das Museum ist umrundet, der Blick wird wieder frei auf den Schacht XII, wenn er nicht von der einen oder anderen **Hänge-Birke** (*Betula pendula*) kaschiert wird. Hunderte, ja, über tausend dieser Laubbäume bevölkern hier den Gleisschotter neben einer neuen Bushaltestelle sowie das gesamte Zechengelände. Ich erkenne sofort, dass die nicht angepflanzt sind. Die Birke ist für mich *die* Pionierart überhaupt. Direkt nach der letzten Eiszeit, die vor etwa 12 000 Jahren zu Ende ging, als noch nichts wirklich wuchs, verbesserten Birken gemeinsam mit der Zitter-Pappel unsere sandigen, steinigen Untergründe, sicher waren da noch Weiden dabei. Das sind jetzt nicht die drei Grazien, nicht *Die Drei von der Tankstelle*, aber unsere drei wichtigsten Wald-Pioniere. Birken können sowohl sehr feucht als auch sehr trocken stehen, und durch die typische weißschwarze Rinde gehört die Birke hierzulande zu den bekanntesten Baumarten. Jeder, der fünf Bäume aufzählen kann, nennt die Birke – neben Buche, Eiche, Kastanie und Tanne (womit dann oft die Fichte gemeint ist). Dabei ist die Birke nicht übermäßig beliebt. Gärtner schimpfen über sie, weil sie deren kleine Blätter kaum aus dem Gras herausharken können. Jeder Allergiker kriegt eine Krise, wenn im Mai/Juni Birkenpollen im Umlauf sind. Ich, ein Norddeutscher, bin aber ein absoluter Birkenfreund. Die Hänge-Birke besitzt Zweige, die am Ende deutlich nach unten zeigen. Die Äste der Moor-Birke wachsen waagerecht oder weisen leicht nach oben. Auch hat die Moor-Birke weiche, fast rundliche Blätter, während die der Hänge-Birke eher spitz zulaufen. Mehr Birken haben wir in Deutschland auch gar nicht, nur noch die seltene Zwerg-Birke, und die liebt es montan. Birkenholz ist hart, die Birke wird bis 120 Jahre alt. Aus dem Holz fertigt man Gartenmöbel, Holzschuhe, Wäscheklammern und Zündhölzer. Aus Birkenpech wurde der erste Kunststoff der Menschheitsgeschichte hergestellt. Über die schöne Birke ließe sich allein ein halbes Buch schreiben, was fällt mir also noch ein: Vor nicht allzu langer Zeit bekam ich anlässlich einer Exkursion (in Köln war's) ein Fläschchen Birken-Limonade geschenkt. War ja so was von lecker!

Im Bushaltestellenbereich, übrigens mit dem historischen Namen «Alte Kohlenwäsche», gedeiht noch ein Gehölz, das erwähnt werden muss: die **Sal-Weide** (*Salix caprea*), in vielen Regionen auch als Palmkätzchen oder Weidenkätzchen bekannt. Aus Weidezweigen werden Kreuzschmuckgebinde für Palmsonntag hergestellt, genauer gesagt aus den Blütenständen, den männlichen Kätzchen der Sal-Weide. Schauen Sie sich mal die Blätter an, die Blattunterseite ist blaugrau, dann dieses famose gelbgrüne Gerippe der Aderung. Die Oberseite des Blattes ist etwas glänzend und dunkelgrün, insgesamt leicht rundlich. Die Rinde ist grünlich-grau, manchmal braungrün und borkig. *Caprea* ist der lateinische Ausdruck für «Ziege» – Ziegen fressen nämlich mit Vorliebe die Blätter des Baums, klettern im Mittelmeergebiet sogar in ihm herum, um in der Sonnenglut überleben zu können. Sie müssen äußerst schmackhaft sein, denn sonst mögen's Ziegen eigentlich auch bequemer. Der Name *Salix* rührt vom Inhaltsstoff der Salicylsäure her, des

Grundstoffs der Kopfschmerztablette. Wir sind hier ja in Essen, aber (Bayer) Leverkusen ist gar nicht so weit weg …

Ganz, ganz unten, im Bodenbereich der Gehölze, zwischen zwei Birken auf Höhe des Eisenrads im Innenhof des Museumszentrums – was wächst denn da? Richtig, ein Moos. Das **Bäumchen-Leitermoos** (*Climacium dendroides*), wegen seiner auffallenden Wuchsform auch Bäumchen-Palmenmoos genannt (was ja eigentlich doppelt gemoppelt ist). Schon sieben Städte haben Sie geschafft, da kann ich doch jetzt ein bisschen die Daumenschrauben anziehen und Ihnen auch mal so 'n Moos präsentieren. Früher stand das Moos auf einigen Roten Listen, es erobert aber inzwischen sogar trocken-magere Hausrasen. Moose werden von Tieren verschmäht, und zwar von allen, selbst von den Schnecken. Sie besitzen wenig Inhaltsstoffe, sind steril. Das machte man sich einst zunutze. Im Ersten Weltkrieg, in dem fürchterlich gemetzelt wurde, versorgten die Amerikaner ihre Soldaten mit blutaufsaugenden Mooskompressen – mit fantastischer Heilwirkung. Aktuell versucht man, mehr über Moose und ihr medizinisches Können zu erforschen und wie man Moose in größeren, erntefähigen Mengen züchten kann. Das zierliche, meist vier bis acht Zentimeter hohe Bäumchen-Moos ist für derlei Gedankenspiele ungeeignet, es fehlt ihm schlicht an Wuchshöhe. Es hat einen nackten Stiel und obendrauf geknubbelt sitzende beblätterte Sprosse.

Da habe ich vorhin von ihr geredet, und nun finde ich im Umfeld des Schilds, das zum Casino und zur Kokerei weist, auch die **Rotkelchige Nachtkerze** (*Oenothera glaziovia-*

na), die große Schwester der Täuschenden Nachtkerze. Die Rotkelchige Nachtkerze ist eine Ur- oder Stammform, unverwechselbar dadurch, dass sie größere Knospen und Blüten hat als das weniger rote Familienmitglied. Sie sind nun zum Vergleich gefordert. Dabei haben Sie Glück, Sie müssen nicht zurückrennen, denn ganz in der Nähe streckt sich auch die Täuschende Nachtkerze und macht die Sache leicht.

Aber wo ist denn nun mein Fotoapparat? Ich stöbere im Gebüsch herum – nichts. Wo hab ich den bloß das letzte Mal benutzt? Ich stratze zurück zu Moos, Birke und Sal-Weide. Ohne Ergebnis. So was Blödes! Mist! Trotz des Regens lief es wie am Schnürchen! Jetzt renne ich, ich renn hin, und ich renn her. Nichts! Sofort läuft bei mir ein Film ab: Wo krieg ich die nächste Kamera her? Wann kann ich auf dem Zechengelände nachfotografieren? Nächste Woche, ich darf nicht drei Wochen warten, sonst ist alles anders hier. Und dann scheint bestimmt auch noch die Sonne! Bloß nicht! Da bekommt man ja einen völlig falschen Eindruck.

Ich krame meine vom Regen aufgeweichte Liste heraus, in der ich alle Pflanzen der Reihenfolge nach aufschreibe. Ich renne abermals, diesmal zur letzten Nachtkerze, und suche das gesamte Umfeld ab. Wahllos, wie mir scheint. Dann renne ich zurück zur ersten Nachtkerzen-Art. Zentimeter für Zentimeter grase ich alles ab, ganz langsam. Ob jemand den Apparat geklaut hat? Nein, das kann nicht sein. Bei meiner Runde war ich bislang kaum jemandem begegnet. Ha! Und da liegt er, direkt am Weg im dunklen Schotter, schwarz auf schwarz, drum hab ich ihn auch nicht sofort gefunden. So ein Glück. Wäre hier heute Hochbetrieb gewesen … Selbst bei einem ehrlichen Finder hätte ich nicht gewusst, wo ich mich auf diesem Riesenareal hätte melden können (der Finder vielleicht auch nicht). Glück gehabt, wie schon am klitschnassen Graben in Düsseldorf konnte es weitergehen. Ohne etwas Spannung geht es eben nicht!

Das Schild Richtung Kokerei ist passiert. Eine riesige alte Förderbrücke wird von der Randstraße aus sichtbar, ein Monstrum, «Schade Dortmund» steht oben dran – und das in Essen, kaum zu glauben. Davor liegt ein größeres Gewässer. Entstanden ist es wohl durch Entwässerung der Schächte, jetzt wuchert dicht gedrängt **Breitblättriger Rohrkolben** (*Typha latifolia*) in ihm, bis 2,50 Meter hoch. Für jeden aus dieser Entfernung bestens einsehbar. Ich weiß, eine Stadtpflanze ist der Rohrkolben nicht unbedingt, aber es ist für mich auch eine Pflanze der Kindheit. Grund genug, ihn nicht zu ignorieren. Der Rohrkolben macht Ausläufer, daumendick breiten sie sich im schlammigen Boden aus. Wo er Fuß fasst (ähnlich wie beim Schilf, siehe S. 171), hat kaum ein anderes Gewächs Platz. Nur wenn er zu trocken steht, kippt er aus den Latschen. Sonst so stolz und aufrecht, sieht er dann zum Heulen aus. Das bis vier Zentimeter breite Blatt ist blaugrünlich, der flauschige Kolben, übrigens die weibliche Blüte, ist braun. Im Herbst bricht der Kolben auf, und «Wolle» quillt hervor. So werden die Samen verweht. Aus der «Wolle» stellte man einst Kerzendochte her, das Material wurde gezwirbelt und anschließend in Wachs getränkt.

Hinter dem Gewässer folgt ein großer Parkplatz. Randlich befindet sich Vorwald auf stark verändertem Gelände und ein Gebäude wie ein aufrechter Schuhkarton namens «Orfeo». Ein exorbitantes Förderband reicht bis über die Haldenstraße zur nächsten Kokerei. Ich hatte so gehofft, an diesem Tag eine Orchidee zu entdecken, nämlich die Breitblättrige Stendelwurz. Wenn nicht hier in Essen, wo denn dann? Sie ist die einzige Orchidee, die zunimmt, gerade in Städten und auf alten, baumbestandenen Industrieflächen. Aber sie will sich mir partout nicht zeigen. Dafür wächst neben dem Parkplatz, an einer Brache mit Böschung, der **Japanische Staudenknöterich** (*Fallopia japonica*), vor rund zweihundert Jahren wurde er mit seinen weißen und wie gemalt wirkenden filigranen Blütenständen aus Ostasien als Zierpflanze in Mitteleuropa eingeführt, mit massiven Ausbreitungstendenzen. Hier hat er bestimmt fünfhundert Quadratmeter in Beschlag genommen. Kinder könnten Verstecken in dem Monsterbestand spielen. Grenzen kann ihm der Mensch kaum setzen, er klont sich in seiner Unduldsamkeit permanent selbst. Einzig Spätfrost hält ihn auf, aber nur kurz. Und Bäume, unter ihnen stellt er wenigstens das Blühen aufgrund fehlenden Lichts ein.

Vor mir dunkelbrauner Rost von der Kokerei, und wieder davor blitzen gelbe kleine Blüten nahe dem Parkplatz hervor. Blüten vom **Klebrigen Alant** (*Dittrichia graveolens*). Dieser Alant klebt noch fieser als das Klebrige Greiskraut. Im Ruhrgebiet verschönert er kniehoch Kohle- und Schlackenhalden, außerhalb des Ruhrgebiets ist er eine ausgesprochene Autobahnpflanze. Wahrscheinlich befand sich an dieser Stelle mal eine Halde, einplaniert für den Schotterparkplatz. Aus dem Untergrund schieben sich noch immer die Urbewohner heraus … Der Klebrige Alant ist nun wirklich nicht von der schnellen Sorte, er ist in unseren Breiten eine der am spätesten blühenden Arten überhaupt. Manchmal ist erst Anfang November damit Schluss. Das Anfassen der dunkelgrünen Klebeblätter des Alants lohnt sich trotzdem. Denn dann erleben Sie eine Kampferduftbombe, ich rieche auch etwas Fenchel. Leider ist der einem kleinen Weihnachtsbaum ähnelnde Alant noch wenig bekannt, obwohl die Art einiges draufhat: Das destillierte Öl wirkt nämlich hustendämpfend und krampflösend.

Ach du liebe Güte, jetzt kriecht noch richtig die Sonne aus dem Wolkenungetüm heraus, der Regen nimmt seinen Hut. Ich kann's kaum fassen – Regenschirm zugeklappt, der Fotoapparat ist noch da. Ich verlor ihn wohl, damit es wettertechnisch steil bergauf gehen konnte. Essen ist nun nicht völlig ins Wasser gefallen. Dennoch: An vielen Stellen wachsen die Gehölze sehr dicht, wenn das nicht mal ein Problem wird. Man sollte es hier offener halten, denn unterbleibt das, wird's kritisch für die Artenvielfalt.

Nach Querung riesiger Rohre lasse ich eine eiserne Aussichtsplattform links liegen und kreuze eine Allee aus abgesägten, noch aufrechten Baumstämmen. Vermutlich ebenfalls Birken, sie wurden bemalt und bearbeitet, manche sind mehr, andere weniger gelungen. Einige sehen lustig aus, aus einem Baumstamm wurden riesige Ohren herausmodelliert, die man rosa einfärbte. Wow! So was von gerade steht er da nicht weit von dem Ohrenbaum, eine echte Rakete, der schlanke **Grünährige Amarant** (*Amaranthus powellii*), eingekreist von einer Menge Kollegen, und zwar rund um ein Schild, auf dem Folgendes zu lesen ist: «Deutsche Fußball-Route Nordrhein-Westfalen». Was? Hier? Komisch! Oder nicht? Das Stadion an der Hafenstraße ist wirklich nicht weit, und Deutscher Meister wurde RWE auch schon mal, 1955 war das. Damit war Essen der erste deutsche Verein, der nach dem Zweiten Weltkrieg am Europapokal teilnehmen durfte – lang, lang ist's her! Und seit 2005 ist Pelé Ehrenmitglied bei RWE, das ist kein Feder-Witz! So groß wie Pelé wird der Amarant niemals, einen Meter schafft er jedoch lässig. Die zunächst frischgrünen Stängel färben sich später rot. In Südamerika ist er ursprünglich beheimatet, das passt ja gut zu Pelé. Die Inkas setzten auf dieses «Wunderkorn», doch nun breitet er sich auch bei uns forsch aus. Der Amarant ist ein Wärmezeiger. Dann können die Samen ausreifen und werden so fortpflanzungsfähig. Da Amarant-Arten immer häufiger bei uns anzutreffen sind, bedingt durch wärmere Sommer und vor allem milde Herbste, sind sie ein Hinweis für eine Klimaveränderung. Bei Veganern und Vegetariern ist der Amarant groß im Kommen, ähnlich der Hirse. Die scheibenartigen, glänzend schwarzroten Samen mit leichtem Nussgeschmack kann man in Paprika oder Tomaten füllen, oder sie werden gemahlen zu Brot gebacken. Seine Blätter lassen sich wie Spinat zubereiten.

Die Tour führt nun am Förderschacht 1/2/8 vorbei, auch hier können Sie noch weitere Amarant-Vorkommen entdecken. Direkt unter einem Träger hat sich weiterhin das **Echte Johanniskraut** (*Hypericum perforatum*) eingenischt. Sehr lang sind seine Staubgefäße. Halten Sie diese gegen das Licht, werden Sie mit einem bezaubernden Strahlenkranz belohnt; die Blütenkronblätter selbst bilden ein fesches Windrad. «Perforiert» bedeutet ja «durchlöchert», und wenn man ein Blatt des Johanniskrauts gegen das Licht hält, sieht man kleine durchlässige Punkte. Das Gewächs hat derart gelbe Blüten, dass die Germanen es als Lichtbringer und Symbol der Sonne verehrten. Seinen Namen hat es erhalten, weil es um den 24. Juni blüht, am Johannistag, dem Geburtsfest von Johannes dem Täufer, einem Bußprediger. Zerreibt man die gelben Knospen zwischen den Fingern, verfärben sie sich rot, es ist das «Blut des heiligen Johannes». Also, mehr bedeutsame Historie geht kaum für ein einzelnes Gewächs. Es wird als Heilpflanze angebaut, es hilft gegen innere Unruhe, Angstzustände und Depressionen. Aber da noch immer die Sonne scheint, bade ich in den gelben Blüten einfach nur so.

Am Förderband vorbei, begleitet von angesäten Wiesen, begebe ich mich zum großen Parkplatz und bin so wieder in Sichtweite des «Eiffelturms». Neben einer exorbitanten Pfütze – die Autos stehen mit halbem Radstand voll im Wasser – wächst auf einem geschotterten Wall der **Stechende Hohlzahn** (*Galeopsis tetrahit*). Fassen Sie da mal rein! Wenn er trocken und somit hart ist wie jetzt im September, sticht er. Sein Name ist also Programm. Die Blüten sind purpurfarben mit weißem und leicht gelblichem Touch. Noch hockt eine vierteilige Frucht im tiefreichenden Kelch, eine sogenannte Klausenfrucht. Wenn später die Samen herausfallen, bleiben tatsächlich hohle Zähne übrig. Dieser einjährige, bis 50 Zentimeter hohe, auch mal fast ganz weiß blühende Hohlzahn ist ein häufiger Lippenblütler und steht bei Bienen hoch im Kurs. Heute allerdings nicht, denn dafür war es viel zu nass, alle Insekten haben sich verkrochen. Dabei stellen Imker ihre Bienenvölker inzwischen gern auch in Städten auf, etwa auf Dächern von Garagen und von Hochhäusern. So vielfältig ist inzwischen die Natur in der Stadt im Vergleich zur heute oft ausgeräumten Landschaft der Umgebung.

«Sind Pflanzen denn bei Regen traurig? Haben sie eigentlich eine Seele?» Ich wurde das schon ein paarmal gefragt. Ich sage dann: «Bestimmt sind sie bei Regen traurig, und natürlich haben alle Pflanzen eine Seele.» Aus diesem Grund habe ich auch schon ein schlechtes Gewissen, wenn ich etwas von ihnen abpflücke, um es zum Beispiel Exkursionsteilnehmern zu zeigen. Auch Pflanzen mögen das kaum, es tut ihnen auf ihre Weise weh. Selbstverständlich denken und fühlen sie nicht so wie wir Menschen, aber dennoch haben Pflanzenforscher gezeigt, dass sämtliche Gewächse Strukturen aufweisen, die ähnliche Funktionen erfüllen wie unser Nervensystem. Der Zellularbiologe Frantisek Baluska von der Universität Bonn hat sogar behauptet, dass Pflanzen hören, riechen, schmecken, sehen und sprechen; Licht, Bodenstruktur und Schwerkraft erspüren. Regen bestimmt ebenso. Ich denke, dass das stimmt, denn wie sonst ist es möglich, zu allen Gewächsen eine Beziehung herzustellen? Deswegen bleibe ich als Botaniker auch in Deutschland und begebe mich nicht woandershin. Ich lebe hervorragend mit den fünf- bis siebentausend Arten um mich herum – oft machen mich aber auch schon nur zehn Arten eines kleinen Vorgartens glücklich. Können Sie das nachvollziehen?

Dresden

9

Dresden

An der Elbe zwischen Marien- und Augustusbrücke

Die alte DDR grüßt hier noch ohne Ende. Geruch, Bausubstanz, rostige Gleise, nichts abgerissen, Wildwuchs überall. Ich komme gerade aus Pieschen und habe schon die Leipziger Straße und zwei alte Flusshäfen weiter nordwestlich abgeklappert. Total klasse, aber keine echte Flaniermeile, zu unübersichtlich, ein richtig chaotisches Nebeneinander. So was liebe ich ja, mit Abenteuer, mit Verletzungsgefahr – aber das ist doch nichts für Sie! An der Marienbrücke ändert sich schlagartig das Bild, hier kann man es auch barock-elegant formulieren: Ich stehe vor Elbflorenz, der Perle Sachsens, unterhalb der 434 Meter langen Steinbogenbrücke, und darf ihn auch mal haben, den vielgerühmten «Canaletto-Blick» auf Dresden. Canaletto, eigentlich hieß er ja Bernardo Bellotto, malte die Stadt 1748 von der rechten Elbuferseite, mit Hof- und Frauenkirche, dazu so ein Himmel in Preußischblau. Im Zentrum hat sich die urbane Silhouette nur wenig verändert, doch der Venezianer wird dann wohl kaum im Maritim Hotel auf der gegenüberliegenden Uferseite abgestiegen sein.

1990 war ich zum ersten Mal in Dresden, gleich nach Abgabe meiner Diplomarbeit am 20. März, es sollte eine Belohnung sein. Einen Tag zuvor hatte die Volkskammerwahl, die letzte freie Wahl in der DDR, stattgefunden – die CDU gewann. Für mich ein Schock, hatte ich doch angenommen, die Menschen würden geschlossen SPD wählen. Ich ging sogar davon aus, dass Lafontaine Bundeskanzler wird, aber nein, da hatten sie doch tatsächlich diesen Kohl auf seinem Thron bestätigt. Nicht zu begreifen war das, Schmidt war ein Staatsmann, Kohl dagegen doch ein Plumpsack! Und die Ossis sind doch mehrheitlich links, dachte ich damals. Anders gesagt: Der Kohl war damals unheimlich stark, für mich stark vor den Schrank gelaufen. 1983, als ich mit meinem Studium in Hannover anfing, stand nahe meinem Wohnheim an einer Unterführung vom Westschnellweg die Parole: «Im Herbst fällt die Birne!» Dabei hatten gerade erst in diesem Jahr, am 6. März, Bundestagswahlen stattgefunden, mit dem Ergebnis, dass Kohl sein zweites Kabinett bilden durfte. Immerhin zogen zum ersten Mal auch die Grünen mit in den Bundestag ein. Aber die Parole war ein Flop, *diese* «Birne» fiel jedenfalls nicht. Sechzehn Jahre war er Bundeskanzler, ganz schön qualvoll. Aber was danach kam, war auch nicht viel besser. Ja, den Schröder habe ich noch gewählt bei seinem ersten Antritt, dann aber nicht mehr. Ich hatte festgestellt, dass er noch schlimmer war als sein Vorgänger. Eine Riesenenttäuschung.

Trotz der für mich niederschmetternden Volkskammerwahl wanderte ich von Bad Schandau aus in der Sächsischen Schweiz herum. Die klassischen Routen und Steine – der Königstein, Lilienstein, die Affensteine, Schrammsteine, Schwedenlöcher, Großer und Kleiner Tschand, die Bastei rauf und runter. Das ganze Programm. Unglaublich schön war das, doch ziemlich kalt, ungemein neblig, und an drei Tagen nieselte es auch. Doch es war März, da war ja kaum besseres Wetter zu erwarten. Dennoch hielt ich eine Woche durch. Um acht Uhr morgens lief ich los, für die Übernachtung zahlte ich zehn Mark, abends stellte man mir sogar ein Bier hin. Dann im Zug einen Tag nach Dresden. Dresden war stellenweise noch Trümmerlandschaft. Die Semperoper sah gut aus, aber die Reste der Frauenkirche wirkten kläglich – ein profanes Flatterband, an Eisenpfählen befestigt, sollte den Schutt schützen. Wie bei einem Rohrbruch in einer x-beliebigen Wohnstraße, wie bei einer ordinären Baustelle. Ein Schild gab es noch: «Betreten verboten!» Da wäre doch jeder auch so draufgekommen.

Heute sind die Trümmer anderer Natur. Da ist die Pegida-Bewegung, die ziemlich radikal gegen Flüchtlinge und Ausländer demonstriert. In Sprechchören heißt es schon mal: «Abschieben, abschieben», «Wir sind das Volk» und «Merkel muss weg». In der Zeitung sah ich ein Plakat mit Angela Merkel als Mutter Teresa, überschrieben mit «Mutter Terrorresia», auf Schildern wandte man sich gegen «Deutschenhasser», die «Asylmafia» oder das «Politikerpack». Das ist alles nicht schön. Trotzdem: Es muss sich grundsätzlich etwas in der Politik ändern. Alles wird nur halbherzig gemacht, ob das nun der Ausstieg aus der Atomwirtschaft ist oder ob es um die Landwirtschaft geht. Die Biogasanlagen sind eine Katastrophe; nur damit der Mais vier Meter hoch sprießt, wird ohne Ende gedüngt und gegüllt. Jetzt sollen auch Flüsse weiter ausgebaut werden, die Mittelweser zum Beispiel. Ich möchte nicht irgendwann nach Frankreich oder Spanien fahren müssen, um einen naturnahen Fluss zu sehen. Noch ist die Elbe toll, noch ist sie der schönste unter unseren Strömen. Der Rhein riecht auch mal ganz unangenehm, die Donau ist nur in Teilen hübsch. Horst Seehofer hat ja verkündet, dass er den weiteren Ausbau der Donau aufgeben will. Aber wer ist sich sicher, ob er denn Wort hält? Ich weiß, so makaber es klingt, aber im Grunde brauchen wir alle vier Jahre ein richtiges Hochwasser, damit die Leute wach bleiben und nicht ständig nach Flussbegradigungen und höheren Deichen rufen. Diese so majestätischen Flüsse brauchen nämlich weitere Überflutungsräume, die sind ihnen nämlich über die Jahrhunderte mutwillig geklaut worden!

Langsam wird es Zeit, dass ich meine Aufmerksamkeit den Pflanzen zuwende. Die Marienbrücke, das sei noch mal kurz gesagt, ist Dresdens älteste Elbbrücke, sie wurde benannt nach einer königlichen Gemahlin. Der sächsische König Friedrich August II. nahm Anna Maria, eine Prinzessin von Bayern, zu seiner zweiten Frau. Ein echter Brückenschlag war das. Aber jetzt, an diesem – na klar – wieder sonnigen 18. September sollen Sie den Canaletto-Blick in vollen Zügen genießen. Und ab und zu Richtung Boden schauen. Es lohnt sich hier besonders.

Das Wasser der Elbe muss man fast suchen, durch den trockenen Sommer hat es sich verflüchtigt. Man hat das Gefühl, mit einem einfachen Steinwurf das andere Ufer zu treffen. Nicht ein Schiff ist zu sehen, ich meine, im Fahren. Ich gehe auf einen Mann in den besten Jahren zu, bei einer Außentemperatur von 25 Grad Celsius ein furchtloser Baskenmützenträger. Er liegt neben seinem Fahrrad auf einer einfachen Decke auf dem allgegenwärtigen Elbkies direkt am Flachwasser und genießt den Tag in vollen Zügen. Ich spreche ihn an: «Haben Sie so etwas schon mal erlebt? Ein solches Niedrigwasser?»

«Schon seit zwanzig Jahren wohne ich in Dresden», entgegnet er, «aber ich kann mich nicht daran erinnern, dass das Wasser je so flach war.»

«Hier fährt ja nicht mal ein Schiff», sinniere ich weiter.

«Ja, der gesamte Schiffsverkehr wurde eingestellt. Höchstens auf den Seitenarmen ist noch 'ne Jolle unterwegs. Kaum zu glauben, wenn man die normalen Hochwasserkanten sieht.» Der Mann zeigt auf die Bäume, die hinter uns wachsen, auf die Mauern, auf denen Menschen sitzen und sich sonnen, die ansonsten aber dem Hochwasserschutz dienen. «Doch wenn es mal richtig dicke kommt, dann ignoriert die Elbe auch diese.»

«Und mit *richtig dicke* meinen Sie bestimmt die Fluten 2002 und 2013?»

Der Mann nickt. «Die Tage im August 2002 waren am schlimmsten. Der Dresdner Zwinger war bedroht. Patienten aus den Krankenhäusern der Innenstadt wurden von Rettungssanitätern zum Flughafen gefahren und von dort in Bundeswehrmaschinen zu sicher gelegenen Kliniken transportiert. Diese Wassermassen und diese Müllberge …»

«Ich war 2013 mit meiner Freundin in der Sächsischen Schweiz», erzähle ich. «In Bad Schandau, um den 10. Juli herum. Bäckereien und Kindertagesstätten befanden sich im ersten Stock, da haben wir erst gesagt: ‹Mensch, komisch, die Bäckereien im ersten Stock? Sind die blöd hier?› Bis wir dann geschnallt haben, dass durch die Flut alles überschwemmt und man noch im Erdgeschoss am Aufräumen, Abtrocknen und Renovieren war.» Und es gab ein Phänomen zu bewundern: Sämtliche Bäume der Uferlinien (Ulmen, Pappeln, Weiden) waren oberhalb normal grün, und unterhalb war das Laub abgestorben, trieb aber überall neu aus. Oben dunkelgrün und unten hellgrün, oben hui und unten (wieder) hui. Die Natur wehrt sich, ist auf so etwas voll eingestellt. Wäre das Hochwasser im September gewesen, wären die Blätter nicht mehr so nachgewachsen. In der Auen stank's, das Gras müffelte, überall Kriebelmücken. Ähneln Fliegen, sind aber kleiner als normale Mücken. Unangenehm, vor allem bei der Hitze damals.

Ich bedanke mich bei dem Sonnenanbeter, ganz sicher einer, der auch die Natur liebt. Fast alles, was Sie jetzt zu sehen bekommen, sind übrigens keine Stadt-, sondern Elbufer-Pflanzen. Aber weil sie in der Stadt zu Hause sind, zwischen Marien- und Augustusbrücke, zu DDR-Zeiten Georgi-Dimitroff-Brücke genannt, ist das Grund genug, nicht an ihnen vorbeizulaufen. Die Entfernung zwischen beiden Elbbrücken beträgt keine 500 Meter, da werden Sie kaum Schwierigkeiten haben, die Lichtgestalten dieser Tour zu finden. Schauen Sie noch mal in die Ferne, rechts von der Marienbrücke erkennen Sie bestimmt ein Bauwerk, das wie eine Moschee aussieht, es ist das ehemalige Fabrikgebäude der Zigarettenfabrik Yenidze. Aus Yenidze, einst im Osmanischen Reich gelegen, heute im Norden Griechenlands, ließ der Fabrikant Hugo Dietz Tabakpflanzen für Zigaretten der Marke «Salem» ankarren. Heute fehlen hier Tabakpflanzen, auch kein malender Bellotto treibt sich hier herum, aber Lotto begegnet mir dann doch, nämlich ein floraler Lottogewinn in Form des

Wiesen-Storchschnabels (*Geranium pratense*), mitten im Wiesengrün des oberen Elbufers. Er blüht ausdauernd blau, wobei die Blüten, immer hocken zwei zusammen, richtig groß sind, mit einem Umfang von mindestens drei Zentimetern. Man könnte sie für Stiefmütterchenblüten halten, nur flacher und eben blau. Auch die rundlichen, fast bis zum Grund eingeschlitzten Blätter geben mächtig was her. Die langen, spitzen, leicht nach unten gebogenen Früchte der Pflanze erinnern an Schnäbel von Störchen, was die Botaniker auf den Plan brachte, dies bei der Namensnennung ins Spiel zu bringen. Ein wunderbares Gewächs, sozusagen ein blauer Grünschnabel, selbst im Oktober schmeißt er noch die eine oder andere Blüte. Tiere fressen die kniehohe Pflanze zwar nicht, sie reagiert aber allergisch, wenn die auf ihr herumtrampeln. Wenn Sie also den Wiesen-Storchschnabel treffen wollen, suchen Sie nur das grandiose Blau. Ein Aufguss des getrockneten Krauts hilft bei Darmgrippe und Angina, bei äußerlicher Anwendung, also zerquetscht, gegen Ausschläge und Geschwüre. Ein richtiges «blaues Wunder» ist diese Art, so heißt sogar eine Elbbrücke hier in Dresden.

Im Brückenbereich vermehrt sich hüfthoch der **Straußblütige Sauerampfer** (*Rumex thyrsiflorus*). Ein Angeber mit dichten rost- bis feuerroten Rispen. Was für ein Ambiente! Man kann den Sauerampfer essen, und dass er sehr säuerlich schmeckt, ist schon mal namentlich anzunehmen. Ich schmatze los, gönne mir eine kleine Pause, richtig saftig und frisch schmeckt das Zeug – selbst im September, wo eigentlich nichts mehr frisch ist. Zwar hat Steffi mir noch Äpfel und ein paar Weintrauben zugesteckt, aber so ein Sauerampfer …

Hat man einen trockenen Hals und kein Wasser dabei (vom Elbwasser trinke auch ich nicht), kauen Sie einfach zehn Blätter, dann überbrücken Sie dursttechnisch die nächsten zwei Stunden. Mmmmh, ich nehme mir hier noch ein paar. Der Sauerampfer geht nicht allzu sehr in die Breite, wurzelt dafür aber tief. Regnet es sechs Wochen lang nicht, lacht er sich ins Fäustchen. Er steht dann immer noch da, prächtiger rot glühend denn je. Wirklich kein Armleuchter, denn den entdeckt man im Auto bei Tempo 120 ganz gut am Straßenrand.

Na, der eine oder andere Leser fragt sich wohl schon, was ich denn fußballtechnisch zu Dresden sagen werde. Also, da gab es den Helmut Schön, Fußballtrainer und Weltmeistermacher von 1974. Der Mann mit der Mütze. Bevor er Trainer wurde, spielte er beim Dresdner SC von 1898. Der Verein wurde 1943 und 1944 deutscher Fußballmeister, 1940 und 1941 gewann man den deutschen Pokal. Der großgewachsene Schön war der schnellste Stürmer, von allen nur «der Lange» genannt. 1964 löste Schön Sepp Herberger als Bundestrainer ab, der schon zu Lebzeiten eine Legende war. Eine schwierige Aufgabe also. Schön wurde Europa- und Weltmeister. Danach folgte Jupp Derwall, das war eher eine Pfeife. Den nannte man «Häuptling Silberlocke», so etwas hätte man zu Helmut Schön nie gesagt. Schön war steif, Schön war unnahbar. Aber man hatte Respekt vor ihm. Beckenbauer legte sich mit jedem an, nur nicht mit Schön. War ein Trainer ein guter Spieler, hat er schon mal eine Menge Vorschusslorbeeren. Wer kein ganz großartiger Spieler war, der hat es schwerer, es sei denn, es ist der geniale Jürgen Klopp. Zurück zum Dresdner SC. Nach dem Zweiten Weltkrieg wurde der Verein verstümmelt, Sparten wurden anderen Vereinen zugeschlagen. Erst 1990 gründete man sich neu, heute sind die Volleyballerinnen das Aushängeschild, so etwas kann ich Woche für Woche in den Tabellen im bremischen *Weser-Kurier* nachlesen.

Dresden ist einfach eine sehr sportbegeisterte Stadt. Mir fällt da noch Rudolf Harbig ein, 1913 in Dresden geboren, ein Wunderläufer über 400 bis 1500 Meter. Er stellte 1939 innerhalb weniger Wochen vier Weltrekorde auf, bei einer Olympiade 1940 hätte der zweifache Europameister alles abgeräumt. Die fand dann aber nicht mehr statt. Noch heute trägt eine Sporthalle in Dresden seinen Namen, er gilt nach einem Fallschirmeinsatz 1944 in Russland als verschollen. Ein Mann mit Heldenstatus. Auch eine Briefmarke ziert sein Konterfei, bis 1968 veranstaltete man sogar einen Rudolf-Harbig-Gedenklauf. Wenn das keine Fankultur ist.

Ich jedenfalls bin ein Fan vom **Wiesen-Labkraut** (*Galium album*), das flächig blüht, mit sternchenförmigen weißen Blüten. Die Blätter sind eiförmig, vorne etwas zugespitzt und mattgrün, verwandt mit dem Waldmeister. Das Kraut zeigt gute Wiesen an, es enthält das Enzym Lab, das auch im Kälbermagen vorkommt und bei der Käseherstellung verwendet wird. Es heilt auch: Getrocknete oder frische Blätter wirken, mit kochendem Wasser übergossen, entwässernd, helfen zudem gegen Frühjahrsmüdigkeit und unreine Haut. Noch eine «Wiesen-Info»: Nach dem Zweiten Weltkrieg hatte man ein Verhältnis von Grünland zu Acker von 90:10, heute kaum noch von 10:90 Prozent. Das liegt auch am aktuell exorbitanten Maisanbau, meine Meinung dazu aber kennen Sie ja bereits.

Eine Hochzeitsgesellschaft flaniert gerade am Elbufer vorbei, die Braut in Weiß strahlt, der Bräutigam nicht minder. Da kann ja nichts mehr schiefgehen. Offensichtlich wird in Sachsen noch reichlich geheiratet. Sie werden es kaum glauben, aber auf meiner Fahrt nach Dresden drehte ich kurz zuvor ein Hochzeitsvideo. Wirklich. In der Nähe des Autobahndreiecks Nossen, nicht weit von Dresden entfernt, traf ich mich mit der Schwester der Braut, Susi, einer Gärtnerin, die mich im Fernsehen gesehen hat und seitdem begeistert von mir ist. Wir drehten ein Überraschungsvideo um das gediegene Kloster Altzella, auf einer rustikalen Holzbank preise ich Beinwell, Gänsedistel, Weichhaarigen Hohlzahn, Schöllkraut und Äpfel an, damit die Ehe lange und in Schönheit hält.

Vom Eheglück wieder zum Naturglück, es geht weiter mit Gemüse. Da gucken in Wegnähe an vielen Stellen große spitze Blätter raus, es sind die vom **Meerrettich** (*Armoracia rusticana*). Er ist nicht zu verfehlen, obwohl er schon im Mai schneeweiß und auffallend geblüht hat. Häufig sieht man ihn gerade an Ortsrändern, ausgebüxt aus Gärten. Mehrfach traf ich schon auf Menschen, die ihn stechen, wenn die Blätter absterben, um an die scharfen Wurzeln zu gelangen. Kaum Deutsche, meist Übersiedler aus Osteuropa und Westasien, die noch wissen, was gut schmeckt. Meerrettich ist in geriebener Form eine Delikatesse zu geräuchertem Fisch, Tafelspitz, Würstchen oder Schinken. Im Mittelalter fand man den Meerrettich auch medizinisch sehr nützlich. Litt man an Skorbut, Fieber oder der Wassersucht und genoss den beißenden Meerrettich, nahte Heilung. Und blieb bei Frauen die Menstruation aus, schuf der Rettich ebenfalls Abhilfe. Er hat sogar Achtung in der modernen Wissenschaft gefunden, denn er gilt als pflanzliches Penicillin, da er Jagd auf Bakterien macht.

Vor einigen der mächtigen Brückenbögen wächst der **Gewöhnliche Beifuß** (*Artemisia vulgaris*). Nach viel sieht er ja nicht aus. Die in Rispen angeordneten Blüten ändern ihre Farbe im Laufe der Blütezeit von graugrün bis gelblich und zartrosa. Die Blätter sind oberseits graugrün, darunter schimmern sie silbern. Auf diesen Beifuß gehen auch die Pollenwarnungen im Hochsommer und Frühherbst zurück. Aber alles ist halb so schlimm, wenn man weiß, was die manchmal auch zwei Meter hoch werdende Pflanze so alles kann: Reibt man an den Blättern, verströmen sie einen scharfen Geruch, der noch in zwei Stunden an den Fingern haftet. Der Gewöhnliche Beifuß ist eine alte Gewürzpflanze. So rieb man damit das Fleisch ein, um Fliegen und Maden fernzuhalten. Beifuß war ein perfektes Konservierungsmittel. Im getrockneten Zustand legte man ihn unter Matratzen und in Kopfkissen, um Ungeziefer gar nicht erst in Versuchung zu führen, es sich in Betten gemütlich zu machen. In der Küche hing die Pflanze an der Decke, um Schaben zu zeigen, dass sie hier nichts zu suchen haben. Und sollten Sie oder Ihre Kinder von Kopfläusen heimgesucht werden (meine Kinder hatten alle welche), kommen Sie um diese Pflanze nicht herum.

Unterhalb der Bögen, noch nicht direkt am kiesigen Ufer, streckt sich wie ein Pfeifenreiniger der **Große Wegerich** (*Plantago major*). Er strotzt von riesigen Exemplaren, denn es ist hier feucht und sehr nährstoffreich. Hinzu kommt noch der Tritt von so manch heimlichem Pinkler. Er ist zudem eine Survival-Pflanze, die man in Notzeiten komplett in sich hineinstopfen kann. Der Große Wegerich hat einen Blütenstand, der meist länger ist als der Stängel der Blüte. Er macht viele Samen, die im Verdauungstrakt ordentlich quellen. Je länger ich diese staksigen Dinger betrachte, diese merkwürdigen außerirdischen Antennen, umso mehr muss ich zugeben, dass dieses Gewächs so seine Reize hat. Schauen Sie sich mal seine hübschen Staubgefäße von nahem an, ein sagenhaftes Violett. Die Blätter sind rosettenförmig angeordnet; wer sich beim Wandern Schnitt- oder Kratzwunden geholt hat, kann als erste Maßnahme zerdrückte Blätter auf die Verletzungen pressen. Die Heilung wird so beschleunigt. Und nun mache ich, Pflanzenenthusiast, einen auf Magier, bei Exkursionen mit Kindern immer beliebt. Taucht ein Großer Wegerich auf, frage ich: «Wo fließt denn euer Blut?» Die Antwort erfolgt prompt: «In unseren Adern.» Danach sage ich, dass es bei Pflanzen nicht anders ist, dass Pflanzen auch Adern haben. Ist das formuliert, gehe ich zur Tat über und ziehe ein Blatt – Simsalabim – auseinander. Sehr schön sind dann die weißlichen «Adern» zu erkennen. Doch die Showeinlage ist noch nicht beendet, jetzt kommt es auf deren Anzahl an. Eins, zwei, drei? Drei wie jetzt bei mir? Oder sogar noch mehr? Ha, das zeigt die Zahl der Kinder an, die man bekommt. Die langen Fäden stehen für Jungs, die kurzen für Mädchen. Demnach habe ich zwei Jungen und ein Mädchen. Und genau so ist es. Haben Sie zu stark und vor allem zu schnell gezogen, bleibt es bei «null Nachwuchs»! Ich versuche es noch ein zweites Mal. Aha, danach hätte ich jetzt vier Jungs. Nö, das zählt nicht, nur der erste Versuch darf gewertet werden. Und am Ende noch ein hübsches Bild: In Nordamerika aus Europa eingewandert, nannten die Ureinwohner den Wegerich «Fußtritt des weißen Mannes». Das gefällt mir.

Nun aber zur ersten Stromtalpflanze, vorm dritten Brückenbogen gedeiht die auffällig und noch sehr spät im Jahr goldgelbe **Wilde Sumpfkresse** (Rorippa sylvestris). Sie wächst in Rasen, am Ufer, gern an den Abbrüchen. Die Sumpfkresse ist ein Kohlgewächs mit kräftigen unterirdischen Ausläufern. Die Blüten sind essbar, ebenso die Schoten und die Blätter.

Alle Pflanzen hier sind wild, aber die Wilde Sumpfkresse darf die Auszeichnung im Namen tragen. Die vielen walzlichen Schötchen sind meist waagerecht angeordnet, sieht aus wie eine Flaschenbürste en miniature.

Nun ein Tusch für die nächste Art, die nach der Elbe benannt wurde – die wärmeliebende **Elbe-Spitzklette** (*Xanthium albinum*). Was diese aber nicht davon abgehalten hat, auch am Rhein, am Main, an der Weser oder an der Donau zu siedeln (an der Ems fehlt sie). An verschiedenen Stellen wurzelt die bis 1,30 Meter hohe, einjährige Pflanze bis zu einen Meter tief. Das Lustige an ihr ist, dass sie eine sogenannte Kurztagspflanze ist, denn sie beginnt ihre Blüten erst auszubilden, wenn die Tageslichtdauer wieder unter sechzehn Stunden beträgt. Männliche und weibliche Blüten finden sich in getrennten Köpfen, die männlichen Köpfchen sind vielblütig, die weiblichen zweiblütig. Unter den Kletten ist die Spitzklette der Eierkopf, denn die Kletten der echten Arten sind rund, diese hier sind eiförmig. Oben mit lustigen Spitzen, wie Ohren bei Eulen. Ich pappe sie gern auf T-Shirts, manchmal bei mir, aber am liebsten bei anderen. Diese Art ist ein Massengut längs der Elbe, Sie können die Pflanze nirgends verfehlen. Das Ungewöhnliche an der Spitzklette ist: Es gibt nur wenige Arten, die sich neu bilden, oft muss die Evolution da über Tausende von Jahren aktiv werden. Doch in diesem Fall hat sich gezeigt, dass sich eine neue Art sogar in einem relativ kurzen Zeitraum bilden kann.

«Was haben Sie denn da?» Das fragt mich ein Spaziergänger, der im schlickigen Uferbereich mutig barfuß herumwatet und mich wohl aufs Korn genommen hat.

«Kletten», erwidere ich.

«Die sehen aber gar nicht so kugelig aus.»

«Ist ja auch eine Spitzklette.»

«Aha.»

«Passen Sie auf, zu dieser Pflanze gibt es folgende Geschichte ... Wollen Sie die überhaupt hören?»

«Sicher», erklärt mein Gegenüber. Was bleibt ihm auch anderes übrig?

«Die Spitzklette gab es an der Elbe schon vor hundert oder zweihundert Jahren. Damals dachte man, das sei eine aus Amerika eingewanderte Art. Jahrzehntelang hielt sich das Gerücht, sie wäre ein Neophyt aus den USA. Doch dann hat man sie mal genauer mit den amerikanischen Verwandten verglichen. Und was stellte man fest?»

Der Barfuß-Flaneur schaut mich richtig interessiert an. «Na, irgendwas stimmte da wohl nicht.»

«Gar nicht schlecht. Zweiter Versuch – was stellte man fest?»

«Vielleicht eine ganz eigene Art?»

«Experte, genauso war es. In Europa hatte sich eine neue Art gebildet. Beschrieben hat sie ein Berliner, der Professor Hildemar Scholz, einer unserer berühmtesten Botaniker, vor allen Dingen war er der Gräserpapst.» 2012 ist er gestorben, in hohem Alter, viel habe ich ihm zu verdanken. Wir hatten einen intensiven Briefkontakt, und jedes Jahr schickte ich ihm drei, vier mir unbekannte Gräser. Stets antwortete er: «Lieber Herr Feder, ich freue mich, dass Sie mir geschrieben haben!» Es gibt auch Botaniker, die bei einer Frage nie reagieren. Nicht so Professor Scholz. Sein einziger Wunsch war immer nur ein Belegexemplar für seine Sammlung. Die muss exorbitant groß gewesen sein, denn er bekam Post aus der ganzen Welt, eben wie ein richtiger Papst.

Der Barfüßler, Mitte fünfzig, beschreibt die Pflanze auf seine Weise: «Irgendwie erinnert mich die Pflanze an Hans Modrow.»

Jetzt bin ich mal an der Reihe, nachfragen zu müssen. «Wie meinen Sie das?»

«Bestimmt wissen Sie, dass der Modrow zu DDR-Zeiten recht lang Erster Sekretär der Bezirksleitung der SED in Dresden war ...» Ich bejahe, und der Mann mit den hochgekrempelten Hosenbeinen fährt fort: «Na ja, und der sah doch immer so bleich und blutarm aus, nur selten wird er nach draußen gegangen sein. Und so ein bisschen blutarm kommt mir diese Spitzklette hier auch vor.»

«Stimmt, blutarm passt. Aber mit ganz rauen Blättern, wie bei einer Ochsenzunge oder bei Schmirgelpapier. Und die Früchte schwimmen auch noch gut.»

«Das alles ist überhaupt kein Wunder, jedenfalls bei einem integren Parteifunktionär.» Da muss ich laut lachen, und der Barfüßler zupft sich ein paar Kletten ab. Die klebt er sich solidarisch auch noch an die Hose. So schnell findet man hier also Parteifreunde, botanische natürlich.

Die oben so zipfelige Elbe-Spitzklette passt sehr gut zu Dresden. Erinnert mich an die Karnevalsmützen, und in dieser Stadt wird Karneval ganz groß geschrieben. Das ist aber nicht so mein Metier. Ich könnte noch mehr zur Spitzklette fabulieren, über ihre harten Früchte, wahre Plagegeister, wenn man durch ihre riesigen Bestände stiefelt. Jetzt ist aber Schluss, zur nächsten Art bitte!

Da kommt doch diese niedliche, man muss schon sagen, so süße Kreation – Kreatur könnte ich auch sagen – gerade recht, das **Kleine Flohkraut** (*Pulicaria vulgaris*). Auf allen Roten Listen Deutschlands ist es verzeichnet. Das Kraut hat tolle gelbe Röhrenblüten und nur zwei Millimeter lange Strahlenblüten. Das Kleine Flohkraut ist der Floh unter den Flohkräutern! Ja, das ist schon richtig, denn es existiert noch das

Große Flohkraut, das aber eher auf Kalk steht und das engere Elbetal komplett meidet. Doch es heißt Flohkraut, weil die getrocknete Pflanze als ein Mittel gegen Flöhe in Kopfkissen gesteckt wurde. Also erneut ein Insektenfeind. Das Kraut riecht stark, dennoch nicht so sehr, dass es auch die Menschen vertreibt. Besonders liebt es die Elbe, hier bildet es inzwischen große Bestände aus. Weiter stromabwärts, im Wendland, im östlichen Niedersachsen fand ich 2015 mehrfach Populationen von jeweils über 10 000 «Flöhen». Sternstunden der Botanik sind das, und mein Fotoapparat musste mal wieder Schwerstarbeit verrichten.

Eine weitere Stromtalpflanze, die mit der Stadt nichts am Hut hat: der **Wiesen-Alant** (*Inula britannica*). Wie eine Margerite sieht er aus oder wie das Flohkraut in Groß, in ganz Groß. Oder wie kleine Feuerschalen. An vielen Stellen wirken die gelben Blüten etwas angegriffen, aber das Jahr ist ja schon ein wenig fortgeschritten. Doch gerade die auf den weniger intensiv genutzten Stromwiesen feixen sich eins und schieben noch munter weiter Blüten. Ein Vorteil, den man alljährlich an der Elbe beobachten kann. Diese Art ist zudem ein echter Buhnenbesetzer, egal ob an den Seiten oder ganz vorne, die Blüte immer im Wind. Das macht sie immer zu einem besonderen Hingucker, Faszination Pflanze pur – ob das denn die häufigen Buhnenangler überhaupt mitbekommen?

Schritt für Schritt wird jetzt das Ufer der Elbe abgesucht, sie kommt mir wie ein Wadi vor, das vorübergehend Wasser führt, wie eine abgelassene Talsperre. Große Kieselsteine sind zu einigen Feuerstellen zusammengelegt, an der gegenüberliegenden Uferpromenade wird über ein Rohr Wasser in den Fluss gepumpt. Wahrscheinlich stammt es aus kleineren Zuflüssen. In allen Flusstälern herrscht ein besonderes Klima, es ist hier wärmer, luftfeuchter und geschützter als in der umliegenden Landschaft. Eine Wannensituation. Hier halten sich auch Gewitter, besonders dann, wenn der Wind gering ist. Und selbst Väterchen Frost gelangt durch die Wärme nicht so schnell ins Flusstal. Nicht zu vergessen: Flusstäler sind Nebelquellen. Aufgrund dieses speziellen Lokalklimas ist hier das ganze Jahr über was los. Das zieht im Herbst und Winter nicht nur Botaniker, sondern natürlich auch die Vogelgucker an. Viele Enten- und Gänsearten, Gänsesäger, Kraniche, Silberreiher, Graureiher, Singschwäne, Eisvogel, Fischadler, Seeadler geben sich hier ein Stelldichein – garniert mit dem Kolkraben. Eine Kurzschnabelgans dazwischen wird dann zum tierischen Hit.

Nun wieder eine typische Elbeart. Im lückigen Kies gedeiht still vor sich hin das **Elbe-Liebesgras** (*Eragrostis albensis*). Das Rispengras ist unauffällig, lange Zeit war es völlig verkannt, dabei ist es so wunderschön verzweigt wie ein kunstvolles japanisches Gesteck. Doch dann war es plötzlich da, fast explosionsartig. Aber noch 1994, als ich bei einer Elbkartierung mitmachte, im Amt Neuhaus, einer Gemeinde im niedersächsischen Landkreis Lüneburg, wusste keiner, was für ein Gras das war. Irgendwie sah es nach einem Liebesgras aus. Aber was für eins? Umgehend musste abermals der Professor Scholz helfen, bei ihm konnten wir sicher sein, dass er alle bekannten Liebesgräser in seinem Archiv hatte. Hunderte von Arten, denn vor allem in Afrika sind sie sehr zahlreich. Er meinte: «Das Gras haben wir gar nicht!» Da er der Erste war, der es charakterisiert hat – in den *Verhandlungen der Botanischen Vereinigung zu Berlin und Brandenburg* 128.74 –, wurde es 1995 nach ihm benannt. Bis Hamburg hat es sich elbaufwärts ausgestreckt, dort ist aber

Schluss, danach wird es ihm zu salzig. Im Hinterland, abseits von Elbe und Oder, ist es sehr selten. Mal traf ich es in Lüneburg an, mal in Südniedersachsen, 2014 unerwartet im Rheinland, auf dem A3-Rastplatz Hünxe-West. Selbst Tankstellen darf man heute nicht mehr unbeobachtet lassen.

Noch keine zweihundert Meter weit bin ich gegangen, und da hat sich der **Hirschsprung** (*Corrigiola litoralis*) eingenistet. Ich hatte so gehofft, diesen Niedling, ein Nelkengewächs, hier zu finden. Und tatsächlich hat er mir den Gefallen getan, zu Hunderten sind seine weißen Blüten zu sehen. Er benötigt etwas Wärme, und die hat er vor allem in der zweiten Jahreshälfte, jetzt ist er also in Hochform. Wie ein Seestern breiten sich die bis zu 30 Zentimeter lang werdenden grüngrauen Triebe auf dem Boden aus. An deren Ende sitzen dann dicht an dicht die vielen kleinen Blüten. Umwerfend kontrastreich sieht das im Kieselgeröll aus. Jeder von uns liebt deshalb den Hirschsprung. Ihnen wird er auch gleich auf die Sprünge helfen, da bin ich mir total sicher!

Jetzt bin ich auf Höhe des Maritim Hotels – und bin perplex. Denn mit der **Fuchsroten Borstenhirse** (*Setaria pumila*) hätte ich hier nie gerechnet. Ich kenne ja schon viel Elbe, aber dieses einjährige Gras ist mir hier völlig neu. Vor Wochen fand ich anlässlich einer Exkursion etwas weiter abwärts, bei Niederwartha, die Ei-Sumpfbinse. Da hätte ich an die Decke springen können, aber auch diese Borstenhirse bereitet immer viel Freude. Die Rote ist hier auf jeden Fall ein Renner; wo es ihr gefällt, kann sie sich bis zu 1,2 Meter aufschwingen. Die zuerst blassen, dann gelben und zuletzt fuchsroten Borsten der Ährenspindeln sind ein Gedicht. Ab Oktober noch gesteigert, wenn alle Samen herausgepurzelt sind und man sie gegen das Licht hält – einmalig! Aktuell erobert die Fuchsrote Borstenhirse nun auch Rübenfelder und sogar Maisäcker. So lässt sich tatsächlich zum Mais noch was Gutes vermelden. Das hängt mit den zunehmend länger warmen und frostarmen Herbsten zusammen.

An vielen Stellen ist Kot von Graugänsen zu finden. Nachts hocken die Vögel auf den Kieseln, schlafen auf einem Bein und kacken sich aus. Nicht einmal wach werden sie dabei. Die Gänse machen sich so auf ihre eigene Matratze. Darf man das sagen? Aber es stimmt! Hoffentlich bleibt mir selbst all das (noch lange) erspart. Älter werde ich auch – puh, ich hab gerade einen kleinen Schwächeanfall. Ich muss mich sogar kurz mal hinsetzen. Es ist immer heißer geworden, Dresden ist 2015 eine der Hitzeinseln in Deutschland, Ostsachsen insgesamt wochenlang ein aufgeheizter Glutofen. Jetzt könnte ich drei Liter Cola trinken. Hab aber nichts dabei und Sauerampfer nicht in Abrupfnähe. Doch der Sitzplatz ist ansonsten günstig, neben mir behauptet sich nämlich der gezipfelte **Stechapfel** (*Datura stramonium*). Seine Samen wurden aller Wahrscheinlichkeit nach aus in die Elbe gelegten Klärrohren angeschwemmt. Vorsicht! Der Stechapfel ist unangenehm riechend! Und hochgiftig! Zehn bis zwanzig Samen sollen für Kinder tödlich sein. Die trichterartigen Blüten mit weißen Zipfeln sind nicht zu übersehen, die machen richtig was her. Die Blüten fangen erst spät im Jahr an, daher kann man sie noch im September/Oktober sehen. Oft entfalten sie ihre volle Pracht erst, wenn es langsam dunkel wird. Aus den Blüten entwickeln sich meist sehr stachelige Kapseln, die an den Stängelachseln drapiert sind. Der erste

Stechapfel des Jahres sitzt bei jeder Pflanze am tiefsten, er wird übergipfelt (so sagen wir auf Schlau). Es ist ein Nachtschattengewächs, ein Nährstoffanzeiger, eine Art der Müllkippen und Müllhalden. Unterschiedlich groß wird der Stechapfel, zwischen nur zehn Zentimeter und über einen Meter. In der Psychiatrie wurde einst Hyoscyamin, ein Inhaltsstoff des Stechapfels, eingesetzt, um Erregungszustände von Patienten zu therapieren. Heute verwendet man das Gift als Gegengift, etwa gegen Pestizide.

Mit einer gewissen Distanz wächst ein richtig scharfes Kraut, der **Wasserpfeffer** (*Persicaria hydropiper*), ein Knöterich, einst ein Pfefferersatz (was schon der Name verrät). Die Pflanze mit den dekorativ roten Blattgelenken ist weit verbreitet. Ein Knöterich kommt selten allein, ist also verwechslungsträchtig, aber den Wasserpfeffer erkennt man an seinen hellgrünen spitzen Blättern, oft mit einem schwarzen Fleck in der Mitte. Die Blüten gehen ins Weißliche, während alle anderen Knöterich-Arten einen Rotstich besitzen. Wasserpfeffer schmeckt nicht nur scharf, als Heilmittel ist er auch stark. Als Teeaufguss lindert er Menstruationsbeschwerden. Um Schwangerschaften zu verhindern, wurde er einst gegessen. Ein natürliches Empfängnisverhütungsmittel. Aber ob es funktionierte? Da bin ich mir nicht so sicher. Und welche Mengen musste man davon essen? Ich selbst bekomme nur wenige Blätter heruntergewürgt.

Da er gleich daneben wurzelt, machen Sie auch mit dem einjährigen **Floh-Knöterich** (*Persicaria maculosa*) Bekanntschaft, bildschön ist er. Er hat rötliche Blüten in walzenartigen Scheinähren, bis in den Oktober hinein wollen sie wahrgenommen werden. Die Blattoberseiten sind besonders gut zu erkennen, auf ihnen hat sich ebenfalls oft ein dunkler Fleck verirrt. Das einzig Gemeine am Floh-Knöterich ist, dass er ein Wirt für Blattläuse ist, die gern Krankheiten auf Pflanzen übertragen.

Irgendwie trete ich hier mal wieder auf der Stelle. Ich liebe das, viele Gewächse wie auf dem Präsentierteller. Mich zieht nun der **Strand-Ampfer** (*Rumex maritimus*) in seinen Bann. Schon wieder ein Knöterich. Dieser Einjährige ist so unglaublich anmutig. Lassen Sie sich nicht davon täuschen, dass er hin und wieder mickrig erscheint. Im Idealzustand wuchtet er 80 Zentimeter nach oben und blüht zuerst blassgelb, dann goldgelb, am Ende bräunlich. Der Ampfer ist eine Pflanze für Schmetterlinge. Die Raupen haben ihn zum Fressen gern, und die Falter saugen unermüdlich den Nektar aus den Blüten heraus. Den Ampfer kann man essen, aber irgendwie ist er auch ein wenig giftig. Den meisten Nutzen hat man von ihm, wenn man sich an ihm einfach nur sattsieht.

Gut essbar hingegen ist Frau Nachbarin, die **Graukresse** (*Berteroa incana*), eine Meisterin des Blühens – sie fängt Ende April mit weißen Blüten in dichter Traube an und hat erst vor Weihnachten genug, sofern es einigermaßen frostarm bleibt. Hat sie geblüht, stirbt sie leider. Durchgängig ist sie mit graugrünen filzigen Sternhaaren bedeckt, ein Kalkül, um gegen Trockenheit gewappnet zu sein. Auch die Stängel sind rau. Die Kresse ist ein Kohlgewächs mit hübschen, spitz zulaufenden, eiförmigen Schötchen. Die machen mich immer selig, vor allem unter der Lupe. Aus den Samen wird schmackhaftes Kresseöl gewonnen. Die Graukresse ist grandios, auf jeden Fall attraktiver als fast jeder Knöterich.

Nee, das kann nicht sein, das glaube ich nicht … Eigentlich sollte jetzt Schluss ein, ich habe genügend schöne Arten gesehen. Aber er drängt sich mir geradezu auf, der **Schnitt-Lauch** (*Allium schoenoprasum*). Und der darf mir nicht durch die Lappen gehen. Längs der Mittelelbe zwischen Riesa und Magdeburg taucht er ganze Steinböschungen im Juni/Juli in ein tolles Rosa bis Hellviolett. Ich hätte mich schwarz geärgert, hätte ich ihn übersehen. Zumal es gar nicht so vieler Worte bedarf, wer hat denn noch nie Schnitt-Lauch gegessen? Er wird bis 40 Zentimeter hoch und wenn Kühe ihn freitreten, als Zwiebelpflanze auch gerne mal von Hochwassern verdriftet. Hier zeigt er Nachblüten nach den letzten Niederschlägen Ende August. Ganz in der Nähe dieses Küchenklassikers, er ist eine wahre Vitamin-C-Bombe, strecke ich mich aus. Der Lauch weiß zu schätzen, dass ich für ihn kein lästiger Schädling bin, den man vertreiben muss. Das kann er selbst nämlich richtig gut. Angepflanzt im Garten, brauchen Sie kaum noch ein Schädlingsvertilgungsmittel. Und das ist auch noch über ihn zu sagen: Vor rund zwanzig Jahren wurde er zu einem Fall für die Dachbegrünung. Ein Gründach mit Schnitt-Lauch, passt das denn zusammen? Und ob, und wie! Im Substrat mit Kies, Grus, Asche oder Schlacke verdrängt er am Ende sogar alle anderen Blühpflanzen. Vor allem, wenn es etwas schattiger ist. Als mein Vater anfing, Schnitt-Lauch auf

seinem Flachdach auszustreuen, dachte er sich: Oh schön, blüht ja klasse, sieht toll aus mit den gelben und weißen Mauerpfeffer-Arten! Das Dach müssten Sie sich heute mal ansehen, fast nur noch dieser Schnitt-Lauch wächst darauf, randlich hängt er sogar schon halb herunter! Dass er so stark ist, vermutet man kaum, wenn man ihn so niedlich im Gemüsebeet sieht.

So, erst etwas mehr als die Hälfte der Strecke bis zur Augustusbrücke ist geschafft, aber mehr muss jetzt wirklich nicht sein. Mannomann, was liege ich glücklich im warmen Gras. In der Leipziger Hitze war ich federfixundfertig, jetzt bin ich nur fertig. Schon auf der Hinfahrt dachte ich: In Dresden wird es bestimmt richtig toll! Und es ist toll geworden, dabei bin ich kein Hellseher. Gerade unsere großen Flüsse vernetzen, sind unverzichtbare Trittsteine für viele Pflanzen- und auch Tierarten, also für uns alle, und müssen daher in Zukunft nicht weiter ausgebaut, sondern schleunigst wieder in naturnäheren Zustand gebracht werden.

Und jetzt wartet als krönender Abschluss nur noch unsere Hauptstadt: «Berlin, Berlin – ich fahr noch nach Berlin!»

Berlin

10

Berlin

Im östlichen Tiergarten zwischen Holocaust-Mahnmal und Venusbassin

D ie Berliner kennen da gar nichts, die fahren glatt über Rot. Und stoppt man selbst bei Gelb an der Ampel, wird schon mal gehupt. Überhaupt wird unentwegt gehupt, da bleibt null Zeit, sich zu orientieren. Und jeder schert rein, oft ohne zu blinken. Nix für mich. Ich will doch zu den Berliner Pflanzen, da muss ich auf Nummer sicher gehen, da brauche ich keine zwei Unfälle vorher. Zur obligatorischen Übernachtung im Auto suchte ich mir diesmal die Schwangere Auster aus – das Haus der Kulturen der Welt an der John-Foster-Dulles-Allee ist in seiner Architektur sensationell. Besonders dieses frei schwebende, geschwungene Dach – die Kongresshalle war übrigens der amerikanische Beitrag zur Internationalen Bauausstellung 1957. Bei meiner Übernachtung dort blickte ich auch auf das naheliegende Tipi am Kanzleramt, Europas größte stationäre Zeltbühne. Was haben Tipis nur am Bundeskanzleramt zu suchen? Affig sehen die schon aus, aber dann doch passend zum Affenkäfig Bundeskanzleramt.

So richtig heimelig war es jedoch nicht im Auto, langsam wird es draußen kälter. Nicht weiter verwunderlich, denn es ist der 9. Oktober. Knapp eine Woche zuvor, am Tag der Deutschen Einheit, war es in Berlin fast noch sommerlich warm. Aber ich hatte die Zeit um den 3. Oktober extra gemieden, keinesfalls wollte ich im Rummel der fünfundzwanzig Jahre untergehen. Vielleicht hätten sich Frau Merkel und Herr Gauck sonst auch noch zwischen die Pflanzen gelegt, stellen

Sie sich das mal bildlich vor. Womöglich nebeneinander ... Natürlich weiß ich, dass die zentrale Einheitsfeier dieses Jahr in Frankfurt am Main stattgefunden hat. Die Zwanzigjahrfeier fand damals, 2010, in Bremen statt. Große Brachflächen waren im Hafen zerstört worden, aus einem einzigen Grund: Die Kanzlerin wurde dort entlanggefahren, zu einem Empfang in einem Nobelgebäude am Europahafen. Dabei durfte ihr natürlich keine Unordentlichkeit ins Gesicht springen. Bis heute hat sich da dann nichts weiter getan, sinnlose Zerstörungen!

Zurück zu Berlin, zum Brandenburger Tor, zur Straße des 17. Juni, zum Tiergarten – dieser grünen Lunge für die Mitte Berlins. Nicht die geringste Spur ist mehr von den Festivitäten zu sehen. Ich bin eingekreist von Touristenmassen, deren Füße jeden Zentimeter Pflasterstein malträtieren. Vor lauter Schuhwerk sucht man in den Pflasterritzen aber nicht vergeblich, das Niederliegende Mastkraut aus Düsseldorf (siehe S. 93) und das Silber-Birnmoos kampieren auch hier noch. Das sind wahre Revolverhelden, doch nicht die gleichnamige Band des Vorwochenendes! Sonst aber ist hier Schmalhans Küchenmeister. Also, nichts wie schräg rüber über den Platz des 18. März und rein in den östlichen Bereich des Tiergartens. Der Tiergarten ist so ein toller Park, 207 Hektar groß, alles ist hier im grünen Bereich. Er steht stellvertretend für die 3,5 Millionen Einwohner Berlins auf einer Fläche von 891 Quadratkilometern. Rund zehn Gärtner tragen am Eingang Laub zusammen, haben im Vorfeld der Feierlichkeiten aber auch im Park gesenst.

«Sieht hier viel sauberer aus als noch im Jahr 2005.» Ich spreche einen meiner früheren Kollegen an, ohne mich als Exgärtner zu outen. Und 1985, es ist lange her, hatte ich für die Bundesgartenschau im Ortsteil Britz fast vier Monate lang am Stück Rosen geschnitten. Das gab richtig viel Geld, weit über 10 000 Mark. War der Berlin-Zuschlag da schon drin? Sicherlich. Dafür arbeitete ich aber auch am Wochenende. Nach Feierabend sah ich mir jedoch Berlin an, der Tiergarten war ein Muss. Einen Vergleich darf ich mir daher erlauben.

«Ick bin da nich so überzeugt.» Der Gärtner – viele Falten überziehen sein Gesicht, Sorgenfalten? – schüttelt vehement sein Haupt. «Wir werden immer weniger. Nur noch dreißig Leute kümmern sich um den riesigen Tiergarten. Früher waren wir noch hundert Mann. Deswegen sind wir auch so spät mit dem Laub dran, normalerweise fangen wir früher damit an. Jetzt ist alles matschig und platt.» Wieder schüttelt er bedächtig den Kopf, Freude sieht anders aus. Aber die will ich heute haben, beim letzten Stadtrundgang.

«Ich war auch mal Gärtner ...», hebe ich an, werde aber augenblicklich unterbrochen.

«Oh, wunderbar ist dette! Nehm Se den Besen! Machen Se Laub!» Der Mann zeigt auf allerlei Gerätschaften, angelehnt an einer Bank.

«Nee, nee», winke ich lachend ab und denke: Hier wird noch geharkt und nicht gepustet. Pusten geht fünfmal schneller, aber der Mann hat völlig recht: Weil es so nass ist, muss man harken, da kann man sich das Laub nicht einfach zusammenpusten.

Um nun den Fängen und den Fächern des Gärtners zu entkommen, eile ich zum Übersichtsplan am Ahornsteig. Ich will nahe dem Goethe-Denkmal, das gegenüber dem Holocaust-Mahnmal liegt, über den Großen Hain Richtung Venusbassin und Floraplatz. Am Ende steht das Sowjetische Ehrenmal jenseits der Straße des 17. Juni. Das ist die Nordgrenze, sonst laufe ich mich bei dieser Parkgröße noch tot, und Sie werden auch nichts finden.

Im Studium in Hannover hatte ich 1988 im Fach «Geschichte der Gartenkunst» eine Abschlussprüfung, nun raten Sie mal, zu welchem Thema! Über den Berliner Tiergarten – so trifft man sich wieder, und etwas habe ich auch noch von meinem Wissen behalten. Im 16. Jahrhundert war der Park ein Jagdgebiet der Kurfürsten von Brandenburg. Man zäunte das Gelände ein und setzte Wildschweine fürs Vergnügen aus. Friedrich der Große fand das Tiretöten aber gar nicht so lustig wie seine adligen Vorgänger, er ließ das Wildrevier zum Waldpark umgestalten. Den Auftrag dazu erhielt 1742 Georg Wenzeslaus von Knobelsdorff, ein verdienter Soldat! Schon mal dieser prächtige Name, da klingt Preußen durch. Dieser Knobelsdorff hatte zu seinem König eine sehr persönliche Beziehung, die aber nicht immer versöhnlich war. Aber schon fünfzig Jahre später wandelten sich die Moden, auch die in der Gartenkunst. Statt des verspielten Barock mit kuschelig-verschlungenen Wegen und Labyrinthen bevorzugte man nun vielfältige Sichtachsen nach dem Vorbild englischer Landschaftsgärten. Peter Joseph Lenné, einem gebürtigen Bonner Gärtnergesell, überantwortete man die Aufgabe der erneuten Umgestaltung. Er veränderte den Tiergarten so, wie er heute noch ist. Die Skulpturen sind schon aus weiter Entfernung zu erkennen. Aber nun genug der Historie.

Ein Blick genügt: Dieser 2015er-Herbst sorgt nicht mehr für große florale Üppigkeiten. Aber Sie sind ja schon geschult und haben inzwischen über zweihundert Pflanzen kennengelernt. Was bleibt da noch übrig? Das Mauerblümchen fehlt, sollten Sie sich diese Art von Berlin erhofft haben. Keine Mauer, kein Mauerblümchen. Und durch den Tiergarten verlief die Mauer sowieso nie.

Von Natur aus ist der Boden in diesem Park sandig, und weil die Spree nicht fern und so Grundwasser nah ist, gibt es hier einen speziell wechselfeuchten Untergrund. Und auf diesem thront gerne die **Stiel-Eiche** (*Quercus robur*). Diese Eiche ist *der* Baum der Deutschen, weshalb viele ihn auch als Deutsche Eiche betiteln. Es ist aber nicht das Blatt gestielt, sondern es sind die Früchte. Als Kind haben wir den dicken Max markiert, indem wir die Früchte vom Stiel abmachten, bis auf eine, und das Stielende im Mund platzierten, nach dem Motto: «Hier, guckt mal, wir rauchen Pfeife.» Mit elf griffen wir jedoch schon mal zu echten Zigaretten, über Eichenpfeifen haben wir dann nur noch gelacht. Von der Blattfärbung macht der Baum wenig her, die Blätter werden im Herbst leicht gelblich-bräunlich, viele fallen aber auch grün ab, oft nicht vor Ende November. Die Eiche wächst langsam, weshalb sie mit das härteste Holz hat. Wuchtige Schränke werden daraus gemacht, zudem wird es im Schiffsbau verwendet, da es Wasser aushält. Achthundert Jahre kann sie alt werden, ein Methusalem unter den Bäumen. Um den Stamm liegt ein Teppich aus Eicheln. Als Jugendlicher zog ich um diese Jahreszeit gern mit Freunden los, um Eicheln oder Kastanien in Säcken zu sammeln. Ich kletterte auf die Bäume hinauf, schüttelte an den Ästen, und die unten Gebliebenen sammelten die Früchte ein. Manchmal kamen Größere vorbei, um Früchte zu stibitzen. Dann musste ich immer schnell vom Baum runterklettern und den Dieben den Marsch blasen. Im Tierpark Olderdissen in Bielefeld gab's zehn Mark für einen Kartoffelsack mit Eicheln und zwanzig, wenn Kastanien drin waren. Ganz viel Geld war das damals. Den Germanen war die Eiche mit ihrer im Alter stark rissigen Borke noch viel teurer, ihnen war sie Sinnbild für Unsterblichkeit und Standhaftigkeit. Das Eichenlaub wurde zum Symbol, als es 1871 zur Reichsgründung kam, war Ausdruck nationaler Einheit. Fortan fand man Eichenlaub auf Orden oder Münzen. Die Rückseite eines Fünf-Mark-Scheins zierte einst ein Zweig mit Eichenblättern. Und Generale der Bundeswehr tragen noch heute Schulterabzeichen, auf denen ein goldener Eichenlaubkranz prangt.

Die Berliner Stadtgeschichte kann ich doch nicht ganz außen vor lassen. Urkundlich wurde zum ersten Mal nicht Berlin erwähnt, sondern die auf der Spreeinsel gelegene Stadt Cölln, das war 1237. Danach wurde eine Siedlung nach der anderen eingemeindet, so etwas richtig Gewachsenes war das spätere Berlin also nicht. Erst 1871 wurde es endlich Reichshauptstadt, im Vergleich zu anderen Metropolen sehr spät. Berlin war dadurch ein europäisches Schmuddelkind. Paris und London konnten längst auf ehrwürdige Traditionen als etablierte Zentren ihrer Länder zurückblicken, mit alteingesessenem Adel, solidem Bürgertum und wirtschaftlicher Macht. Berlin bot vor allem verarmte Aristokraten, konnte und musste besonders auf zupackende Zuwanderer hoffen.

Nicht eine einzige Tretmine ist zu sehen, nicht ein einziger Hundehaufen. Erstaunlich – entweder achten die Leute darauf, oder es gibt in Berlin keine Hunde mehr. Letzteres ist unwahrscheinlich. Und an den reduzierten Gärtnern kann es ebenfalls nicht liegen. Wie dem auch sei, meine ganze Aufmerksamkeit bekommt nun das **Silber-Fingerkraut** (*Potentilla argentea*), das um die Stiel-Eiche herumwächst. Es ist eines jener Fingerkräuter mit silbrigen Blattunterseiten, die bei zu viel Sonne einfach umgedreht werden. Etwa acht Fingerkräuter könnten diesen Namen haben, aber nur dies hier heißt auch Silber-Fingerkraut. Es blüht überaus fleißig von Mai bis Oktober. Ganz platt liegt es da, man kann drauftreten, und über Berliner Mäher lacht es sich schlapp.

In Spuckweite steht ebenso in rauen Mengen der **Unechte Gänsefuß** (*Chenopodium hybridum*). Ich sage Ihnen, der Berliner Tiergarten ist ein Paradies für diesen Spätentwickler, und das schon vorweg: Sie erwartet zwar keine Gänse-Parade in Berlin, wohl aber eine Gänsefuß-Parade. Tiere verschmähen den Unechten Gänsefuß, und so von Kaninchen freigestellt, kann er nach Herzenslust seine Samen fallen lassen, häufig an Säumen von Büschen und Wald. Ganz typisch ist sein Geruch, nicht recht definierbar, eben ganz nach Art des Unechten Gänsefußes. Die Blätter kann man essen, ich würde sagen, wer da weniger gut riecht, ist klar im Vorteil! Das Blatt ist groß und randlich mehrfach zugespitzt. Kein Gänsefuß sieht sonst so aus, er kleidet auch groß das Berliner Titelblatt auf S. 222.

Herrlich knackt es unter den Füßen, während ich mich über den Eicheln hinweg einer Berliner Spezialität nähere. Schauen Sie nach links, können Sie durchs Gehölz das Holocaust-Mahnmal für die ermordeten Juden Europas sehen, dieses wellenförmige Feld mit rund 2700 Stelen. Blicken Sie auf den Boden, ist der **Weiße Amarant** (*Amaranthus albus*) zu sehen, auch Weißer Fuchsschwanz genannt. Seine ursprüngliche Heimat sind die Südstaaten der USA, über die Bahnhöfe und Häfen wanderte er bei uns ein, heute ist Berlin die Hauptstadt dieser Pflanze in Deutschland. Nirgends ist dieses bis 50 Zentimeter hohe Gewächs so häufig wie in der Hauptstadt. Es ist einjährig, hat weiße derbe Stängel und kleine Blätter, die zum Rand hin leicht gewellt sind. Solch reduzierte Blätter bedeuten Hitzeschutz. Die weißlich-grünen, hin und wieder gelblichen Blüten sitzen in den Blattachseln. Die Blätter können wie Spinat gegessen werden, aus den glänzenden Samen lässt sich Brot backen, wie beim Grünährigen Amarant (siehe S. 194).

Und weiter auch der Nase nach der nächste Gänsefuß, dieses Mal der **Australische Gänsefuß** (*Chenopodium pumilio*). Dieses fünf bis 75 Zentimeter hohe Gewächs duftet stark aromatisch, richtig gesund nach Medizin (Hustenbonbons) und klebt leicht. Erst seit 1890 in Deutschland, treibt es ihn gern in aufgeheizte Städte. Diese einjährige Art hat es hier im Tiergarten gut, die vielen Eicheln unterdrücken nämlich jegliche Konkurrenz. Kennzeichnend sind verhältnismäßig kleine, graugrüne, zart gebuchtete Blättchen und Blütenknäuel ebenfalls in den Blattwinkeln. So ganz in der Sonne steht sie hier auch nicht, da kann man mal wieder sehen: Keine Pflanze verhält sich genau nach Lehrbuch. Der Australische Gänsefuß macht, was er will, wie ja auch die Gänse.

Fast so bekannt wie das Gänseblümchen ist die **Gewöhnliche Schafgarbe** (*Achillea millefolium*). Sie sieht hier etwas abgefressen aus, Kaninchen halten sich mit dieser Art über Wasser. Zugegeben, ein etwas unpassendes Bild, denn ganz trocken ist der Parkrasen. Einst wuchs sie hauptsächlich dort, wo Schafe weideten, diese Zeiten sind jedoch längst vorbei. Daher könnte sie heute besser Scharfgarbe heißen, denn das Scharfe ist ihr noch geblieben, im Geruch und im Geschmack. Die überwiegend weißen, selten rosafarbenen Blüten sind in hübschen Schirmchen vereint. Im Mai fangen sie an zu blühen, vor Oktober hören sie nicht damit auf. Nicht selten ist sogar Weihnachten noch nicht Schluss. Die Inhaltsstoffe machen die Schafgarbe zum bekannten Würz- und Heilkraut. Es wirkt schleimlösend, verdauungsfördernd, wundheilend, entkrampfend und antibakteriell. Schafhirten verabreichten sie daher einst kranken Tieren beim Fressen.

Ich bewege mich unweit des Goethe-Denkmals von Fritz Schaper, prominentester Vertreter der Berliner Bildhauerschule. Der Dichterfürst wurde aus weißem Carrara-Marmor gehauen, was mich aber nur ganz kurz von der **Echten Hundszunge** (*Cynoglossum officinale*) ablenkt. Meist erzähle ich Ihnen ja etwas über blühende und fruchtende Pflanzen, hier haben Sie es aber nur mit Blättern zu tun, denn die Blütezeit der Hundszunge (Juni/Juli) ist vorbei. Anfänglich sind die Blüten dunkelviolett, später wechseln sie ins Braunrote. Die Früchte sind wie Kletten, sie standen Pate für unsere Klettverschlüsse. Beides können Sie im nächsten Jahr beobachten, jetzt müssen Sie sich mit zungenartigen, kräftigen Blättern in flachen Büscheln trösten. Rosetten nennen wir solche Gebilde, Usus vor allem bei zweijährigen Arten. Ich kann diese Hundszunge einfach nicht ignorieren, einen meiner Lieblinge, schon gar nicht, wo sie hier im Park recht häufig ist. Und Himmel! Da ist ja noch eine Nachblüte. Entzückend!

Goodbye, Goethe. Ich bin nun auf der Höhe der Gedenkstätte für die in der Nazizeit verfolgten Homosexuellen – ein breiter Betonquader mit einer verglasten Öffnung, durch die man einen Film über NS-Verbrechen an Homosexuellen sehen kann. Gegenüber erhebt sich über Gebühr das Zentralgebäude der Deutschen Bahn AG, erkennbar an den beiden Leuchtbuchstaben «DB». Der Turm ist ein Klotz, aber weniger mondän als protzig. Einige Stockwerke weniger hätten es auch getan. Der Chinesische Götterbaum (siehe S. 129) will da eigentlich auch mitprotzen, aber am Ende beschränkt er sich hier in den auch mal beschatteten Parksäumen auf nur zwei bis drei Meter.

In Sichtweite des DB-Glasturms schlängelt sich der **Hecken-Windenknöterich** (*Fallopia dumetorum*), die nahe Spree lässt grüßen. Wie eine Girlande, eine Liane sieht er aus. Ansonsten ist der Knöterich auch ein Meister der Zäune, Maschen- und Stacheldrahtzäune liebt er ganz besonders. Weißliche Blüten und dreikantige, glasige, zuletzt rötliche Früchte sieht man oft gleichzeitig. Ein rötlicher Ansatz ist jetzt schon erkennbar. Er mag es gern etwas grundfeucht, ein Beispiel dafür, wie aus einer Auenpflanze eine Stadtnudel werden kann. Und das Nudelige hat diese Art für jeden klar ersichtlich.

Vom Knöterich stiefele ich über den großen Rasen, fast sacke ich ein: nicht vor Nässe, sondern Wühlmäuse und Maulwürfe haben den Boden ganz schön beackert. Es folgt ein Kunstprojekt. Seine Bedeutung ist nicht auf Anhieb zu verstehen, da hilft wieder eine erklärende Tafel. Zehn Steine soll das «Friedensprojekt» umfassen, fünf aus jedem Kontinent im Tiergarten und fünf nahe dem Brandenburger Tor. Dort habe ich gar keine Dreißigtonner gesehen, so viel soll jeder Stein wiegen, aber das muss an mir gelegen haben. Die jeweils fünf Steinpaare symbolisieren die fünf Schritte zum Frieden: Erwachen (Europa), Hoffnung (Afrika), Vergebung (Asien), Liebe (Amerika) und Frieden (Australien). Die Steine, so lese ich weiter, sind ein «Geschenk an alle Menschen der Welt». Ich fühle mich nur etwas beschenkt, bin ja auch eher ein Kunstbanause.

Sich groß beschenkt fühlen – das schafft viel besser ein echter Veganer. Im Umkreis des Friedensprojekts erheben sich Hunderte Exemplare vom **Zurückgebogenen Amarant** (*Amaranthus retroflexus*). Er ist eine eher matte und graue Eminenz, doch das täuscht sehr. Vor kurzem wurde hier gemäht, das lässt ihn aber ganz kalt, besser warm, da hilft nämlich die Berliner Sommerwärme. Und er schwingt sich ein weiteres Mal auf. Unerschrocken, wie die Berliner so sind, müsste man diesen Amarant zur Berliner Kennart küren. Auch weil die Kaninchen nicht das geringste Interesse an ihm haben. Die kleinen, glänzend schwarzen Samen, Diskusscheiben in Miniformat, werden einen Millimeter breit. Da grüßt doch der Sportler des Jahres, der Diskusweltmeister und Olympiasieger Robert Harting. Der ist so was von Berliner, aber ganz sicher kein Veganer. Dieser Amarant wird wie der Grünährige (siehe S. 194) angebaut. Verwendet werden die Samen wie Mohn, so gibt es in entsprechenden Läden Amarant-Kuchen und Amarant-Kekse.

Höchstens einen Steinwurf entfernt hat sich der **Gewöhnliche Reiherschnabel** (*Erodium cicutarium*) festgesetzt, eine verbreitete Pflanze hier im Tiergarten. Mehrere Blüten, meist bis zu sieben, stehen nebeneinander. Sie sind hellviolett mit einem leichten Blaustich, ganz selten mal in Weiß. Markenzeichen sind die exorbitanten Fruchtstände, kleine Reiherschnäbel eben. Diese eigentliche Ackerart begnügt sich gern auch mit Ersatzstandorten. Selbst in Friedensprojekte lässt er sich einbinden. Überall sind flache blaugrüne Rosetten zu entdecken. Aber was liegt denn dazwischen im Gras? Blaue Perlen? Düngen die etwa hier? Nein – oder doch? Doch, die düngen! Das ist Blaukorn, unglaublich. Wozu düngen die? Die Gärtner wollen anscheinend mehr arbeiten … Dabei sind es nur noch dreißig Leute, und trotzdem machen sie hier so'n Blödsinn. Die Rasenlücken sollen womöglich verschwinden, da können sie aber lange warten. Ursache sind nämlich die vielen querlaufenden Berliner und Touristen, viele Kaninchen und kontinentale Sommer.

Da fällt mir ein: Ich hab bislang gar nichts zur Silberhochzeit gesagt. Der Tag zum Feiern ist für mich ja eher der 9. November, der

Tag, an dem die Mauer fiel. Am 3. Oktober beweihräuchern sich doch nur die Politiker selbst. Die Wiedervereinigung ist den DDR-Bürgern damals übergestülpt worden, Kohl ging es nicht schnell genug. Und die anderen haben alle mitgemacht, de Maizière und wie sie hießen. Ungerecht war das. Westdeutsche Firmen kauften sich im Osten ein, so schnell konnte man gar nicht gucken. Im Bremen gibt es zum Beispiel eine Müllentsorgungsfirma, die unmittelbar nach dem Mauerfall nach Dresden ging, nach Leipzig und Rostock, um dort die Müllabfuhr zu übernehmen. Auf Kosten der Einheit hatten viele sofort die Claims abgesteckt, sich die Sahnestücke herausgepickt.

Leicht aufgebracht gehe ich weiter, doch rasch besänftigt mich **Loesels Rauke** (*Sisymbrium loeselii*). Hellgelb blüht die Rauke in wunderschönen Trauben, typisch sind die vielen schlanken, weit abstehenden Schötchen. Mitte des 17. Jahrhunderts entdeckte sie der brandenburgische Botaniker und Arzt Johannes Loesel in Dresden, deshalb der auf den ersten Blick so lustige Name. Die einjährige Pflanze keimt im Herbst und überwintert in Rosetten. In Berlin ist sie sehr häufig anzutreffen; je weiter es nach Westen und Norden geht, desto seltener wird sie. Im Juni fängt sie an zu blühen, im Oktober ist sie noch dabei. Die Rauke ist ziemlich auf Städte fixiert, was heißt, dass sie sehr wärmeliebend ist – in urbanen Zentren ist es oft drei, vier Grad wärmer als im Umland, tagsüber wie auch nachts und im Jahresverlauf. Stark behaart ist sie, zudem essbar. Sie schmeckt ähnlich scharf wie der Wasserpfeffer, wenige Blätter genügen da.

Gehofft hatte ich, dass mich auf dieser letzten Tour Steffi begleitet, aber sie ist mit ihrer Schwester lieber in ein buddhistisches Kloster nach Frankreich gereist. Mir vollkommen unverständlich, in ein Kloster zu gehen, so abgeschirmt, wohl noch ohne Wolldecke auf'm Fußboden schlafen. Sie wollen dort meditieren. Mich würden da keine zehn Pferde hinbringen. Meditieren – das erfordert eine gewisse Stille, also Mund halten. Das ist nichts für mich. Da wandere ich lieber in Richtung Venusbassin. Das ist aber merkwürdig: Mitten auf dem Hauptweg steht ein Baumstumpf, gut einen halben Meter hoch, ein brachiales Hindernis. Warum hat man den nicht komplett abgesägt? Total idiotisch, eine gefährliche Fahrradfalle. Nachts ohne Licht fällt man hier voll auf die Berliner Schn... – einen sensiblen Tagträumer kann es im Vorbeikommen aus allem reißen. Da hilft auch das Rot eines Warnhinweises nichts.

«Ist da schon mal jemand gegengedonnert?», rufe ich einem jungdynamischen Radler hinterher.

Der Angesprochene dreht sich ohne Tempodrosselung um und ruft: «Haben Sie denn nicht das viele Blut drum herum gesehen?»

Der hat Humor, das gefällt mir. Bestimmt ein echter Berliner.

Links komme ich auf die nächste Wiese, ich befinde mich direkt über dem Tiergartentunnel, gebaut 1997 zur Entzerrung des Verkehrs in Berlin-Mitte. Der Rasen ist besonders trocken und daher lückig, wie über verlegten Heizungsrohren. Hier findet sich viel von meinem verehrten Kleinen Liebesgras (siehe S. 127), ganz Berlin trieft von dieser niedlichen Art. Mitten im Rasen ist es aber eher selten. Der **Weiß-Klee** (*Trifolium repens*) wächst hier aber noch, in schönster Blüte. Der Bauer mag ihn nicht besonders, zumal dieser Klee sehr kurz ist und bei Trockenheit schnell mickert. Dabei verhindert er in Gebirgen Erosionen, und wenn nichts anderes zum Fressen da ist, begnügt sich die Kuh auch mit ihm. Der Weiß-Klee ist trittunempfindlich, macht

Ausläufer (unter- wie oberirdisch) und ist auf Rasenflächen allgegenwärtig. Übergehe ich ihn, werden Sie sicherlich fragen: «Wat'n ääii, wieso is'n dieser Klee nich drin, den *ick* kenne?» Ist doch so, oder? Die Blätter haben oft einen hübschen Zierrand, so wie manche Frauen gern rote Lippen und schwarze Stiefel tragen. Pflanzen wissen sich auch zu schmücken.

In Richtung Norden und Venusbassin befindet sich in Sichtweite das Denkmal für die drei Tenöre, pardon, die drei Komponisten: Beethoven, Haydn und Mozart. Strahlend weißer Carrara-Marmor wurde diesmal nicht verwendet, dafür griechischer und Tiroler. Auch nicht viel schlechter, aber was verstehe ich schon von Marmor? Unter der mittleren von drei jüngeren Rotbuchen, nahe einem den langgestreckten Rasen querenden Weg, können Sie nun das berühmte Zille-Milieu erleben – wenigstens botanisch, mit dem **Pennsylvanischen Glaskraut** (*Parietaria pensylvanica*). Berlin ist voll von diesem Brennnesselgewächs, es hockt unter Parkbänken und Büschen, an Fahrradständern, auf Spielplätzen und Friedhöfen und eben in Hinterhöfen. «Glaskraut» heißt es nicht, weil es leicht bricht (das tun viele Pflanzen), sondern weil man früher die Asche dieser Art der Emaille beimischte, dem sogenannten Schmelzglas. Die Blüten sind grün oder rötlich-grün. Die Staubfäden der männlichen Blüten sind eingekrümmt, dadurch werden die Staubbeutel plötzlich nach außen geschleudert. Etwas blutleer sieht das Glaskraut dann aber aus, also doch etwas wie Glas.

«Moin», begrüße ich einen weiteren Radfahrer, der auf das Denkmal und somit auf mich zufährt. «Ich notiere Sie nicht, keine Bange.»

Der Mann in schwarzer, völlig neuer Radlermontur mit schwarzen Handschuhen und mehreren schwarzen Gepäcktaschen, alles passt perfekt zusammen, steigt von seinem – na klar – schwarzen Rad ab. Etwas ratlos, aber auch neugierig schaut er mich an. Seine Brille hat einen Silberrand, die Haare sind graumeliert, ich schätze ihn auf fünfundfünfzig plus. Ein Marsianer in Black?

«In Berlin grüßt man nicht», sagt er. «Hier geht man sich aus'm Weg.»

«Das ist mir neu», erwidere ich. «Hab ich noch nicht bemerkt.»

«*Moin* habe ich hier jedenfalls bislang nicht gehört!»

Wieder bin ich anderer Meinung. «Gestern kaufte ich Brötchen an der Theke von Kaiser's am Kaiserdamm, in Charlottenburg ist das. Da wurde ich doch tatsächlich mit *Moin* begrüßt. Da habe ich aber gestaunt, die Verkäuferin kam aus Mecklenburg. Woher kommen Sie?»

«Unterhalb von Bremen», bekundet der schwarze Radler.

«Ha!», sage ich. «Das gibt es doch gar nicht, ich wohne in Bremen jetzt seit über zwanzig Jahren, so ein Zufall aber auch.»

«Vielleicht spürte ich das und stoppte. Doch was machen Sie hier?»

«Ich schwelge in Pflanzen. In neun Städten war ich bislang, Berlin, die Hauptstadt, ist die letzte Station. Ich möchte Leute dazu animieren, sich Wildpflanzen mal genauer anzuschauen. Mal vom Rad abzusteigen …»

«Tue ich ja gerade.» Der schwarze Mann nestelt an seinem Helm, als wolle er ihn abnehmen, unterlässt sein Vorhaben aber wieder. «Ich mach gerade eine Fahrradtour, hab aber nicht so viel Sitzfleisch und schiebe auch mal zwischendurch.»

«Ich kann Ihnen nur empfehlen, mal über ungedüngte Rasenflächen längs der Spree oder längs dieser breiten Ausfallstraßen zu flanieren. Berlin ist die artenreichste Stadt in Deutschland, die Wiege der Stadtbotanik, ja, von ganz Europa. Hier gibt's verschiedenste Biotope. Wald. Heide. Friedhöfe, Seen, Kanäle, tolle Parks, große Plätze. Und natürlich die alten Bahnanlagen.»

«Glaube ich sofort. Man erlebt in Berlin mehr, als man es sonst von einer Großstadt gewohnt ist. Gestern rannte keine drei Meter entfernt ein Fuchs an mir vorbei. Und als ich in einem Café saß, um ein Eibrötchen zu essen, merkte ich, dass ich eine Serviette vergessen hatte. Also ging ich zurück, um eine zu holen. Als ich dann wieder zurückkehrte, hatten sich schon die ersten Spatzen vergnügt.»

«Und wo wollen Sie noch hin?», will ich jetzt wissen.

«Das weiß ich nicht genau, ich lass mich treiben. Versuche, ohne eigenes Geld auszukommen. Frage zwischendurch um Unterstützung.»

«Guck mal einer an. Da ist ja einer so extrem wie ich. Ich schlafe nur draußen, also im Auto, in meinem Schlafsack.»

Der Radler ist in Gedanken versunken, so recht hat er mir nicht zugehört, was ich an seiner weiteren Erzählung feststelle. «Man wundert sich, was für eine Selbstaufmerksamkeit man dadurch erhält. Man braucht gar nicht mehr viel Konsum, den benötigt man nur zur Ablenkung.»

«Sie sind ganz schön weise.» Eine bessere Antwort fiel mir nicht ein. Hatte er eben einen Kurs zur Sinnfindung absolviert?

«So würde ich es nicht nennen. Aber ich komme aus einer anderen Welt, das ist jetzt ein reines Umerziehungsprojekt für mich.»

Kurz überlege ich, was er damit meinen könnte, dann frage ich: «Sind Sie ein Manager?»

Der Marsianer nickt. «Es ist einfach, wenn ich derjenige bin, der ein Boss ist oder Geld hat. ‹Geht rechtsrum!›, das kann jeder Vollidiot sagen, nicht aber: ‹*Ich* gehe jetzt rechtsrum!›, das ist schon schwieriger. Sie wollen abnehmen. Sie machen den Kühlschrank auf, Sekt und Kaviar befinden sich darin, und Sie gucken sich das an wie ein Fernsehprogramm und machen dann die Tür wieder zu. Das ist Willpower. Doch die meisten haben eine solche nicht. Die meisten sind sehr klug, wissen sehr viel, aber, ich sag das mal jetzt ganz blöd, sie sind zu dumm, was das Fühlen betrifft.» Ich kann kaum fassen, was ich da gerade alles zu hören bekomme. Und das passiert mitten im so quirlig-lauten Berlin, während man selbst doch nur nach Pflanzen Ausschau hält. Black Man, der tatsächlich etwas von Spider-Man hat, fährt fort: «Nimmt einer 500 000 Euro oder Dollar im Jahr als Gehalt an, um eine Atombombe oder etwas Vergleichbares zu basteln, kann man davon ausgehen, dass er gefühllos ist. Das Geld steuert ihn. So sind wir alle ein bisschen erzogen, der eine mehr, der andere weniger. Aber es macht überhaupt nicht glücklich.»

«Da hoffe ich, dass Sie noch eine Menge an Gefühlvollem auf Ihrer Reise erleben.» Der Mann hat ja einiges nachzuholen, ganz klar.

Er steigt jetzt auf sein Rad und winkt. Bei diesem Edeloutfit hätte ich nicht erwartet, dass sich dahinter ein sich Eibrötchen «erbettelnder» Philosoph verbirgt. Ich bin beeindruckt, fast perplex.

Aber halt, ich will die Botanik nicht vernachlässigen. Ich stehe nun direkt vor dem Denkmal von Beethoven, Haydn, der sicher einen Heidenspaß gehabt hatte, und Mozart, der dagegen nur fünfunddreißig Jahre alt wurde. Mozart hat so viel geschafft in seinem extrem kurzen Leben. Totgearbeitet hat der sich. Das sollte man nicht machen. Das hatte wohl auch gerade «mein» Radfahrer im Sinn. 1904 wurde das Denkmal mit den drei Halbfiguren eingeweiht, zehn Jahre vor dem Ersten Weltkrieg. Da brummte Deutschland, da war die Welt noch in Ordnung – jedenfalls halbwegs. Direkt gegenüber ist ein Bild aufgestellt, das mich fast umwirft: ein Blick zum Reichstag im Sommer 1945, ein völlig freier Blick vom Denkmal zum Herzen der heutigen Republik. Der ganze Tiergarten war abgeholzt, kein Baum ist zu sehen. Alles während der Kriegshandlungen verbrannt, gleichzeitig und später noch abgeholzt, der Park diente als Brennholzreservoir. Was heißt: Alle Bäume um mich herum sind keine siebzig Jahre alt.

Vor dem von Knobelsdorff gestalteten Venusbassin, Mozart im Rücken, zeigt mir in der herbstlich milden Sonne eine weitere Pflanze

Im östlichen Tiergarten zwischen Holocaust-Mahnmal und Venusbassin

die Zunge, diesmal die **Gewöhnliche Ochsenzunge** (*Anchusa officinalis*). Auch so eine Berliner Schönheit, letztes Jahr fand ich die massenhaft auf den Baustellen rund um den Hauptstadtbahnhof. Riesige Geräte darunter, direkt vor Holzwänden und Zäunen. Die Blüten im Doppelwickel sind in ein fantastisches Violett-Rot-Blau getaucht, Blau ist am Ende dominant. Dazu samtige Schlundschuppen, da kann Mozart auch nur andächtig zuschauen.

Das erfordert schon Scharfblick, im Rasen wuchert ein weiteres Gras, die **Kahle Fingerhirse** (*Digitaria ischaemum*). Kahl deshalb, weil sie tatsächlich keine Haare hat. Trittverträglich ist diese Art, ein Nährstoffjunkie. Stark zugenommen hat sie daher an und in Maisfeldern. Sie liebt es heiß und trocken, auch mal feucht. Jetzt, im Herbst, befindet sie sich in der Abwrackphase, doch sie ist noch recht ansehnlich. Da die Pflanze große Samen macht, bereitete man aus ihnen in Notzeiten einen Hirsebrei.

Auf Höhe des Venusbassins wölbt sich links hinter einer Hecke eine kleine Böschung, hier knubbelt das **Gewöhnliche Hirtentäschel** (*Capsella bursa-pastoris*) herum. Kein Wunder, Geknubbele genau dort, wo der Knobelsdorff war. Gleich daneben gibt es auch wieder eine ordentliche Ladung von Kaninchenköteln. Bei so vielen Nährstoffen legen die kleinen weißen Blüten des Gewöhnlichen Hirtentäschels noch mal richtig los. Willy Brandt, einst Regierender Bürgermeister von Berlin und Ex-Bundeskanzler, hat am 10. November 1989, als er vor dem gerade geöffneten Brandenburger Tor stand, gesagt: «Nun muss zusammenwachsen, was zusammengehört.» Hirtentäschel und Kaninchenkötel halten schon mal zusammen wie Pech und Schwefel. Das Kraut heißt so, weil die umgekehrt herzförmigen Früchte früheren Hirtentaschen ähneln. Es ist eine Gewürzpflanze, seit der Antike ist sie ebenso für ihre heilende Wirkung bekannt. Insbesondere soll sie blutstillend sein, sowohl bei Nasenbluten wie auch bei zu starken Menstruationsblutungen. Letzteres kann ich gar nicht beurteilen.

Zwei Pflanzenarten direkt an den Schnittecken am Venusbassin erregen nun meine Aufmerksamkeit. Richtig kleine Unkrautfluren haben sich hier eingestellt, auch die Kleine Brennnessel (siehe S. 90) ist dabei. Noch nicht kennen Sie das **Kanadische Berufkraut** (*Conyza canadensis*); mit einer Höhe zwischen zehn und 120 Zentimeter ist es sehr variabel, was die Größe anbelangt. Ansonsten aber ist es eher langweilig mit zwar sehr zahlreichen, doch kleinen, weißlichen, zylindrischen Einzelblüten. Der Wind ist hier gefragt, er verteilt die vielen Samen per Schirmchen. Das hat er seit 1700 so erfolgreich gemacht, dass es richtig häufig geworden ist, ich sag's ungern: Es ist ein lästiges Unkraut. Aber gut erkennbar im Spätherbst und dann im Frühjahr an den graugrünen Blattrosetten, auch in Platten- und Pflasterritzen. Der Name kommt nicht von «Beruf», mit diesem Korbblütler vertrieb man früher böse Geister, man berief sie.

Und da ist noch das ebenso weitverbreitete **Gewöhnliche Greiskraut** (*Senecio vulgaris*). Markenzeichen: Es blüht das ganze Jahr (sofern kein Schnee liegt), die Zungenblättchen sind fast immer fehlend, es wird fünf bis 30 Zentimeter hoch, und seine Fruchtbällchen sehen aus wie das Haupthaar von Oma und Opa. Daher sein deutscher Name. In allen Städten, nicht nur in den zehn dieses Buchs, finden Sie den Dauerbrenner auf Anhieb. Giftig ist das Kraut auch noch, und sicherlich ist es kein ausgeprägter Ins-Auge-Stecher.

Oh, wie schön! Zwischen Bassin und dem Floraplatz mit der Statue der Amazone – der Platz glüht gerade wegen der vielen Frühlingsazaleen knallrot – herbstet noch ein Gänsefuß, der **Vielsamige Gänsefuß** (*Chenopodium polyspermum*). Er tut sich unter den Gänsefüßen dadurch hervor, dass er nur ganzrandige Blätter besitzt. Da ist nichts gezähnelt, nichts gerändelt, nichts gebuchtet; sie sind einfach nur eiförmig. Am Rand schimmern sie rötlich-violett, überhaupt tendiert er ab August ins Violette. Der Blütenstand ist rispenartig verlängert, die Stängel sind stark rötlich. 60 Zentimeter schafft er an Höhe, in der Breite bis zu einen Meter. Seine Samen wurden früher als Lockmittel benutzt, um Fische zu fangen, was zu einer seltsamen Bezeichnung führte: Fisch-Gänsefuß.

Am Saum des Floraplatzes, unterhalb des Info-Schilds, das einen weiteren Überblick über den Park und den aktuellen Standort gibt, guckt frech der **Kleine Storchschnabel** (*Geranium pusillum*) hervor. Er ist wirklich klein, hat auch die kleinsten Blüten – jedenfalls im Vergleich zu anderen Storchschnabel-Arten (siehe S. 67). Der Storchschnabel ist fein und anliegend behaart, ganz flaumig fühlt er sich an. Der Schnabel des Fruchtstands ist kurz, aber er kann noch jetzt im Oktober wachsen. Das Blatt ist zerteilt, insgesamt macht die Pflanze viele rosafarbene Blüten. Dies ab Mai, manchmal schon im April, und das bis in den Dezember hinein, wenn der mild ist. Der Kleine Storchschnabel besetzt viele Biotope: Äcker, Beete, Rasenflächen, Wegränder, Bahnlinien, sogar Pflasterritzen.

Jetzt wird es lebendig, jetzt nähere ich mich der Straße des 17. Juni, dem Sowjetischen Ehrenmal auf der anderen Straßenseite. Im Mischwald wuchtet das blassgelbe **Kleinblütige Springkraut** (*Impatiens parviflora*). Es ist eine unserer expansivsten Pflanzen. Ursprünglich wohnte sie in der Mongolei, doch dann packte sie die Wanderlust. Normalerweise breiten sich Pflanzen dort aus, wo es viel Licht gibt, mit Störungen, wo der Mensch sein Unwesen treibt. Das Kleinblütige Springkraut liegt da partout nicht im Trend, es liebt Schatten und die Gesellschaft von Brennnesseln. Der gesamte Tiergarten ist voll von beiden. Sein enormer Zuwachs hat auch damit zu tun, dass die Samen bei Berührung der Samenkapseln bis zu zwei Meter weit geschleudert werden. Wahre Geschosse gehen da ab. Nur bis auf die andere Straßenseite, zu den beiden flankierenden T-34/76-Panzern des Sowjetischen Ehrenmals, reicht es nicht ganz. Klar, auch die Russen haben scharf geschossen – zum Glück, sonst wären wir womöglich noch immer unter der Knute von Hitlers Nachfolgern. Dass das nicht so ist, dazu kann man den Russen nur gratulieren. Viele von ihnen haben ihr Leben verloren, allein 80 000 Rotarmisten fielen in der Schlacht um Berlin 1945. Hinter dem Ehrenmal, das schon im Sommer 1945 für die Gefallenen errichtet wurde, liegen ungezählte Tote.

Über die Straße des 17. Juni, gewidmet dem Volksaufstand in der DDR 1953, gehe ich zur Pfeilerreihe mit den Panzern und der Bron-

Im östlichen Tiergarten zwischen Holocaust-Mahnmal und Venusbassin

zestatue eines Rotarmisten. Der Ort der Anlage ist symbolisch, ist ein Stopp zur Nord-Süd-Achse der von Albert Speer entworfenen Welthauptstadt Germania. Auch diese größenwahnsinnige Idee ist gottlob mit untergegangen. Etwas Rotes würde ich hier ja jetzt gern finden. Da die Rote Armee Berlin erobert hat, wäre das für mich ein symbolischer Schlussstrich. Einst hatte Ex-Bundespräsident Richard von Weizsäcker gesagt, in seiner berühmtesten Rede: «Der 8. Mai war ein Tag der Befreiung.» Auch wenn das viele in dem Moment nicht hatten empfinden können. Ich will mir gar nicht ausmalen, was alles passiert wäre, hätte Deutschland den Zweiten Weltkrieg gewonnen. Hätte Hitler die Atombombe gehabt, er hätte die Dinger überall fallen gelassen, ohne Rücksicht auf die Menschen. Also – etwas Rotes muss her, unbedingt. Aber alles ist hier penibel gepflegt, die Plattenflächen, die Rasen, die Gebüsche und Hecken. Aber da, *in* den Hecken ... Die knallroten, man kann sagen, durchgeknallt roten Früchte der **Eibe** (*Taxus baccata*)! Das immergrüne, bekannte Gewächs ist giftig, nur dieses schleimige Rote ist essbar, schmeckt sogar ganz gut. Viele nennen die Eibe einfach Taxus, wo sonst hielt ein lateinischer Pflanzenname so Einzug in die Umgangssprache? Ach, ich höre Sie schon sagen: «Die Eibe ist doch in Berlin gar nicht einheimisch, alles nur gepflanzt!» Sicher, das stimmt, aber junge Eiben sieht man immer mal wieder verwildert in Mauerfugen und unter Gehölzen. Am Ende dieser Städtetour nehme ich mir die Freiheit, mit der Eibe abzuschließen. Berlin steht für Freiheit, also Kurve gekriegt.

Berlin finde ich einfach prima, auch den Berliner mit seiner großen Schnauze. Deutschland ohne Berlin – ganz undenkbar. «Hallo», ruft doch tatsächlich vom Bordsteinrand der edle Bremer Radler von vorhin, erneut aufgetaucht wie aus dem Nichts. «Morgen gibt es hier eine große Demo. TTIP – gegen das Freihandelsabkommen.»

«Ja, eine ganz wichtige Sache», rufe ich zurück. «Wir werden von den Amerikanern entmündigt. Es ist unfassbar, was da abläuft. Das ist so, als würde man den Berliner Bären dauernd am Nasenring vorführen. Aber wir haben diese Berliner …» Ja, Berlin ist echt dufte.

So, meine florale Schnitzeljagd quer durch Deutschland hat nun ein Ende. Schade, ich hätte gern zehn oder zwanzig weitere Großstädte präsentiert. Aber wer liest heute noch Wälzer von achthundert Seiten? Ich jedenfalls schon mal nicht – hier geht es um den Spaß bei der Sache.

Ich hoffe jetzt sehr, dass Sie die angepriesenen Kreationen zumindest teilweise finden werden. Natur ist immer dynamisch, Botanik kein stures Fach. Eine Kältewelle in Hamburg im Frühling verzögert den Start, ein Hochwasser an der Elbe in Dresden oder sensende Gärtner in Berlin können Ihre Pläne jederzeit über den Haufen werfen. Angegebene Termine sind daher nicht in Stein gehauen, sehen Sie es also locker. Wie ich, der seine helle Freude daran hat, diese Pflanzen dann eben an anderen Stellen, in einer anderen Stadt aufzutun. Oder auch gar nicht in der Stadtlandschaft, sondern in der freien, (noch) unbebauten Landschaft.

Dank

Zuallererst möchte ich meiner Lektorin Regina Carstensen (München) ganz herzlich danken, die mich in allen zehn Städten eifrig mit dem Diktiergerät begleitete. Auch einige der vorgestellten Pflanzenarten sowie zahlreiche Recherchen gehen ausdrücklich auf sie zurück! Stets hat sie «schon mal zur Probe» mitgeguckt. Ab und zu hatte sie sogar Schokolade für mich mitgebracht, damit alles noch beschwingter ablaufen konnte. Es hat richtig viel Spaß gemacht – schade, dass es schon zu Ende ist! Bis auf die beiden Städte in Nordrhein-Westfalen hatten wir auch immer eitel Sonnenschein, das war ja auch klar …

Vom Rowohlt Verlag (Reinbek) danke ich Susanne Frank und Barbara Laugwitz. Jutta Pachnicke brachte das zunächst Eingesprochene in eine erste Schriftform. Ulrike Gallwitz sorgte für den letzten Schliff.

Das Titelbild hat wieder Thorsten Wulff (Lübeck) gemacht.

Von Miramedia (Hamburg) hat Alev Ibis die Massen meiner Fotos begutachtet und weitergeleitet, Sven Hartung hatte stets die Federführung in Händen, und das können Sie ruhig wörtlich nehmen. Euch vielen Dank.

Meine Freundin Steffi blieb diesmal mehr im Hintergrund. Denn stellen Sie sich mal vor, jemanden ständig um sich zu haben, der die ganze Zeit nur an Pflanzen denkt, von ihnen spricht, sie mehr ansieht als sie selbst, dauernd irgendwo irgendwas fotografiert. Ich bedanke mich daher für ihre fabelhaften Nehmerqualitäten, aber auch für manch gescheiten Einfall bei der Korrektur.

Spontan trafen wir unterwegs immer mal auf Personen, die meisten Dialoge sind hier eingeflossen. Dafür ebenfalls vielen Dank.

Pflanzenregister

B = Berlin, **D** = Düsseldorf, **DD** = Dresden, **E** = Essen, **F** = Frankfurt, **HB** = Bremen, **HH** = Hamburg, **L** = Leipzig, **M** = München, **S** = Stuttgart

A

Ackerröte (**E**) 184
Acker-Gauchheil (**E**) 187
Acker-Kratzdistel (**D**) 92
Acker-Schachtelhalm (**HH**) 56
Acker-Schmalwand (**F**) 21
Alpen-Hexenkraut (**S**) 168
Armenische Brombeere (**L**) 145
Australischer Gänsefuß (**B**) 230

B

Bär-Lauch (**HH**) 50
Bäumchen-Leitermoos (**E**) 190
Behaarte Karde (**M**) 73
Behaarte Segge (**HH**) 58
Behaartes Bruchkraut (**L**) 133
Behaartes Franzosenkraut (**D**) 89
Behaartes Schaumkraut (**F**) 29
Berg-Ahorn (**HH**) 44
Berg-Ulme (**M**) 64

Bittersüßer Nachtschatten (**L**) 135
Blutrote Fingerhirse (**L**) 146
Blut-Weiderich (**HB**) 116
Brauner Storchschnabel (**M**) 79
Breitblättrige Platterbse (**S**) 157
Breitblättriger Rohrkolben (**E**) 192

C

Chinesischer Götterbaum (**L**) 129
Chinesischer Schmetterlingsstrauch (**E**) 180

D

Dach-Trespe (**F**) 29
Dillenius' Sauerklee (**F**) 33
Doldiger Milchstern (**M**) 79
Dreifinger-Steinbrech (**F**) 30
Drüsiges Springkraut (**HB**) 110

PFLANZENREGISTER

E

Echte Hundszunge (B) 231
Echte Nelkenwurz (M) 64
Echtes Eisenkraut (E) 186
Echtes Johanniskraut (E) 195
Efeu (S) 166
Efeublättriger Ehrenpreis (HH) 43
Eibe (B) 245
Eingriffeliger Weißdorn (HH) 52
Einjähriges Berufkraut (L) 144
Einjähriges Rispengras (F) 19
Elbe-Liebesgras (DD) 215
Elbe-Spitzklette (DD) 211
Erz-Engelwurz (HB) 114
Eschen-Ahorn (L) 134

F

Faden-Ehrenpreis (M) 70
Feld-Ahorn (HH) 51
Filz-Klette (HB) 113
Floh-Knöterich (DD) 218
Frühlings-Greiskraut (F) 30
Frühlings-Hungerblümchen (F) 22
Fuchsrote Borstenhirse (DD) 216

G

Gänseblümchen (HH) 40
Gänse-Fingerkraut (M) 69
Gamander-Ehrenpreis (HH) 57
Garten-Wolfsmilch (D) 92

Gefingerter Lerchensporn (HH) 51
Gefleckter Aronstab (M) 77
Gehörnter Sauerklee (D) 91
Gelbe Resede (F) 31
Gelbe Teichrose (D) 95
Gelbe Wiesenraute (HB) 117
Gemüse-Portulak (S) 159
Geruchlose Kamille (E) 185
Gewöhnliche Brunnenkresse (HB) 107
Gewöhnliche Esche (M) 78
Gewöhnliche Kratzdistel (D) 90
Gewöhnliche Ochsenzunge (B) 241
Gewöhnliche Schafgarbe (B) 231
Gewöhnliche Traubenkirsche (HH) 49
Gewöhnliche Waldrebe (L) 139
Gewöhnlicher Beifuß (DD) 208
Gewöhnlicher Beinwell (HB) 109
Gewöhnlicher Feldsalat (F) 32
Gewöhnlicher Hornklee (S) 154
Gewöhnlicher Löwenzahn (F) 16
Gewöhnlicher Natternkopf (S) 156
Gewöhnlicher Reiherschnabel (B) 234
Gewöhnlicher Vogelknöterich (L) 126
Gewöhnlicher Wurmfarn (M) 75

Gewöhnliches Barbarakraut (HH) 55
Gewöhnliches Bitterkraut (L) 137
Gewöhnliches Ferkelkraut (D) 97
Gewöhnliches Greiskraut (B) 242
Gewöhnliches Hirtentäschel (B) 241
Gewöhnliches Knäuelgras (M) 81
Gewöhnliches Leinkraut (D) 88
Gewöhnliches Rispengras (M) 68
Gewöhnliches Seifenkraut (S) 152
Giersch (M) 76
Graugrüner Gänsefuß (D) 91
Graukresse (DD) 219
Große Brennnessel (M) 83
Große Klette (HB) 119
Großer Wegerich (DD) 209
Grünähriger Amarant (E) 194
Gummikraut (L) 144
Gundermann (M) 80

H
Hainbuche (S) 166
Hänge-Birke (E) 188
Hasen-Klee (L) 143
Hecken-Windenknöterich (B) 232
Hirschsprung (DD) 216
Hoher Steinklee (HB) 116
Huflattich (F) 28
Hügel-Vergissmeinnicht (F) 18

I
Indische Scheinerdbeere (M) 66

J
Japanischer Staudenknöterich (E) 193

K
Kahle Fingerhirse (B) 241
Kahles Bruchkraut (L) 128
Kanadische Goldrute (L) 131
Kanadisches Berufkraut (B) 242
Klebriger Alant (E) 193
Klebriges Greiskraut (E) 187
Kleinblütiges Springkraut (B) 244
Kleine Bibernelle (S) 169
Kleine Braunelle (D) 96
Kleine Brennnessel (D) 90
Kleiner Klee (HH) 59
Kleiner Pippau (D) 88
Kleiner Storchschnabel (B) 243
Kleines Flohkraut (DD) 213
Kleines Liebesgras (L) 127
Kletten-Labkraut (M) 82
Knäuel-Hornkraut (F) 19
Knoblauchsrauke (HH) 47
Knolliger Hahnenfuß (M) 81
Knolliger Kälberkropf (HB) 115
Kohl-Gänsedistel (M) 71
Kompass-Lattich (L) 141
Kratzbeere (HB) 120

Krause Distel (HB) 115
Kriechender Hahnenfuß (HH) 55
Kriechendes Fingerkraut (S) 165
Kurzzähnige Schwarznessel (D) 94

L
Land-Reitgras (L) 138
Loesels Rauke (B) 235

M
Mauerraute (F) 34
Mauer-Zimbelkraut (F) 15
Mäuse-Gerste (D) 95
Mäuseschwanz-Federschwingel (L) 145
Meerrettich (DD) 208
Mittlerer Wegerich (S) 161

N
Nickender Milchstern (HH) 42
Niederliegendes Fingerkraut (D) 99
Niederliegendes Mastkraut (D) 93

P
Pennsylvanisches Glaskraut (B) 237
Persischer Ehrenpreis (F) 25
Pfeilkresse (F) 24
Platthalm-Rispengras (L) 141
Purpurroter Storchschnabel (F) 32

Purpurrote Taubnessel (HH) 49
Prächtige Königskerze (S) 161

Q
Quendelblättriges Sandkraut (F) 17

R
Rainkohl (D) 96
Raues Vergissmeinnicht (F) 18
Raukenblättriges Greiskraut (S) 162
Riesen-Bärenklau (HB) 107
Riesen-Goldrute (E) 181
Robinie (S) 165
Rohr-Glanzgras (HB) 113
Rote Lichtnelke (M) 74
Rote Schuppenmiere (F) 22
Rotfrüchtige Zaunrübe (HH) 39
Rotkelchige Nachtkerze (E) 190
Rot-Klee (M) 70
Rundblättrige Glockenblume (M) 78
Ruprechtsfarn (S) 169
Ruprechts-Storchschnabel (M) 67

S
Saat-Esparsette (S) 154
Sal-Weide (E) 189
Scharbockskraut (HH) 53
Scharfe Gänsedistel (D) 98

Schilf (S) 171
Schlitzblättriger Sonnenhut (HB) 111
Schmalblättriger Doppelsame (L) 130
Schmalblättriges Greiskraut (L) 136
Schmalblättriges Weidenröschen (D) 99
Schneckenklee (F) 30
Schnitt-Lauch (DD) 220
Schöllkraut (F) 33
Schutt-Kresse (L) 126
Schwarzer Holunder (M) 65
Schwarzer Nachtschatten (E) 184
Silber-Fingerkraut (B) 229
Skabiosen-Flockenblume (S) 153
Spitz-Ahorn (HH) 44
Spitz-Wegerich (HH) 58
Spring-Schaumkraut (M) 73
Sprossende Felsennelke (L) 140
Stängelumfassende Taubnessel (F) 25
Stechapfel (DD) 217
Stechender Hohlzahn (E) 196
Stiel-Eiche (B) 227
Strahlenlose Kamille (F) 23
Strand-Ampfer (DD) 219
Straußblütiger Sauerampfer (DD) 205

Sumpf-Helmkraut (HB) 108
Sumpf-Ziest (HB) 117

T
Taubenkropf-Leimkraut (S) 158
Täuschende Nachtkerze (E) 181

U
Unechter Gänsefuß (B) 229

V
Verschiedensamige Melde (L) 132
Vielsamiger Gänsefuß (B) 243

W
Wald-Erdbeere (M) 67
Wald-Gelbstern (HH) 52
Wald-Ziest (D) 101
Wald-Zwenke (M) 65
Wasserdost (E) 180
Wasserpfeffer (DD) 218
Wasser-Sumpfkresse (HB) 109
Weg-Distel (L) 140
Weg-Malve (S) 172
Weg-Warte (D) 100
Wege-Rauke (HB) 121
Weiße Lichtnelke (S) 157
Weiße Taubnessel (HH) 42
Weißer Amarant (B) 230
Weiß-Klee (B) 236
Wermut (L) 142

Wiesen-Alant (DD) 214
Wiesen-Flockenblume (S) 160
Wiesen-Kerbel (HH) 41
Wiesen-Labkraut (DD) 207
Wiesen-Pippau (L) 137
Wiesen-Salbei (S) 170
Wiesen-Schaumkraut (HH) 48
Wiesen-Storchschnabel (DD) 205
Wilde Karde (S) 163
Wilde Malve (D) 97
Wilde Möhre (L) 132
Wilde Sumpfkresse (DD) 210
Wilde Tulpe (HH) 45

Windblumen-Königskerze (E) 183
Winkel-Segge (HH) 54
Wolliges Honiggras (D) 100

Z

Zarte Binse (L) 134
Zaun-Wicke (S) 169
Zaun-Winde (HB) 112
Zerbrechlicher Blasenfarn (M) 75
Zottiges Weidenröschen (HB) 109
Zurückgebogener Amarant (B) 233
Zweiknotiger Krähenfuß (HB) 121

Literatur

Benkert, Dieter / Fukarek, Franz / Korsch, Heiko: *Verbreitungsatlas der Farn- und Blütenpflanzen Ostdeutschlands*. Jena 1996

Düll, Ruprecht / Kutzelnigg, Herfried: *Taschenlexikon der Pflanzen Deutschlands*. Wiebelsheim 2005

Haeupler, Henning / Schönfelder, Peter: *Atlas der Farn- und Blütenpflanzen der Bundesrepublik Deutschland*. Stuttgart 1989

Haeupler, Henning / Muer, Thomas: *Bildatlas der Farn- und Blütenpflanzen Deutschlands*. Stuttgart 2005

Jäger, Eckehart J.: *Exkursionsflora von Deutschland*. Jena 2011

Sommer, Regina: *Bäume – das Haarkleid der Erde*. Extertal 2010

Storl, Wolf-Dieter: *Wandernde Pflanzen*. Aarau 2012

Jürgen Feder
Feders fabelhafte Pflanzenwelt

Auf Entdeckungstour mit einem Extrembotaniker

Aufregend ist der botanische Dschungel Deutschland: Gleich vor der Haustür, am Wegesrand oder hinter der Autobahnleitplanke warten spannende Gewächse darauf, entdeckt zu werden. Der passionierte Botaniker Jürgen Feder nimmt den Leser mit auf Schatzsuche, stellt auf unnachahmliche Art 333 gewöhnliche und ungewöhnliche Pflanzen vor – und begeistert so für die heimische Flora. Oder wussten Sie, dass es über 800 verschiedene Arten Löwenzahn gibt und die heimische Zwerg-Wasserlinse die kleinste Blütenpflanze Europas ist?

336 Seiten

«Der ‹Extrembotaniker›, wie Jürgen Feder sich selbst nennt, ist Deutschlands derzeit wohl populärster Pflanzenkenner … er verwandelt die Leute und steckt sie an. Das ist seine Berufung.»

Die Zeit

Weitere Informationen finden Sie unter www.rowohlt.de

Das für dieses Buch verwendete Papier ist FSC®-zertifiziert.